歩くを楽しむ、
自然を味わう

flat trekking guide

# フラット登山

佐々木俊尚

かんき出版

スプーンとカップをバッグにつめて
今が通りすぎてゆく前に
道のむこうへ出かけよう

「ケンとメリー　～愛と風のように～」（BUZZ、一九七二年のヒット曲）

戦場ヶ原

どこまでも気持ちの良い道を歩きたい。

渡良瀬遊水地

散歩以上に自然を感じながら歩く。
求道的でないのに、壮大な景色に手軽に出合える。

富士・宝永山

三浦海岸

富浦

碓氷峠

碓氷峠

裏磐梯

ビートルズトレイル

霞ヶ浦

府中・郷土の森公園

霧ヶ峰

楽しみ方は、無限大。
入り口はすぐそこ。
フラット登山へようこそ。

青木ヶ原樹海

# はじめに

登山というと「つらい」「歩くのだるい」「足が痛い」というネガティブな印象が多い。そういう声に「体力つければ大丈夫」「そんなの慣れだよ」とバカにするベテラン登山者もいる。しかしそうした上から目線の嘲笑が、一般社会と登山の距離を遠くさせてしまっている。

登山に対するステレオタイプもある。「ヒイヒイ言いながら急な登山道を歩いて、なんとか頂上に到達して達成感を味わう」というような固定観念だ。しかしそういう「ヒイヒイ」が本当に登山の本質なのだろうか。

本書は登山についてのそうしたステレオタイプや嘲笑や古い常識をすべて取り払ったうえで、心地良く楽しい新しい登山のスタイルを提案していく。本書のメッセージを短く言えば、こういうことである。

**「とにかく気軽に、気持ち良く、楽しく歩きたい。登山なんてそれでも十分じゃないか」**

だから必ずしも高い山脈に行く必要はない。山頂に立たなくたってかまわない。歩いて気持ち良い道だったら、平原や森の中にもたくさん存在している。都市の郊外にもある。「そんなものは散歩だろう」とマウンティング気味にバカにする人が出てくるだろうが、そんな定義はどうでもいい、とにかく気持ち良く歩きたいのだ！

本書では、そのような新しい登山を「**フラット登山**」と名づけている。

フラット登山には、三つの意味がある。

急登《きゅうとう》にヒイヒイ言うのだけが登山じゃない。フラット（平坦）な道も歩いて楽しもう。

自然と向き合える楽しい登山の世界にまで、ヒエラルキーを持ち込みたがる人たちがいる。いわく「冬山のほうが偉い」、いわく「日本百名山をたくさん登ってるほうが偉い」。そういう下らないマウンティングから脱却して、みんながフラット（平等）に登山を楽しもう。

登山を難しく考えすぎるのはやめよう。もちろん遭難対策は忘れてはならないが、もっと気軽に週末日帰りでふらっと気軽に登山を楽しもう。

とにかく歩いて楽しんで、登山の喜びをみんなで味わおう。そういうメッセージを本書は届けようとしている。

本書がターゲットにしている読者は、次のような人たちである。

山の初心者の人たち。経験はほとんどないけれど、登山に行ってみたいなと何となく思っている皆さん。

もしくは以前は山に登っていたけれど、仕事が忙しくなったり育児に追われたりして、ずっと山から離れている人たち。でもまた山に復帰したいと内心思っている皆さん。

そういう皆さんを、ぜひフラット登山にお誘いしたい。強靭な体力も、熟練の登山スキルも要らない。まったく新しい気楽な登山スタイルで、山々に足を踏みいれてみてほしいのだ。

## 活力を加えながら休むために

そしてわたしが提唱するフラット登山は、二十一世紀における新しい活力の源でもある。疲労しきってしまう激しい登山ではなく、平坦な山道を主に歩き心地良い疲労を楽しめるフラット登山だからこそ、明日へのエネルギーを充填できるのだ。

読者の皆さんは日常的に運動はされているだろうか？　日ごろあまり運動していない人だと、実は疲れが逆に溜まりやすくなるのをご存じだろうか。疲労を減らすためには、週末に寝だめするだけではダメで、実は身体を活発に動かしたほうが良いのだ。

専門家も指摘している。医学博士で日本リカバリー協会代表理事の片野秀樹氏が書いた

『休養学　あなたを疲れから救う』（東洋経済新報社、二〇二四年）という本には、ズバリこう書かれているのだ。

「そこでわれわれが提唱しているのが、次の活動に移る前に、休養のほかにもう1つ、疲労を打ち消すような要素を加えることです。辞書を引くと、疲労の反対語は『活力』であると書いてあります。この活力を加えて4つの要素にしてはどうか、そう考えたのです。つまり、休養したあとすぐに活動を始めるのではなく、そこからさらに活力に満ちた状態までもっていき、再び活動する、というサイクルです」

日本リカバリー協会の調査によると、日本人の八割もの人が「疲れている」「慢性的に疲れている」と答えているという。ところがいまの日本人の労働時間は決して長くなく、先進国の中でももはや少ない部類に入っている。「そんなに働いていないのに、なぜかいつも疲れている」という矛盾した状態にいるのが、現代日本人なのだ。

なぜこんなおかしなことになっているのか。片野氏は、スマホの充電にたとえてわかりやすく説明している。

「活動し、疲労することで電池の残量は減ります。しかし、休養することで充電し、再び活動します。休養で100％フル充電状態に戻れれば、これで何も問題ありません。しかし、もうおわかりかと思いますが、なにしろ日本人の8割が疲れているわけですから、実際にはそうなっていません」

つまり充電しても、フル充電どころか五〇パーセントぐらいしか充電できていない状態で仕事に戻っているのだ。五〇パーセントの充電でまた活動を始めるから、すぐに二〇パーセントぐらいに減ってしまう。それでまたすぐ休養し、と繰り返すと疲れがただ溜まっていくだけ。

だから「ただ休む」だけではだめで、活動することによって「活力」も加えることが大事なのだ！

まさに目からウロコの指摘である。そして活力を高めるために必要なのは、「あえて軽い負荷を自分に与える」ということだと片野氏は言い切っている。その方法のひとつとして、キャンプやウォーキングなども提案されている。本書で解説していくフラット登山は、まさにこの「軽い負荷」そのものである。

## 頭脳労働には山が効く！

わたし個人の経験からも、この話は非常に同意できる。二十一世紀に入ってこのかた、どんな仕事も頭脳を酷使するようになってきている。現場の仕事だろうがパソコンの前に座る仕事だろうが、脳みそを激しく使わなければこなせなくなってきているのだ。そして頭脳を使う仕事を延々とやっていて疲れてしまうと、脳みそが煮つまったようになって、ただ横になっているだけでは疲れがとれなくなってくる。

そんなときに、山を歩く。ひたすら大地を踏みしめ、風を感じ、どこまでも広がる青空に吸い込まれそうになりながら、前に進んでいく。すると脳の疲れはきれいに消えていく。最後に温泉に入ってゆっくり目をつぶることができれば、なお良い。翌日には頭の疲れはすっかり消えている。

そして、とてもタイミングの良いことに、令和になって日本の労働はブラックからホワイトへと急速に切り替わりつつある。長時間労働と厳しいノルマが当たり前だった平成時代は終わり、みんな定時に帰れるようになった。新型コロナ禍でリモートワークもある程度は定着してきた。休日もしっかり取れるようになってきたのだ。

だから今こそ、休日はドアを開けて外に出て、大自然の中で頭を空っぽにしながら道を歩く時なのだ。

「とても疲れている。山には登ったことがないけど、やってみたい」とふと思ったことがある人は、ぜひ本書を手に取ってほしい。

フラット登山の世界にようこそ。

# 第2章 どのようにしてわたしはフラット登山に行き着いたか

# 第3章 フラット登山に必要な装備

## 第4章 知っておきたいフラット登山ハック



## 第5章 フラット登山の計画を立てる

# 第6章 自然を味わい尽くすために

# 第7章　フラット登山コースガイド30

## 〈異世界に迷い込んでいる〉

〈広大で畏怖がある〉

〈冒険心が満たされる〉

〈霊性に畏怖を感じる〉

装画／松尾たいこ
カバーデザイン／井上新八
本文デザイン・ＤＴＰ／石澤義裕
本文イラスト／須山奈津希
地図／Ｙｕｋｏ

# 第1章

# まったく新しい歩く旅
# 「フラット登山」を提唱する

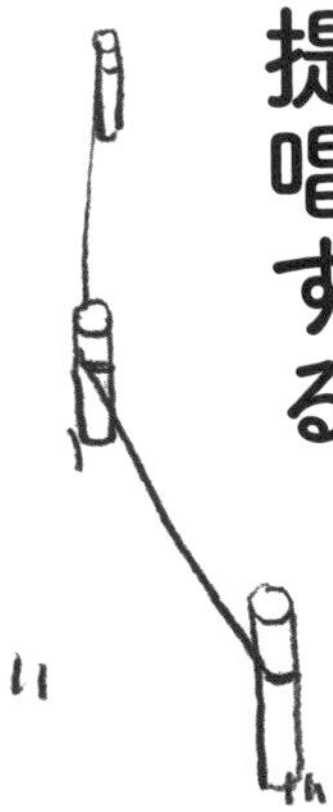

# そもそも「登山」とは何か

登山とはそもそも何か、という問いから本書をスタートしよう。ここからは、「これが登山の意味だ」とステレオタイプに思い込まれていることをすべて否定していく。

## 登山とは「頂上まで登る」こと？

たしかに頂上は気持ち良く、良い眺めを楽しめる。しかし頂上に行かなくても、気持ち良い平原や眺めの良い峠などはいくらでもある。わたしはそういう土地をたくさん歩いてきた。そういう長い登山経験の結果、行き着いたのは「頂上は別にあってもなくてもいい」というシンプルかつ明快な結論だ。

## 登山とは「スリルを味わう」こと？

スリルは確かにある。ナイフのように切れ落ちた稜線、ゴツゴツとした岩稜の鎖場、広大で密な森林での道迷いの不安。しかしこうしたスリルを求めすぎると、「命を喪《うしな》う」という手痛いしっぺ返しがある。わたしは二十代のころ岩壁登攀《とうはん》や冬山登山に熱中していたが、わずか一〇年ぐらいの期間にも何人もの知人が登山中に亡くなった。近年は登山を体系的に学べる大学山岳部や山岳会などの組織登山が衰退し、見よう見まねで高難度なバリエーション登山に入ってくる人も増えている。たとえば雪山登山の経験がない人が、難易度が高いことで有名な積雪期の北アルプス・穂高連峰に入り込んで遭難してしまうというようなケースだ。実力がともなわないスリルは、ただ危険なだけである。

そもそもスリルは登山の本質というわけではない。スリルを求めて岩壁登攀や冬山に挑む人がいても構わないが、山に行く人全員がスリルを求めなければならないわけではない。当然のことだ。

## 登山をするのは「そこに山があるから」？

ステレオタイプな言い回しとしてよく引用される言葉だが、これはエベレストで遭難死した著名な登山家ジョージ・マロリーの発言である。エベレストが未踏だった一九二〇年代に「なぜあなたはエベレストに登りたいのですか？」と聞かれ、「そこに（エベレストが）あるからだ」と答えたというのが史実。未登頂の世界最高峰がそこにあるのだから、目指すのは当然だろうというフロンティア精神である。だれでも気軽に頂上に立てるそこらへんの日本の山に登るのに「そこに山があるからだ」はあまりにも大げさだ。

## 登山とは「達成感を味わう」こと？

たしかに頂上に到達すれば、達成感は味わえる。そういう喜びを否定するわけではない。しかしこのような達成感ばかりを求めるという姿勢は、もはや時代遅れの感もある。なぜなら「頂上というゴールに達成して、それでハッピーエンド」というのは、そもそも右肩上がりの成長が続き未来に希望が満ちあふれていた近代の発想だからだ。すでに近代は終了してポストモダンの時代になり、時代の価値観はゴールへの到達よりも「いまこの瞬間、平凡な幸せの持続」というものに変わってきている。

だったら登山でも、頂上というゴールを目指すだけでなく、「いまこの山道を歩いている、この瞬間が気持ちいい」という持続する快感を求めるようになってもいいのではないか。

## 「登山」を再定義する

ここで「登山」を再定義しよう。山頂を目指すことだけが、登山ではない。「登山」という単語は「山に登る」という意味だが、「山頂を目指す」とイコールである必要はない。登山道を歩き、登ったり下ったりするという行為こそが「登山」なのだ。山頂にたどり着くのは、その結果の一つに過ぎない。

## 「登山の楽しさの本質は、『歩く』という行為そのものの中にある」

これが本書の提唱する登山の再定義である。

それは散歩じゃないのか？　という声も聞こえてきそうだ。これは散歩ということばの定義にもよるかもしれない。わたしが新聞記者だった一九九〇年代、サハラ砂漠横断など世界中をリヤカーで歩いた有名なリヤカーマンこと永瀬忠志さんを取材したことがある。そのときに驚いたのは、永瀬さんは「日本の東北地方の縦断」などという長大なレベルの歩行を「散歩」と呼んでいたことだった。サハラ砂漠横断に比べれば散歩のようなもの、という意味なのだった。これが散歩なら、日本の夏山の縦走なども全部散歩レベルである。

一般的な散歩は、公園や舗装された遊歩道、都市の街路などスニーカーでも歩けるよう整備された土地を、数十分ぐらいそぞろ歩くというものだろう。しかしそれだけでは、歩く楽しさをかなり限定してしまっている。日本の山地や森は広く深く、一般的な「散歩道」に当てはまらないような山道や踏み跡が無数に存在する。散歩だけではもの足りない、散歩のその先に、もっと深く濃い自然の中を歩いてみたいと思う人の欲求にも、日本の自然は存分にこたえてくれるのだ。

わたしのイメージする「歩く」は、たとえば以下のようなものだ。

光が降り注ぐ森の中で、木漏れ日が揺れる踏み跡が小川に沿って縫うようにして先へと続いている。踏みしめれば古い落ち葉がカサカサと音を立て、小川のせせらぎ音と混じりあい、豊かな音楽のように鳴り響いている。樹木の根が山道を這い、ところどころは歩きにくいが、グリップの良い登山靴ががっちりと土や根や落ち葉をとらえてくれている。やがて道は少しずつ傾斜を強め、小径を取り巻く樹々は低い灌木《かんぼく》に代わった。目の前に横たわっていた丘を越えると、急に展望が拓けた。遠くの山々のあいだに湖が見え隠れし、湖面が太陽を反射してキラキラと光っている。

このような森の中の踏み跡だけでなく、日本には無数の気持ち良い道がある。地平線の向こうまで続く草原の道、風が吹き抜けていく大河のほとりの道、切り裂くように深い青空が印象的な高原の道、鉄道の廃線跡をたどる道。都市郊外にある地元の人しか知らない細い緑道。

そういう道の数々をただ歩くことができるというだけで、ただ幸福だけを感じる。気持ち良い道を気持ち良く歩いていれば、山頂なんかどうでも良くなるのだ。

## 軟骨は消耗品だからこそ

そもそも山頂を目指す登山は、山頂に着いたらそれがゴールになってしまう。あとは下り坂に神経を使いながら、ただ山を下りるだけだ。登り続けて山頂にたどり着き、山頂から単調な登山道をひたすら下って「早くバス停に着かないかなあ」と愚痴っているというのは、あまりに単調で楽しくない。

加えて、これは登山の本質にかかわるタブー的な問題なのであまり語られてこなかった重要な点なのだが、山頂を目指す登山は健康を害することもある。「山頂にたどり着いて、後はひたすら下る」という一般的な登山の形態だと、長年続けているうちに膝関節を痛める危険性が高いのだ。

登山の話からは逸脱するが、「筋肉は裏切らない」という出所不詳の名言が筋トレ界隈にはある。わたしの知人が多い起業家界隈でも、この言葉を使う人は多い。「部下や取引先には裏切られる心配が常にあるけど、筋肉だけは決して自分を裏切らず、成果をきちんと出してくれる」ということのようだ。やればやるだけ成果が出るというのは、本当にやる気を呼び起こしてくれる。だから筋力トレーニングにいったん熱中すると、皆この「筋トレ沼」にはまりこんでいくのである。

しかし、もうひとつの名言がある。

「筋肉は裏切らないが、関節はときどき裏切る」

この落とし穴も決して忘れてはならない。筋肉は痛めつければ回復し、筋力がたくましくなっていく。しかし変な姿勢や誤ったフォームで筋トレをやりすぎ関節を酷使していると、痛みが出てしまったらなかなか治癒しない。

特に心配なのが軟骨だ。関節部分で骨同士がぶつからないようにクッションになっているのが軟骨の役割である。激しい運動を長期間続けているとこの軟骨がすり減ってしまう。そして恐ろしいことに、軟骨は再生してくれない。最近は再生医療で軟骨を再生することもできるようになってきているが、高額の治療費がかかる。軟骨は消耗品と心得ておいたほうがいい。このような軟骨がすり減ってしまった病気を変形性膝関節症と呼び、日本では約八〇〇万人も患者がいる。さらに自覚症状がないが膝関節が変形している人はなんと推計で二五〇〇万人。四〇歳以上の五五パーセントが該当するという恐ろしい数字もある。

## 膝への負担が重いランニング

筋トレだけでなく、ランニングも要注意である。屋外の路上を走るにしろ、スポーツジムのトレッドミルで走るにしろ、ランニングが難しいのはフォームを固定しようがないということである。常に身体は宙に浮いているから、ランナー本人が自覚的にフォームを整えるしかない。しかし高校や大学の部活動などで訓練を受けた経験でもなければ、正しいフォームで走るのは難しい。たいていは独善的なフォームになってしまう。

わたしもまさにこの独善的なフォームの人間で、トレッドミルで走っていても「なんで自分のランニングの足音はこんなにドタドタしてるんだ……」と情けなくなるほどだった。情けないだけなら気持ちの問題だが、フォームが悪いと関節を痛めてしまう危険がある。実際、年に何度かは関節が痛くなり、ジム通いを休まざるを得なくなることがあった。

それで数年前に、思い切ってランニングをやめてバイクのマシーンに転向した。バイクの良い点は、上半身も腰も固定されているので、フォームが狂う心配がないことである。着座しているので、膝への負担も少ない。つまり軟骨がすり減る心配が小さい。

そしてこの「軟骨は消耗品」問題は、登山にもダイレクトに当てはまる話なのだ。長く登山を続けていたために、膝を痛めてしまう人が少なくないと言われているのである。

特に傾斜のきつい下りはリスクが大きい。転んで怪我をする危険があるだけでなく、膝に大きな負担がかかる。実際、若いころからずっとハードな登山を続けていたら、五十〜六十代ぐらいになって膝を痛めてしまい、登れなくなったという悲しい話はときおり耳にする。

登山愛好者が集まるインターネットの匿名掲示板を眺めていたら、こんな投稿をしている人がいた。

「膝はマジで消耗品。三〇〜四〇歳で無理をし過ぎて軟骨減り始めたら六〇歳までもたないよ。還暦で膝以外は元気なのに美ヶ原のウォーキングくらいしかできなくなるのはつらいだろ」

「六〇歳過ぎて登山を楽しみまくってる爺様たちは登山を始めたのが遅いか、学生時代にやってて二〇年くらいブランクで山に登らず中高年で再開したのが多い印象。山ガールも気をつけないと、五〇〜六〇歳で軟骨減りガニ股O脚になるからな。テント泊登山などガチだとそれだけ体の負担がでかいスポーツなんだよね」

わたしも三十代前半でいったん登山を離れ、五十代に入るころに再開した。一五年ぐらいのブランクがある。このブランクが、六三歳の現在でも特に膝に問題を抱えずに山を歩けている理由なのかもしれない。しかしいずれにせよこのまま登山を続けていたら、いつかは膝の軟骨が消耗してしまう日がやって来るかもしれない。

登山関係の本を出している出版社の人からこんな話も聞いた。「八〇歳になっても元気に歩いてる著者が何人もいるんだけど、若いころに激しいスポーツをした人ではなく『まあ毎日歩いてますからねえ』と謙虚に言う人が多い印象。逆にハードな登山をしていた人だと、六〇歳ぐらいになって腰や膝をやられてしまう人が少なくない」

山頂ばかりを目指し、上昇下降の激しい登山には、こういうリスクがあることを意識しておいたほうがいい。

膝への負担を抜本的に減らしたいのなら、山頂へのこだわりを捨てよう。山頂をゴールや目標にする必要なんかないのだ。ただ歩いていくことが登山の目的なのであって、その途中に山頂があったとしても、ただの通過点に過ぎないと考える。そういう登山のほうが、普通の登山とくらべると膝を痛める危険性はだいぶ低いのである。

## 長距離を目的にしない

とはいえ、「長く歩く」「どこまでも歩く」が自己目的化してしまうと、それはそれでまたつらいものになる。

いにしえの昭和の登山には、重い荷物を背負い、重い登山靴を履き、きつい登山道をひたすら登り、つらければつらいほど良いのだ、という実に日本的な求道の精神が色濃くあった。

「くじけりゃ誰かが　先に行く　あとから来たのに　追い越され　泣くのがいやなら　さあ歩け」

往年のテレビドラマ「水戸黄門」のテーマ曲そのものである。日本人はどんなスポーツでも「道」にしようとする、と言われる。伝統的な柔道や剣道だけでなく、野球のような外来のスポーツまで「野球道」にして、そこに我慢強さや忍耐のような精神鍛錬のスピリットを盛り込みたがる。昭和の登山もまさに「登山道」というようなものだったのだ。

近年は「歩く旅」に主眼を置いたロングトレイルも流行ってきている。しかしロングトレイルにしても「長大な距離を歩いたほうが偉い」みたいな「道」的価値観が見え隠れして、けっこう重苦しい。

ロングトレイルは、その名前のとおり長距離をひたすら歩く旅のことである。ときどき間違えている人がいるが、山道を走るトレイルランとはまったく別物だ。日本ロングトレイル協会の公式サイトには、こう説明されている。

「ロングトレイルとは、『歩く旅』を楽しむために造られた道のことです。登頂を目的とする登山とは異なり、登山道やハイキング道、自然散策路、里山のあぜ道、ときには車道などを歩きながら、その地域の自然や歴史、文化に触れることができるのがロングトレイルです」

この旅の形態が日本で注目されるようになったのは、先駆者として知られる故加藤則芳氏が二〇一一年に『ロングトレイルという冒険 「歩く旅」こそぼくの人生』（技術評論社）という本を出したあたりからだろう。加藤氏はアメリカの代表的なロングトレイルのコース、ジョンミューアトレイルやアパラチアントレイルを踏破した人である。加藤氏の書籍や活動が原動力となって、日本でも各地にロングトレイルのコースが作られるようになった。たいへんな功績者だが、惜しくも二〇一三年に病没されている。

ロングトレイルは根源的な「歩くこと」を追求した山旅である。しかしロングトレイルにはどうしても「長大」というイメージがついてまわる。象徴的なアパラチアントレイルは、全長約三五〇〇キロ。日本で最長のロングトレイルは、東日本大震災の被災地をつなぐように設定された「みちのく潮騒トレイル」が全長約一〇〇〇キロ。八ヶ岳のふもとをぐるりと一周する「八ヶ岳山麓スーパートレイル」は全長二〇〇キロ。日本のロングトレイルの草分けとなった「信越トレイル」は全長一一〇キロ。いずれも長大だ。

ロングトレイルコースの全行程を一気に歩くことをスルーハイクと呼ぶが、みちのく潮騒トレイルのスルーハイクは二か月ぐらいはかかる。信越トレイルでも三泊から四泊は必要だ。

もちろんどのトレイルも、端から端までを一気に歩かなければならないわけではない。何度かに分けて歩くセクションハイクというスタイルもある。しかしロングトレイルにはどうしても「長大なコースをひたすら歩き続ける、求道的な徒歩旅行者」というイメージがついて回る。長距離の踏破を目的とした孤高の旅なのである。このような長大なロングトレイルの踏破は、多くの人にできることではない。

そこで、フラット登山である。

**ロングトレイルほど求道的ではなく、かといって山頂を目指す登山でもなく、かといって散歩ほどゆるく短い歩行ではない。都会の散歩よりももっと深く濃い自然に浸り、とはいえつらくならない程度に、ただ歩く喜びを満たす旅。**

それが本書で再定義しようとしている、フラット登山という新しい登山のスタイルだ。繰り返すが、その目的は「歩く楽しさ」である。山頂を踏むこともあるが、それは目的ではない。長く歩くことを目指すわけでもない。楽できるのなら、楽な道を歩けばいい。そして歩くコースは、できるだけ変化に富んでいたほうがいい。車道、歩道、遊歩道、あぜ道、牧場の中の道、林業の仕事道、踏み跡、けもの道、磯の海岸。あらゆる道を歩いて、多様な足跡を刻んでいく。山の魅力をつまみ食いするというイメージで良い。

## 「フラット」である3つの理由

このフラット登山の「フラット」には、「はじめに」でも書いたように三つの意味がある。まず第一に、「平坦で広大な大地」という意味を含んでいる。登り下りを完全に避けるのは無理だが、頂上を目指して斜面を登ることには執着せず、大地をフラットに移動しながら歩き、歩く喜びを満喫する。

第二のフラットは、登山の面倒なヒエラルキーからの脱却である。

登山のヒエラルキーとは何か。たとえば低山や里山、そもそも山でさえないようなところを歩くという提案をすると、「登山マウンティング」をする人が必ず現れる。そういう人は高山や難易度の高い岩稜、さらには岩壁や雪山などのバリエーション登山こそが至高であると考えていて、低い山をバカにしたがる。

だいぶ以前に、山仲間たちと関東地方の自然歩道を歩いたことがあった。第2章「どのようにしてわたしはフラット登山に行き着いたか」でも書いているが、わたしたちがつくっている登山のグループはそのときどきでいろんな人が自由に参加する。その日も、新しく参加した男性がいた。森の中を縫うように続くコースは、途中に山頂も岩稜も何もない。ただ自然を愛でながら歩くだけである。四時間ほど歩いて大休止をとっていたら、その彼が「こんなコースばかり歩いてるんですか?」と聞いてきた。

「そうですよ」「もっと高い山に行こうとか思わないんですか?」「まあこれでも十分楽しいから」「へえ」

彼は「冬山もやっている」と自慢げで、「こんな誰でも歩けるようなコースを歩いて何が楽しいのか」と顔に出ていた。

わたしも二十代のころは冬山や岩壁登攀などのバリエーション登山をしていたので、それらの面白さを否定するわけではない。しかしバリエーションと自然歩道を、上下関係で考えるのがそもそも間違っている。バリエーションと自然歩道は、舞台が同じ山岳地帯というだけで、それ以外に共通するものはほとんどない。陸上競技場で四〇〇メートルのトラックを走っている人が、代々木公園を散歩している人をバカにするようなものである。

登山をしていると、次のような人もよく見かける。

ベンチなどがあり皆が休憩しているスポットで、話しかける相手をさがしている高齢の男性。単独行の若い女性をつかまえて「今日はどこから来たの」と話しかける。最初は相手の話を少しは聞いているが、その後はすぐに自分の話に持っていくパターンが大半である。「奥穂高は登ったことある？　私は去年二度目の登頂をしたよ」「北岳は行った？」「日本百名山はもう八十座は行ったからね」と延々と「登った山自慢」をする。

まったく、この日本百名山こそが、実に面倒のもとである。たくさんの頂上を登ることを目指して登山をしている人をピークハンターと呼ぶ。ピークハント自体は個人の趣味なので何も言うことはないが、ピークハンターにはマウンティングをする人がけっこう多いという印象がある。山中で「百名山、あんたはいくつ登った？」と言い出す人には要注意だ。

登山者には、標高が高かったり、峨々《がが》とした岩稜があり厳しかったりする山を「上位」「偉い」と考える人が非常に多い。実際、「登りたい山ランキング」などのウェブ記事を見ると、富士山や槍ヶ岳、奥穂高岳、剱岳、北岳、白馬岳といった山が並んでいる。

たしかにこれらの山は魅力的である。わたしもそれにとくだん異論があるのではない。しかしこういうランキングを見るといつも微妙な気持ちになってしまうのは、あまりにもステレオタイプだからだ。富士山も槍ヶ岳もたしかに素晴らしいのだが、そういう山にばかり行きたがるというのは、たとえて言えばメイン料理しか出てこない高級フレンチのコースのようなものである。緩急も余韻も何もなく、あっという間にお腹がいっぱいになってしまう。

百名山も富士山も槍ヶ岳もけっこうだが、もっと違う基準で選んだ山や山道に足を伸ばしてもいいのではないか。

第三に、もっと気楽に登山を楽しもうという意味での「ふらっと」。もちろん遭難対策は万全に整え、自分の力量を見きわめておくことは前提としてとても重要だ。そのうえで、休日がとれたら「ふらっと山を歩いてくる」という気楽さを持っておきたい。

村などの集落の近くにあり、日常的に人が入ってタケノコやキノコをとっているような山を「里山」という。標高数百メートルぐらいの地方の里山を歩いていると、地元の人によく会う。登山をしにきたというような大仰なスタイルではなく、「ふらっと登ってきてみたよ」という散歩の気分で山歩きをしている人も多い。以前、奥武蔵の山で出会ったご老人が「わたしはもうこの二〇年ぐらい、この山に毎朝登っているんですよ」と語るのに、驚かされたことがある。登山が完全に日常の習慣になっているのだ。

こういう気楽にふらっと歩く姿勢を見習いたい（もちろん遭難への備えは必要だし、家族にどこの山に行ってくるのかをひと言伝えておくことも大切。念のためもう一度言っておく)。

## 「官能的な山道」という評価軸

ではフラット登山の気持ち良さとは、具体的にはどのようなものなのだろうか。それはことばで説明できるものなのだろうか。

これまでの登山では、登山コースの評価は「その山は日本百名山かどうか」「標高は何メートルか」「コースタイムが長いか短いか」「岩稜帯やガレ場などの危険か所がどのぐらいあるか」といった即物的な基準ばかりだった。しかし山道の魅力は、スペックはない。その道を歩くことで得られる快感や幸福感は、スペックで決まるものではない。

ここで補助線を引く。唐突に感じるかもしれないが、「住まい」の話題から考えてみよう。

さまざまな住宅サービス会社は、毎年のように「住みたい街」ランキングのようなレポートを出している。たとえばリクルートの二〇二四年版「住みたい街ランキング首都圏版」は、七年連続の一位が横浜。以下、大宮・吉祥寺・恵比寿・新宿・目黒・池袋・品川・東京、と続く。横浜には緑の多い北部の住宅街があり、海沿いも古くからの味わい深い街並みが並んでいるから理解できるが、新宿や池袋はそもそも住む場所なのだろうか。九位に食い込んでいる「東京」という回答にいたっては、それが何を意味しているのかさえわからない。

結局のところこのランキングは「住みたい街」と名乗っているが、「有名」「巨大」「ブランド」といったステレオタイプな基準で選ばれた人気投票に過ぎない。「登りたい山ランキング」と同じようなものだ。

実際に人々が住んで愛されている街は、けっして新宿や池袋や大宮のようなメガタウンではない。裏路地が縦横無尽にあり、大手チェーン店ではない個人経営の飲食店が充実していて、そぞろ歩きが楽しい街。東京で言えば、都民に愛されているのは谷根千《やねせん》や西荻窪、神楽坂、代々木上原といったこじんまりとした街なのである。

そのような街の魅力についての指標も存在している。二〇一五年にライフルホームズ総研が発表した「官能都市ランキング」という非常に興味深いレポートがある。今でもウェブに掲載されているので、ぜひ探して読んでみてほしい。このレポートは、街の魅力を「官能」というキーワードを物差しにして測ったものである。

日本語の官能には「官能小説」というポルノ小説のジャンルもあるように、エロティックなイメージが濃い。しかし本来の意味は「感覚器官の動き」だ。英語に訳せばセンシュアス（Sensuous）で、「感覚の」「五感の」「感覚を楽しませる」「五感に訴えかけるような」などの意味になる。「官能都市」が意図するのは、性的なニュアンスではなく、人間の生身で都市を評価してみようという目線である。

官能都市ランキングには、以下のような評価基準が設定されている。

- 共同体に帰属している（たとえば、常連客と盛り上がれる居酒屋がある）
- 匿名性がある（平日の昼間から飲んでても、とやかく言われない）
- ロマンスがある（デートをしたり、異性との出会いがある）
- 機会がある（面白いイベントや、友人知人のネットワークで出会いがある）
- 食文化がある（地元の食材で旨い料理を出す居酒屋がある）
- 街を感じられる（商店街からいいにおいが漂ってきたり、街の風景を眺められたり）
- 自然を感じる（木陰で心地良い風を感じたり、水に触れられる親水公園があったり）
- 歩ける（遠回りしていつもは歩いていない道を歩く）

素晴らしい基準ばかりではないだろうか。これらの基準を数値化してランキングを作成し、全国で一位になったのは、先ほどの谷根千もある東京都文京区。二位は大阪市北区。以下、武蔵野市・目黒区・大阪市西区・台東区、と続く。首都圏・大阪以外の都市では、八位に金沢、一二位に静岡、一四位に盛岡、一七位に福岡が入っている。

官能都市ランキングは、わたしの個人的な旅の経験からも非常に納得できるものだった。上位の都市はどれも歩くのに楽しく、細い路地がたくさんあり、魅力的な個人経営の飲食店が並んでいる。

さて、話を登山に戻そう。この「官能」という指標が、実は登山にも当てはめられるのではないだろうか。つまり「官能的な山道」のような評価軸が可能ではないか、ということである。

ここでわたしが強く言っておきたいのは、フラット登山において指標にすべきは「官能的な山」ではなく、「官能的な山道」であることだ。ここまで書いてきたように、登山の魅力は山頂だけではない。登山の魅力は歩くことにこそあり、歩く山道に沿って展開される光景や空気感に求められるからだ。

## 「官能的な山道」に求められる５つの要素

では「官能的な山道」を評価するとしたら、どのような基準が求められるだろうか。官能都市ランキングにならって、わたしは以下の五つの要素を考えてみた。

「異世界に迷い込んでいる」

「広大で開放感がある」
「変化に富み、足に快感がある」
「冒険心が満たされる」
「霊性に畏怖を感じる」

ひとつずつ説明しよう。

## 「異世界に迷い込んでいる」

富士山の青木ヶ原樹海を歩いていると、とても現実とは思えない異世界を間近に見ているような感覚に陥る（本書の第7章のコースガイドでも紹介しているので、ぜひ歩いてみてほしい）。平安時代の貞観噴火で溶岩が山麓に流れ、冷えて固まってぎゅっと凝縮した結果、そこらじゅうに空間や穴ができた。その上にツガやモミやミズナラなどの樹木がもくもくと生え、根が溶岩のスキマに入り込み、さらに苔がそれらを覆い尽くしている。異形の地形が、富士山麓の巨大な森の奥へとどこまでも続いている。こんな光景は他に日本のどこにもない。転生して異世界に入り込んだようにクラクラとする。このような異世界感が官能のひとつの要素である。

### 「広大で開放感がある」

峠を越え、あるいは山裾をまわると、突然のように広がる平原や湿原。広大な景色を前にすると、神の存在に接したかのような畏怖を感じる。こういう感覚を、『Chatter（チャッター）「頭の中のひとりごと」をコントロールし、最良の行動に導くための26の方法』（イーサン・クロス著、東洋経済新報社、二〇二二年）という心理学の本が的確に解き明かしている。

「言葉にできない雄大なものを前にすると、自分や頭の中の声が、世界の中心だとは考えられなくなってくる。それによって、思考のシナプスの流れが変わる。畏怖を感じるときは、精神を集中して視覚を働かせたり、心を乱す体験を再構築したりする必要がない。自分の名前を言うぐらいに簡単。畏怖の念を誘う光景の中に身を置き、自分を小さく感じる『自我の収縮』という現象を感じるとき、抱えている問題も小さく感じられる」

自分がひたすら小さくなっていく感覚。このような畏怖と開放感がないまぜになった感覚も官能の醍醐味だ。

### 「変化に富み、足に快感がある」

どんなに楽しい登山道でも、単調にずっと同じような道が続くと飽きてしまうし、そもそも足が痛くなる。たとえば尾瀬などの湿原にある木道。木の根っこや岩に足をとられることがなく、泥にまみれることもなく、なめらかで平坦で歩きやすい。普通の登山道よりもずっと気持ち良く感じる。

しかし木道が延々と続くとどうだろうか。経験で言えば、木道を六時間以上も歩くと足裏が耐えがたいほどに痛くなってくる。土の道にくらべ、木道は表面が硬いからだ。これは舗装された車道も同じで、山道よりもずっと歩きやすく感じるが、延々と車道を歩けばクッション性の良い登山靴であっても足が痛くなってくる。

山頂からの単調な長い下りにうんざりすることも多い。もし下山ルートがただ山腹をジグザグに下るだけでなく、ときに沢筋に出て流れに沿って歩いたり、ときに平坦な草原を縫って少しずつ下ったり、と変化に富んでいれば、そんなに疲れない。疲れは体力的な面だけでなく、精神的な面も大きいのだ。

だから山道は、変化に富んでいるほうがいい。変化に富んでいれば、その変化のたびに気持ちが入れ替わって新鮮さがよみがえる。そして足裏も疲れにくく、心地良い疲れを感じられるようになる。変化に富んだ道は、官能的なのだ。

## 「冒険心が満たされる」

登山でわざわざ危険を冒すのは御法度だが、自分の能力の範囲内でアドベンチャー感を味わえるのであれば、それも山道の楽しみだ。

人類学者の今福龍太氏によると、かつては散歩や山歩きのような行為はほとんど「迷う」と同義だったという。たとえば江戸時代の俳人松尾芭蕉は、江戸から東北、北陸をまわり、岐阜の大垣まで歩いて『おくのほそ道』を書いた。今福氏によると同書には「終《つい》に路《みち》ふみたがへて」という言葉がよく出てくるという。「とうとう道を間違えた」という意味で、旅行者向けの道など整備されていなかった江戸時代には、芭蕉はほぼ常時迷っていたというのだ。

迷うということばには、現代社会ではネガティブな印象がある。「道に迷う」「人生に迷う」「闇をさまよう」。どれもあまり良いイメージではない。

しかし「迷う」ことには、実は冒険的な面白さがある。

北アルプスのような有名山域に行くと、登山道はきれいに整備され、道を外れないようにロープまで張られている。景色は素晴らしく堪能できるが、同時に「歩かされている」感もある。登山道が整備されすぎて、悪天候でなければ迷う心配もあまりない。登山地図で自分の現在地を確認し、赤線で描かれている登山道をたどっていく。コースタイムもアプリに表示されているので、目的地へのだいたいの到着時間もわかる。「なぞっている」という感覚がある。

これに対して里山や低山、丘陵地帯などの山道は不明瞭なことが多い。登山道というよりも単なる踏み跡だったり、林業の作業道だったり、さらには獣道だったりする。道は時に民家の軒先に消えていることもある。見事に迷いまくる。精巧なグーグルマップも細い路地や田畑のあぜ道までは表示していないから、そうした道にはまりこむと迷うのだ。

でもそうやって迷いながら歩くことが、実はとても面白い。峠を越えた向こう側に新鮮な景色を発見したり、思わぬ場所に驚くほど旨い食堂があったり、山裾の無人販売所を見つけて野菜を買ったりと、いろんな予想外のできごとが起きる。

インターネットの時代にはすべてが可視化され、「秘密の隠れ家」がない。見つけにくい場所にある穴場のレストランも、グルメアプリなどですぐに共有されてしまう。しかしそういう時代だからこそ、意図的に「迷う」ことが面白さを引き出す。道に迷い、冒険心で探求していくことによって、新鮮な発見や感動がある。冒険心は、官能に大事な要素なのだ。

## 「霊性に畏怖を感じる」

神秘的な感覚も登山にはときに重要だ。ただし流行りのパワースポットに行くような感覚とは、少々異なる。もっと根源的な「何か」である。

山道を歩いていると、深い森の中にぽっかりと空いたような草地がある場所にたどり着くことがある。「理由はわからないけど、ここはとても気持ちいいなあ」と感じる。そういう不思議な空間が、自然の中には潜んでいるのだ。

グラフィックデザイナー原研哉氏は著書『白』（中央公論新社、二〇〇八年）で、神社の原点についてこう書いている。

「日本の『神社』という、人々の信仰の営みを受け入れる空間の中枢は、『代《しろ》』あるいは『屋代《やしろ》』であるが、これは『空白を抱く』という基本原理からなる。地面の上に、四方に柱を立て、それぞれの柱の頭頂部を縄で結ぶ。これが『代』の原形である」

「四隅の柱が、注連縄で連結されたことで、内側に『何もない空間』が囲われてできる。何もない空間であるから、ここには何かが入るかも知れないという可能性が生まれる。この『かもしれない』という可能性こそ重要であり、その潜在性に対して手を合わせるという意識の動きが神道の信仰心である」

原氏の簡潔で美しい文章は、わたしたち日本人の自然観やそこに紐づいた宗教観を、見事に表現している。山道をひたすら歩いていると、神が舞い降りて来そうな「何もない空間」に実際に遭遇することがあるからだ。そういう空間にわたしたちは霊性を感じ、目の前を流れていく霊性に対して、手を合わせる。このような霊性への畏怖も、官能の大事な要素のひとつである。

ここまで「官能的な山道」の五つの要素を紹介してきた。日本にはこれらの要素を持った官能的な道が本当にたくさんある。高い山や険しい山ばかりに目を向けるのではなく、官能的な快楽を求めて山野を歩いていくのだ。

本書のコースガイドでは、どの官能の要素が当てはまるのかを各コースごとに記している。ぜひ参考にしてほしい。

# 組織登山が終わり単独行が増えたが……

いにしえの昭和のころは、山を登るには何らかの組織に所属するのが当たり前だった。学生なら山岳部やワンダーフォーゲル部、登山サークル。社会人なら社会人山岳会。どこにも所属しないで登山しているような人は、少数派だった。

大学の山岳部はどちらかというと冬山や岩壁登攀に軸足を置いて活動し、ワンゲル部は無雪期の縦走が中心。ワンダーフォーゲルというのはドイツ語で「渡り鳥」という意味で、二十世紀の初めごろからドイツの若者のあいだで広まった野外活動のことを言う。渡り鳥のように自由に山野を放浪し、身体を鍛えて、精神の独立を図ろうという運動だった。だから戦前に日本に入ってきたときは、当初は「山野跋渉《ばっしょう》」と訳されていたらしい。跋渉というのは古めかしい熟語だが、あちこちを歩いてめぐることだ。

しかし戦後になって大学でワンゲル部を設立するのが流行り、ワンゲル部全盛時代になると、山野の跋渉や自由な渡り鳥というようなイメージは希薄になった。それよりもひたすら重い荷物をかついで、日本アルプスの長い縦走路を苦しみながら歩くというような活動になっていったのである。何ごとも楽しむのではなく精神鍛錬が中心という、剣道柔道野球道みたいな「ひたすら求道」になっていったのだ。

オリンピック出場やプロフェッショナルを目指すのなら「ひたすら求道」もいいのかもしれないが、最近は五輪選手だって求道じゃなく「気持ちいぃーっ」みたいなマインドが前に出てきているのだ。もう二十一世紀も四分の一を過ぎたのだから、普通の人間の山登りなど「ひたすら求道」から外してしまってもいいのではないか。

ワンダーフォーゲルも「重荷で苦しむ縦走」という枷《かせ》から外れて、本来の意味通りの「渡り鳥のように自由にあちこちをさまよう」に立ち返る時期なのではないかと思う。

そう考えると、フラット登山こそが本来のワンダーフォーゲルの精神を受け継いでいる。

二十一世紀の大学にはまだ山岳部やワンゲル部が健在のところも多いが、社会人山岳会に入る人はめっきり減った。組織登山の経験が皆無の登山者は当たり前になっているし、中にはSNSでグループをつくり、不特定多数の人のあいだで「一緒に来週末に高尾山行きませんか!?」と交流するケースも増えている。こういう風潮に「見ず知らずの人間と一緒に山に登るとは……」と顔をしかめているベテランもいるらしい。かつての組織登山では、つらい急登でともに汗を流し、寝食をともにして同じ釜の飯を食って関係を深めていくことこそが山仲間の醍醐味と思われていた。「死ぬときもお前と一緒だぞ」「ザイルでつなぐ絆《きずな》」といった価値観があり、そういう時代に育ったベテランにとっては「知らない同士で山に登り、おまけになんだ最近は登山届も満足に出しておらんそうじゃないか」と何から何まで気にくわないのである。

気持ちはわからないでもない。しかしそうは言っても、今さら組織登山が盛り返すとは思えない。規律の厳しい社会人山岳会など、もはや過去の幻でしかない。だったら、現代の価値観に合わせた新しい登山を考えて、同時に山を行き交う人たちのルールや礼儀などがきちんと共有され、皆が気持ち良く登れる社会をつくっていったほうがいい。

組織登山なき時代に、厄介な問題はたくさんある。現代の登山者は山のマナーを知らない人も多い。足の速い登山者が後ろから接近してきても道を譲らない人、登山道のど真ん中を占領して休憩している人、登山道は上り優先というルールをまったく知らない人……困った人はそこらじゅうにいる。

## 単独行を避けるためにSNSを利用しよう

困った人というだけならしかたないにしろ、より厄介な問題として、遭難する人が増えている。遭難には滑落や転倒、落石によるケガ、疲労、病気などいくつかの理由があるが、近年の遭難でいつもトップを占めているのが「道迷い」だ。これも不思議な話で、紙の地図しかなかったころならともかく、今はスマホの地図アプリがある。地図アプリを見れば自分の居場所はリアルタイムで把握できるし、道に迷ったと思ったらスマホを取り出して本来の道に戻れば済むだけの話だ。これだけスマホが普及しているのになぜトップが道迷い……？

この疑問を山岳ガイドをしている人にぶつけてみたら、こういう答えが返ってきた。

「スマホで現在位置はわかるけれど、そこからどう進めばいいのかがわからなくなっちゃう人が多い。それに単独行だと、自分の思い込みだけであらぬ方向に突き進んで行っちゃうんです」

なるほどの回答であった。そういえば、わたしにも何度も経験がある。分岐点まで来て、道しるべもしっかり設置してあり、スマホの地図アプリから現在地点は把握できている。それなのに、うっかり分岐から間違った方向に進んでしまうというミスだ。そんな時に山仲間が一緒だと、誰かが「俊尚さん、違うよ。こっちだよ」と指摘してくれる。その時点で立ち止まって、もう一度地図を見直し、山仲間と相談すればいいのだ（だって山仲間の指摘が間違っている場合もあるから）。

だから単独行はやはり危険なのである。道迷い以外にも、まわりに他の登山者がいない時に滑落して沢筋に落ちてしまったりすると、ひとりだと誰も助けてくれない。

とはいえ、一緒に登る仲間がいないという人もいるだろう。だったらSNSで「一緒に来週末に高尾山行きませんか!?」と呼びかければいいのだ。フェイスブックにも、そういう登山のグループがいくつもある。「山仲間募集中です」と明記してあるグループを見つけて参加すればいい。「見ず知らずの人間なんかと……」と思う人もいるかもしれないが、見ず知らずの人とだって単独よりはずっと良いのだ。

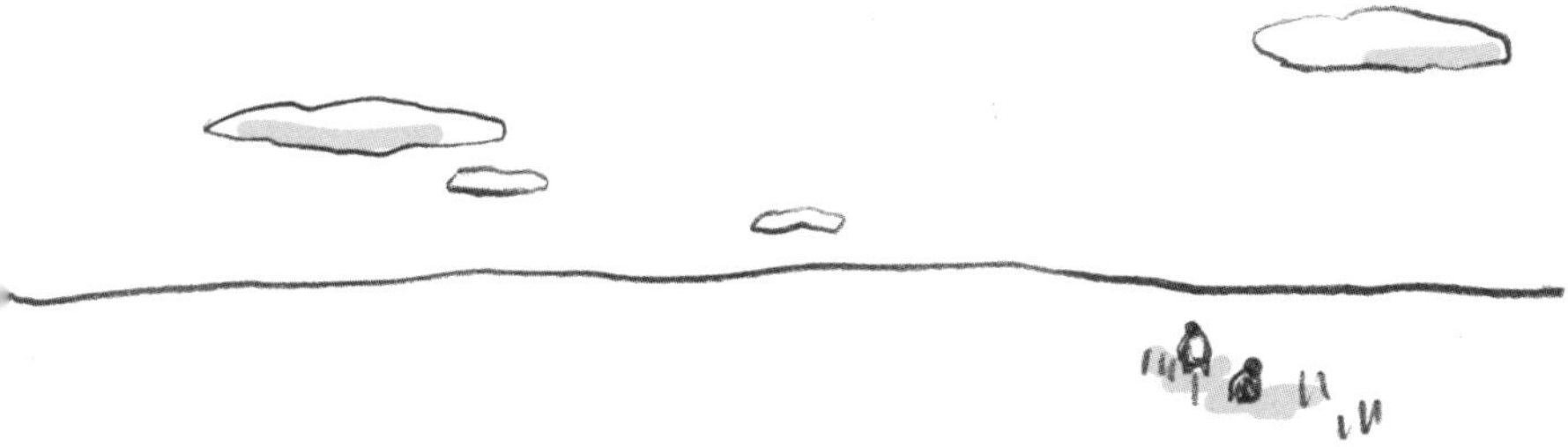

# 第2章

# どのようにしてわたしは フラット登山に行き着いたか

# どこまでも続く稜線歩きに魅了された学生時代

そもそも、なぜフラット登山というものを試みようと思ったのか。そこに至るまでの、わたしの登山の歩みをたどってみようと思う。少し長くなるが、おつきあいいただきたい。

わたしが登山を始めたきっかけは、上京して大学に入学し、登山のサークルに入った一九八一年のことだ。もともと登山などまったく興味がなかった。ではなぜ登山サークルに入ったのかと言えば、「こころの空虚を埋めたかった」という青年期特有の青くさい心情だった。

わたしは愛知県の県立岡崎高校という田舎の牧歌的な進学校の出身で、高校生のころはやたらと頭でっかちな左翼少年だった。難しくて読めもしないのにカール・マルクスや吉本隆明の本を持ち歩き、学内で誰かれ構わず議論を吹っかけたりしていた。クラスメートから見れば、小賢しくて厄介な奴だったと思う。

わたしが高校生だった一九七〇年代後半は、まだ学生運動の余韻がくすぶっていたころで、学校のトイレには「造反有理」という油性ペンの殴り書きが残っていたのを覚えている。反抗には正義がある、という意味だ。「うちの息子も過激派になって爆弾投げるんじゃないだろうか」と心配した母親が、担任の先生にこっそり相談に行ったりしていたというのは、後から母親に聞いた話である。担任はわたしが敬愛していた国語の白井先生で、不安がる母に向かって「佐々木君が傾倒してるのは、市民運動のべ平連とか小田実とかでしょう？　穏健だから全然心配いらないですよ」と笑い飛ばしてくれたらしい。

田舎の高校生が革命ごっこにかぶれていても、できることは何もない。そこで少年は、京都では一九七〇年代の今も学生運動が盛んだと聞きかじり、「よし関西の大学に行こう」と決意した。猛勉強して模試では合格圏内には入っていたが、二年にわたる二回の挑戦はいずれも失敗だった。夢破れ、第二志望だった東京の私大に入学した。根拠のない野望を失って失意の中で偶然にも出合ったのが、登山だったのだ。

そのサークルは、サークルというレベルにはまらない乱暴な先輩がたくさんいて、四月に入会していきなり日光の雪山に連れていかれ、バテまくった。さらに翌月には、東北の長大な山脈である飯豊《いいで》連峰に連れていかれ、巨大な石転《ころ》び沢雪渓をやはりバテまくって死にそうになりながら登らされた。全長三キロ、積雪が異様に多くて落石もひんぱんにあることで有名な陰鬱な谷である。

こういう洗礼を受け、気軽なハイキング登山にはあっという間に飽きてしまう。二年生になるころには岩壁登攀などのバリエーションにも挑戦してみたくなり、社会人山岳会にも入会した。二十一世紀の今では組織登山はかなり衰退してしまっているが、当時は大学山岳部と社会人山岳会が登山界の二大勢力であり、ヒマラヤ未踏壁の初登攀などにしのぎを削っていたのだ。

同時に一九八〇年代初頭は、フリークライミングの大波が日本にやってきていた時期でもあった。それまでの日本の岩壁登攀は、困難な壁ではボルトにアブミと呼ばれる短い縄ばしごを架けていく人工登攀と呼ばれるスタイルが中心だった。ところが米・ヨセミテで始まった新しいフリークライミングでは、そういう困難な壁でもアブミなどいっさい使わず、手と足だけでテクニカルに登っていくことを最上の価値としていた。それに伴ってクライミングの身体テクニックも向上し、新しいタイプのフリークライマーたちは谷川岳の衝立岩や穂高の屏風岩など人工でしか登れないと思っていた困難壁を次々に手足で登り、「フリー化」を行ったのである。

何より、フリークライマーたちはファッションも含めて素晴らしくカッコ良かった。古いタイプのクライマーがチェックのネルシャツとニッカボッカに頑丈な登山靴、工事現場みたいなヘルメットに全身ハーネスで身を固めていたのに対し、フリークライマーたちはTシャツにジャージと身軽で、米国から入ってきたばかりの信じられないぐらい軽いフラットソールのクライミングシューズを履いていた。身体も、体操選手のようにスリムに鍛え抜かれていた。

大学生の初心者クライマーが、そういう新しい波に憧れないはずがない。社会人山岳会では相変わらず古いタイプの中年クライマーたちが幅を利かせていたが、若者たちはこぞってフリークライミングに熱中するようになったのである。

わたしもその波に乗ってフリークライマーを気どるようになったが、しかしそこで重大な問題が立ちはだかった。いや、「問題が立ちはだかる」とかそんな大げさな話では全然ない。要するに運動神経が鈍く、体操系の身体運動が苦手だったので、フリークライミングはまったく自分に向いていなかったのだ。ごつい登山靴で比較的楽な壁を登る従来スタイルのクライミングなら楽しめたが、難易度の高い壁に挑戦してみると、まったく歯が立たなかった。

すぐに「これは自分には無理だ……」と気づき、泣く泣くフリークライマーへの道は諦め、社会人山岳会は退会した。そのかわりというわけでもなかったが、大学のサークルでクライミングに興味を持っている後輩たちを集めて高難度ではないレベルのクライミングを楽しむ同好会（当時流行っていたマガジンハウスの女性誌をうけて、オリーブクライミングクラブという実にチャラい名前をつけていた）を作り、冬になると冬山縦走を楽しんだ。体操系の運動は苦手だったが逆に持久力は自信があり、重い荷物を背負って長大な縦走をするのは得意だったのである。

夏も冬も、国内の山を縦横無尽に歩いた。やがて、自分の意外な山の好みに気づくようになる。上信《じょうしん》会越《あいえつ》と当時は呼ばれていた群馬・長野・福島・新潟の県境あたりに位置する山々に惚れ込むようになったのだ。谷川岳や八海山、尾瀬ヶ原が有名だが、この山域はその数十倍ぐらいの名峰や素晴らしい高原、湿原を抱えている。そして山々は奥深く、稜線はどこまでも続く長大さで、まるで異世界に旅をしているような気分に浸ることができた。フリークライミングのような派手な世界ではまったくなく、どちらかといえば日本的な情緒たっぷりの山々である。でも当時のわたしはどうしようもなくそっちに惹かれていったのだ。このころの上信会越の登山の経験が、いまわたしがフラット登山に求めている悦びにつながっているのだと最近しみじみと思う。

## 忙しさで山から遠ざかっていた

そのころ、夢中になって読んだ本がある。全一〇巻もある長大な『日本登山体系』というバリエーション登山の百科事典である。白水社から発売されたのは、一九八一年。ちょうどわたしが登山を始めたころだった。一冊三〇〇〇円以上もして学生に手が出る価格ではなかった。しかし上信会越の巻だけはどうしてもほしくて、逡巡した末に購入した。その『南会津・越後の山』と題された第二巻はすり切れるほどに読んだ。中でも「これは最高だ」と思ったのが、新潟平野に近いが登山道もほとんどない秘境・川内山塊についての記述である。新潟の亀田山岳会が書いている。冒頭の文章がしびれるほどに名文なので、ここに引用しよう。

「川内山塊は、越後に残された最後の秘境であり、登山者で賑わうこともなく、昔にもまして深い静寂の中に沈んでいる。山奥の廃村の続くなかで、ゼンマイ採りの爺さまたちは、住宅団地の明るい部屋で精気を失い、櫛の歯が欠けるように消息を絶ち、貴重な生活の道であったゼンマイ道も、夏のむかつく暑さの中で、身の丈を越す雑草に埋もれてしまった」

「山蛭《ヒル》、蝮《マムシ》、虻、藪蚊、山壁蝨《ダニ》の群生する川内の峰や谷、好奇心から一度は訪れる登山客はあっても、再び入山することはなく、欲得で入渓するイワナ釣りや、盆栽盗りの姿をまれに見るだけである。源流への遡行記録も、近年まったくとだえてしまった」

もっと凄まじい文章もある。いま読んでも、震撼するばかりである。読者の皆さんと共有したいので、該当部分を長めに引用してみる。

「風下の山蛭は、人が発散するガスで待ち構え、地面や枝葉に何万匹かが群がって、垂直に立って伸縮しながら揺れ動く。風のない日に風の音に似たかすかなざわめきが聞こえ、気の弱い人が見たら失神する」

「虻は夏の川内名物である。わずか八月の一ヶ月であるが、地の底から湧いて出たかと思う凄さである。八月中旬が盛期で、沢遡行の五人パーティに、常時五、六〇〇匹の蛇がつきまとい、話す口の中にまでとびこんでくる。汗の沁む股や尻の上など、行動中にかかわらずズボンの生地が見えなくなるほどで、ひと叩き三〇匹、叩いても叩いても減らず、根負けし、かってに噛みやがれと居直りが悟りの境地だ」

どうだろうか。絶対に行きたくないと強引に思わせてしまう、超絶の名文ではないだろうか。

さすがにヒルやアブは正直なところ嫌だが、こういう秘境を歩きたい、誰も知らない誰もいない世界に行きたいという気持ちは、当時のわたしには沸々とあった。

そんな風にして年間一〇〇日は山に入り、残りの一〇〇日はアルバイトに明け暮れた。山に夢中になっているあいだに、またたくまに学生生活は過ぎていった。大学の授業にはほとんど出ておらず、当たり前だが単位はまったく足らなかった。気がつけば学生生活は六年目に入り、かつての同期生たちはとっくに社会人になっていた。これはもう卒業する見込みはないなと見切りを付けて、学歴不問で就職させてくれる新聞社の試験を受けることにした。

二六歳の遅咲きで新聞記者になり、体力だけはありそうに見られて警察担当を延々と務めさせられることになった。最初は岐阜県警、そして愛知県警、最後は警視庁捜査一課。

事件記者と言えば当時はカッコ良いと思われる風潮もあったが、あまり頭脳は使わなくても良く、ひたすら頭を下げて情に訴えてネタをもらう仕事である。しゃべりたくない人に気持ち良くしゃべってもらうノウハウだけは身につけた。

三〇歳ごろまではなんとか登山を続けていたが、東京社会部に異動するころには目が回るほど多忙になり、寝る時間もほとんどとれないほどで、山に登る余裕などまったくなくなった。登山道具の大半は処分し、でも長年愛用していたフランスの登山メーカー・シャルレのピッケル（アイスアクス）だけは捨てきれずに、その後もずっと仕事部屋の飾りにしていた。

以来、まったく登山とは縁のない暗黒時代が続く。

## 再び山に目覚めるきっかけになったアイコンワンゲル部

もう一度山に戻ってきたのは、四十歳代も終わりに近づいていた二〇一〇年ごろのことだった。新聞記者を辞め、その後に転職した出版社を経由してフリーランスのジャーナリストになり、独立して七年目に達しようかという時期だった。そのころツイッター（現X）が流行りはじめていて、ある日「ツイッターのアイコンを描いてあげます！　無料で」と募集していた女性イラストレーターを見つけた。彼女のその投稿をシェアしたのがきっかけである。

南暁子さんというその彼女は、それから数百人もの人たちのアイコンを無償で描いていった。今もわたしがXで使っている黄色いアイコンも南さんの作品である。そしてアイコンを描いてもらった人たちの中から「みんなで集まってみたい」と声が上がり、二〇一〇年の秋に今はもうなくなった世田谷の瀬田温泉に集まって、ささやかなパーティーを開いた。「アイコンミーティング」という名称も付けられ、突如として一〇〇人以上の仲間ができたのである。運や人との出会いとは実に不思議なものだ。そしてこのアイコンミーティングこそが、わたしに登山への道を再び開いてくれた契機になった。

アイコンミーティングはパーティーだけでなく、同好の士がそれぞれ集まってバスケットボールをしたり、サイクリングをしたりと部会まで登場してきた。その中に登山をするグループも現れ、それにわたしも誘われたのだった。

さほど積極的ではなかったが、中央アルプスの木曽駒ヶ岳や八ヶ岳の天狗岳などいくつかの山行に参加し、「お！　意外に自分にもまだ体力がある」と思い始めた。しかし最大の転機は、その後に起きた。

それは、友人に誘われて奥志賀の山に出かけたことである。

スキー場で有名な熊の湯から登り、志賀山の山頂直下にある四十八池の湿原をぶらぶら歩こうというコースだった。標準コースタイムは三時間足らずで、気楽に登れそうだった。

初夏に近い季節だったが、熊の湯から上がってみると山はまだ雪に埋もれていた。登山道は雪の中に消えてしまっていて判然としない。

これは無理だ、帰ろうかと一瞬は思った。しかしすぐに「いや、昔は雪山でも普通に登ってたじゃないか」と思い直した。おまけに天気は快晴だ。持って来た紙の地図をにらみながら（このころはまだスマホはあまり普及しておらず、登山地図アプリも一般的ではなかった）、現在地の地形を考え、数十メートルほど上に見えている稜線にラッセルして上がって位置を確認した。そうやってルートファインディング（登ることが可能なルートを見つけ出すこと）しながら進み、無事に四十八池にたどり着いたのである。わずか一時間ほどの短い行程だったが、雪の中に湿原と木道を発見した時には、小躍りしたい気持ちになった。

「まだ登れる！　まだ登れるぞ！　昔の感覚は衰えてなかった！」

三つ子の魂百まで、ということばがある。若いころにやりこんだ物事は何であれ心身の奥深くに刻みつけられていて、そうかんたんには消えてなくならないのだ。ルートファインディング以外にも、たとえばクライミングのロープワークなどもそうだ。クライミングから離れてもう三〇年以上になるが、いまだにプルージックやブーリンなどのロープワークは身体が覚えている。体力や瞬発力はさすがに衰えるが、しかし習慣づけられた挙動は記憶に刷り込まれているのである。

さらに入れ込んで、アイコンミーティングの登山に熱心に参加するようになった。時間の経過とともにメンバーの入れ替えなどもあり、わたしが山行計画を立てて主催することも多くなった。アイコンミーティングそのものはだんだんと停滞して自然消滅への道をたどったが、アイコンワンゲル部と称するようになった部会は、名前だけを残しながら月に一度の定期山行として定着した。気がつけば一〇年以上が経ち、歩いたコースはいまでは一〇〇以上にもなっている。

## 決めるのは、コースと集合時間と場所だけ

現在のアイコンワンゲル部は組織登山というほどのものではなく、実にゆるやかで希薄なグループである。集まって宴会を開くというようなことはない。ミーティングなどもない。わたしともうひとりの主宰者のタクミ君で相談して日時を決め、コースを選定し、フェイスブックでイベントページを立て、連絡用メッセージグループに情報を流す。希望者はだれでも参加できる。

このようなゆるやかなかたちに傾斜していった結果、山行の形態もひとつの方向へと進んでいくことになった。

いつもの山行で決めているのは、コースと集合時間と場所だけである。自家用車やレン

タカー、カーシェアなどは原則的に使わない。当日に集まるまで人数が確定しないからだ。参加を表明していても、風邪を引いたり寝坊したりして来ない人もいる。逆に当日の朝になって急に参加したくなる人もいる。だから集合時間に集まってくれた人だけで歩くのだ。集合場所はたいてい山麓の鉄道駅の改札前で、駅から直接歩いていくこともあるし、あらかじめ調べておいた路線バスに乗ることもある。

体系的な組織登山ではないので、初心者向けのトレーニングとかベテランだけの高度な登山とか、そんな山行区分もない。となると体力のない人や初心者にできるだけ合わせて計画を立てざるを得ない。岩稜の多い山は避け、歩行時間もせいぜい五時間台ぐらいにとどめる。

この程度の軽い登山で、なおかつ鉄道やバスなどの公共交通機関だけを使って登れるコース。しかも東京から日帰りできる範囲内。山域はかなり限られてくるし、コース取りも工夫が必要になる。山頂を目指そうとするとコースタイムが長くなってしまうことが多く、下山後のバスの時間に間に合わなくなることもある。

自然と、山頂ばかりを目指すのではなく山麓を横切ったり、川や湖沿いに歩いたり、ときには街中を歩くルートを組み込んだりと、さまざまな工夫をしてコースを設定するようになった。

そういう山行をしていたら、ある日突然気づくのである。

「別に山頂行かなくても楽しいんじゃない？　気持ち良く歩くことができればそれで十分なのでは？」

あらためて考えてみれば、ごく当たり前のことである。

そもそも、登山者はなぜ山頂を目指すのか。第1章「まったく新しい歩く旅『フラット登山』を提唱する」で書いたように、山頂にはそれほど意味があるとはわたしには思えない。たしかに山頂は見晴らしが良く、気持ち良いという理由もあるだろう。しかし見晴らしが良く気持ち良いのは、山頂だけではない。広大な草原や湿原を歩けば、そこらの山頂以上に見晴らしが良く気持ち良い。

山頂に立つことの達成感を言う人もいる。しかし山頂にいかないと達成感が味わえないというのは、単なる誤解だ。平坦なコースであっても、野原をめぐり山道を歩き、ゴールに設定していた地点に到達すれば、十分な達成感がある。

そんなことをわたしが個人的に考えるようになっていたころ、登山の世界でも大きなムーブメントが起きていた。同じく第1章で説明したロングトレイルである。

## 初心者もいるからこそ、長すぎず平坦な道を選びたかった

わたしも二〇一〇年代になって、ロングトレイルに目覚めて各地のトレイルに足を伸ば

すようになった。最初に歩いたのは、八ヶ岳山麓スーパートレイルだった。標高三〇〇〇メートル近い八ヶ岳の山頂にはいっさい近寄らず、標高一〇〇〇メートルぐらいの山麓をぐるりと一周するというコースである。森の中の山道や林道、舗装道、ときに牧場の中の道などを組み合わせて、八ヶ岳周辺の日本離れした高原の景色を思う存分楽しめるように設定されている。八ヶ岳山麓スーパートレイルのスルーハイクは一週間以上かかり、そんなに休みが取れないので、七回ぐらいに分けて日帰りでセクションハイクし、歩き通した。

登山ではない山歩きが面白くて、国内のあちこちのロングトレイルを歩いた。長野・松本から新潟・糸魚川まで古い街道をたどる塩の道トレイル。北海道の中標津《なかしべつ》から摩周湖《ましゅうこ》までを歩く北根室ランチウェイ（現在は閉鎖）。東信州の高原をめぐる浅間・八ヶ岳パノラマトレイル。青森から福島までの東北太平洋岸を貫く壮大なみちのく潮風トレイルは、全長一〇〇〇キロもあってさすがに全部は歩けないので、ときおり雨が降る晩夏に青森から岩手までを歩いた。

このようにいくつかのロングトレイルを歩いてみて、歩き通したときの達成感は凄まじいと感じた。北根室ランチウェイの多くは、北海道の絵はがきなどでよく見る「地平線まで続く道」をひたすら歩く。地平線まで続く道は、眺めている分には楽しく感動的だが、実際に地平線まで歩いていると本当に気が滅入る。どこまでも歩いても、どこまでも歩いても、ちっとも目的地が見えてこないのだ。砂利道だろうが舗装道だろうが、延々と歩いていると脚の筋肉は硬直し、何も感じなくなっていく。歩いているときはただ無感動の中にいる。

だからこそ、その日の目的地に到着したときには、心の底からほっとし大きな感動があった。しかしこれは「達成快感」である。第1章でも書いたように、それは決して過程の快感ではない。そこまで長距離を歩かなくても、もっと気楽に「過程快感」を味わえれば、それで十分なのではないか。ロングトレイルを堪能しつつも、同時にそんなことも考えるようになっていた。

強く意識していたわけではなかったが、アイコンワンゲル部の山行計画にもロングトレイルコースを少しずつ導入するようになった。ロングトレイルコースのうちのわずか四～五時間分ぐらいを切り出して歩くのだ。それはスルーハイクができないからセクションハイクに分けて歩くということではない。完歩を目指してセクションハイクを重ねるということではなく、完歩など考えずに気持ち良いところだけを切り出せばいいという考えだった。

これは「邪道」なセクションハイクかもしれないが、あえてそっちに進んだのは、先ほども書いたようなアイコンワンゲル部特有の「初心者もいる、当日にならないと誰が参加するかわからない」という事情も背景にあった。それを考慮すると、なるべく平坦で危険のない山道や林道などを歩こうということになる。おお、それはまさにロングトレイルのコースの一部ではないか、という単純な話だったのである。

先に紹介した八ヶ岳山麓スーパートレイルで言えば、過去にわたしがセクションハイクをして歩き通したコースの中から、気持ち良いエリアを切り出して歩いたりした。ＪＲ小海線の野辺山駅から高原のレタス畑が広がる車道を歩き、八ヶ岳山麓の森の中を抜けて、清里駅に出るコース。あるいは清里駅から飯盛山を登る、地元の小学校の遠足でもよく歩かれているコース。いずれも四～五時間ぐらいで歩けるセクションハイクだが、日帰りのフラット登山には最適なコースだった。

とはいえロングトレイルのコースは日本ではまだ少なく、また東北や九州、関西など首都圏から遠いコースも多いので、アイコンワンゲル部の毎月の山行に利用しようとすると足りなくなってくる。そこで環境省が整備している自然歩道も利用させてもらうことにした。最も有名な東海自然歩道は東京と大阪をつなぎ、日本最古かつ最長のロングトレイルコースとして有名だ。これだけではない。首都圏には東京、千葉、茨城、埼玉、群馬、栃木、神奈川にまで大きく展開されている「関東ふれあいの道」という長大な首都圏自然歩道もある。国から予算が出ていることもあってどこも標識などがきちんと立てられ、きれいに整備されているのだが、実際に足を踏みいれてみると、歩いている人は滅多に見ない。実にもったいない。

この関東ふれあいの道もフラット登山のコースに組み入れ、さらにそこから環境省が全国各地に関東ふれあいの道のような長距離自然歩道を整備していることを知り、それらのコースガイドも調べ、さまざまな土地へと足を伸ばすようになった。

そうやってさまざまな道を歩いているうちに、ささやかだが大きな気づきがあった。

「日本には、こんなに素晴らしい歩ける道がたくさんあっただなんて！」と。

それがフラット登山という新しい歩く旅のスタイルへの開眼となったのだ。

だったら、高山とか低山とか公園とか、そういう垣根も取っ払ってしまえばいい。とにかく自由に、楽しく歩けばいいのだ。都市郊外の公園を歩いて焚き火をすることもあれば、標高二〇〇〇メートル以上の高層湿原で空中を歩くように楽しむこともある。集落のそばを抜けて里山を歩くこともあれば、どこまでも続く青い平原を歩くこともある。

あらゆる山の旅の可能性が、実はこの先には拓かれている。そう感じるようになった。

フラット登山という新しいスタイルは、このようにしてスタートしたのである。

コラム

# 「ともに山に登っている人たち」という淡い連帯

二〇一九年に発売された「デス・ストランディング」というビデオゲームがある。ゲームクリエイターとして世界的に有名な小島秀夫氏が手がけた作品で、ひとことで言えば「運ぶゲーム」だ。文明が崩壊して物流がなくなった未来の北米大陸で、配達物を目的地まで届けるのがゴールとなっている。モンスター的なものも出てこないではないが、戦いが主軸ではなく、荒野や山脈を歩いて配達経路を確立したり復旧したり、そのための資材を活用したりといった行為が中心となっている。まるで道の整備されていない登山道を歩いているような、そんな感覚になれる面白さがある。わたしは近年はまったくビデオゲームをやらないのだが、この作品にだけは強く惹かれて、そのためにだけプレイステーションを買って遊んでみたほどだった。

基本はたったひとりで荒野を進んでいくのだが、このゲームが面白いのは他の人間のプレーヤーの存在を間接的に感じることができるという点にある。他のプレーヤーが残してくれた物資を利用したり、逆に自分が次の人のために道具を置いていったりもできる。でもその相手が視界に入るわけではなく、直接会話できるわけでもない。

日経クロストレンドというウェブメディアの記事「小島秀夫氏ロングインタビュー

模索する新しい『つながり』」（二〇二二年七月二七日）で、小島氏のこんな発言が紹介されている。

「届くのにタイムラグが大きい手紙では、互いに書いている、もしくは読んでいる相手の〝そのとき〟を想像するため、自然と思いやりが生まれる。このリアルタイムではない、直接見えない相手との間接的なコミュニケーションを、最先端のテクノロジーで再現した」

「ネットは今、ストレス発散の場、自分の日常を忘れてヒーロー・ヒロインになれる場としての側面が強いように思えます。相手が見え過ぎると、ついつい攻撃をしたくなったり、強く出てしまったりしやすくなりがちです。ゆるいつながりだからこそ、温かいコミュニケーションになりやすいと感じています」

　ここで語られている「直接見えない相手との間接的なコミュニケーション」は、まるで登山地図アプリのヤマップ（ＹＡＭＡＰ）のようである。

　ヤマップには登山日記や写真を投稿してユーザー同士で見せ合えるＳＮＳそのものの機能もあるが、それ以上に興味深いのは間接的なソーシャル機能のほうだ。たとえば「みまもり機能」。これは登山しているユーザーの現在位置の情報をつねにサーバーに送信して、もし遭難した場合には家族などに位置を知らせることができるというものだが、山中では電波がつながらずに情報を送信できないことも多い。

そこでヤマップを使っている登山者同士がすれ違うと、互いがこれまでにすれ違ったユーザーの位置の情報を交換。どちらかが電波の届くところにまで来たら、それらすべての位置情報も一緒にサーバーに送信してくれる。ヤマップユーザーが増えれば増えるほど、電波が届かない山中でもサーバーに位置情報が送信できるようになるということだ。

山中で登山者がすれ違うと「こんにちはー」とあいさつぐらいはするが、立ち止まって雑談までをすることは滅多にないし、相手がどこのだれかもまったくわからない。それでもスマホを介して、互いに意識しないうちに情報の交換をしている。まさに「間接的なコミュニケーション」である。

ヤマップはそれ以外にも、登山道の危険な地点や注意すべき場所に「倒木があるので注意」などの投稿をして、それを他の登山者が見ることができる。これはまさに、デス・ストランディングで行われているコミュニケーションそのものだ。山で出会う他の登山者とのあいだに、親密ではないけれどもそこはかとない関係性が保たれているのがヤマップの面白いところだ。

## これからのコミュニケーションはもっと多様でいい

わたしたちは他者とのコミュニケーションというと、「同じ釜の飯」的な濃密で継続的な関係性が必要だと思い込みがちである。強い絆こそが最高、という思い込みがある。しかしコミュニケーションは、もっと多様でもっとグラデーションがあっても良いのではないか。

前出の原研哉氏の著書『白』には、コミュニケーションについてこう書かれている。「コミュニケーションとは人と人の意識が疎通することであり、それは目と目を合わせるアイコンタクトのようなものも含まれる。目を合わせてうなずき合うことは、必ずしも何かを伝達したことにはならないが、双方の意識を通わせ合えたとすれば、それをコミュニケーションと考えて差し支えはない」「結果として互いにうなずき合えればそこに絆は生まれ得る」

人と人の意識の疎通――。それについて考えていて、ふと頭に浮かんだのは、コロナ禍真っ最中の二〇二〇年初夏、東京の空をブルーインパルスが飛んだ時のことだった。パンデミックに挑む医療従事者への敬意と感謝を示すためだった。予告通りブルーインパルスは東京上空を横断し、人々は空を見上げた。あの時、わたしはX（当時はツイッター）にこう投稿したのだった。

「同調圧力もなく、かといってそれぞれ孤立してるのでもなく、みんなでブルーインパルス見上げて『おおー』って歓声あげたのって、東京の人びと同士のほのかな連帯感を感じた。こういうの好き。都市の共同体の未来って、こういう感覚なのかもしれません」

マイケル・イグナティエフというカナダの政治思想家が、東京のような都市における新たな共同体の感覚について『ニーズ・オブ・ストレンジャーズ』（一九八四年、邦訳は風行社）という本で書いている。現代の都市には遊歩道や公園、カフェ、共同住宅などがあり、そういう場所に集まる人々のあいだで互いの存在が認識され、ときには眼差しが交差したり、同じ景色をみなで一緒に見たりしている。二〇二〇年にわたしたち東京都民がブルーインパルスを見上げていたように。

それは刹那的でいずれは喪失される感覚だし、しょせんは孤独でしかないのかもしれないけれど、でもみなが喪失感や孤独感を共有することによって、それが実はつながりになっているのだとイグナティエフは言う。

「わたしたちは帰属というものを永続的で不変のものと考えているが、わが家《ホーム》というものはすべて束の間のものでしかない。子供時代を過ごした家に今も住んでいる者などいるだろうか。いったい誰が、かつて生まれ育った街に今も暮らしているだろうか。故郷《ホーム》とは、わたしたちが成長して自分自身になるために、そこを立ち去らねばならない場所のことだ。帰属するとは小さな慣れ親しんだ場所に根を下ろすことだとわたしたちは考えているが、わたしたち大多数の者にとっては故郷とは絶えず脈打つ動脈のような巨大都市のことなのだ。わたしたちが帰属するのは、もはや安定したよく知っている馴れ親しんだなにかに対してではなく、永遠に動き続ける電気仕掛けの非情な被造物に対してなのだ」

わたしたちは、帰属というものを安定であり、安らぎであると考えている。しかしそういう安定や安らぎがあるような帰属できる場所が、二〇二〇年代の現在には存在するのだろうか？　それはすでに過ぎ去った過去であり、失われた「故郷」への郷愁でしかないのではないか。イグナティエフはそう語っているのである。

## 今いる場所はきっと誰かがいた場所

都市に暮らす二十一世紀の共同体は、寂しく孤独な者同士の連帯というようなはかなくゆるやかなものになっているのかもしれない。それは同時に、かつての農村や企業社会にかわる「居場所」でもあるのだろう。

児童虐待を受けた経験のある若者たちが、率直に自分自身を語っている『親が悪い、だけじゃない』（山本昌子、ＫＡＤＯＫＡＷＡ、二〇二四年）という本がある。このなかで「安らげる場所」について語っている場面がある。

「場所も必要だってことだね、安らげる場所」

「あと、人もね。話は別に聞かなくてもいい、ただいてくれるだけでいい。みんな『どうしたの？』『なんかあったの？』って聞きがちで、聞くのがいいと思ってる人が多いと思うけど、そうじゃなくて、ただいて、ただお菓子出してくれて、『あっちにいるからなんかあったら言ってね』ぐらいの人がいるっていうのは貴重」ただそこに誰かがいる、というそれだけで安らげる。濃密な会話を交わさなくても、互いの存在が認識されるだけでそれでいい。つらい思いをした子どもたちだけでなく、現代の都市に住むわたしたち皆がそういう居場所を実は求めているのかもしれない。

話を戻そう。山ですれ違う登山者たちのあいだの淡いコミュニケーションは、この感覚につながっているのだ。

ビデオゲーム「デス・ストランディング」で、誰かが残したありがたい物資を見つけたときの喜びのように。ヤマップを使う登山者がすれ違い、ただ「こんにちは」と声をかけ合うだけだけど、そこで位置情報をスマホ間で交換しているように。

フラット登山では、北アルプスや八ヶ岳のような有名山岳だけでなく、名前さえないような里山をさまようこともある。山道がはっきりしないことが多い。ある土地のある山裾を歩いていて、「たぶん道はこっちに続いているだろうな」と思わせる方向を探すと、踏み跡のように山道が続いているのを見つける。「やはりこちらか」と思って足を踏みいれると、数十メートル先のカーブを回ったところで踏み跡は途絶えている。その先に林業の森があるわけでなく、猟師が歩くような場所でもない。おそらくはこういうことだ――先行する登山者が「こっちだろう」と当たりを付けて、その方向へと進む。途中で道間違いに気づいて来た道を戻る。次の登山者もやっぱり間違えて足を踏みいれ、また来た道を戻る。そういうことを繰り返しているうちに、間違えた跡がしっかりとした踏み跡となり、やがて山道へと発達していく。長い年月の登山者たちの積み重ねが、道をつくってしまったのだ。

それは間違った道だけれども、わたしはその道を見ながら、過去の人々の去来、来ることと去ることという彷徨《ほうこう》に思いを馳せる。そこには時間を置いたわたしたち登山者のコミュニケーションがあると感じるのだ。

人工的につくられた山道もあるが、人々が行き交ううちに自然に踏み跡がつくられ、長い年月によって山道として完成されていった道もある。それはわたしたちたくさんの人々がつくった道なのだ。イグナティエフが公園やカフェで集まる人々に都会の共同体を感じたように、山道も共同体のなかから生まれ、互いの存在を認識させるひとつの存在なのである。

# 第3章

# フラット登山に必要な装備

## 山道だけでなく車道も歩く「靴」の選び方

フラット登山には、どのような靴が適しているのか。

山頂を目指す一般的な登山における登山靴の考え方を、そのままフラット登山に持ち込むのは良くない。何と言っても最大の違いは、一般の登山が土や岩の登山道だけを歩くことを想定しているのに対し、フラット登山では登山道に加えて未舗装の林道や舗装された車道もたくさん歩くということだ。

一般の登山でも、車道を歩くことはある。最寄りの鉄道駅やバス停、駐車場などから登山道の入口までの道のりを歩かなければならないからだ。でもこの場合の車道歩きは、あくまでも「余計なもの」扱いである。登山道にアクセスするためだけに軽い運動靴を別に用意する場合もあるが、それは副次的な靴だ。

フラット登山では、車道歩きは余計なものではない。登山道も車道もすべてひっくるめて、フラット登山の正式な一部である。ときには登山道でも車道でもなく、たとえば海岸を砂に足を取られながら歩いたり、田んぼや畑のあぜ道を歩いたりする。それらもフラット登山の構成要素である。

だからフラット登山における靴も、あらゆる路面に応じたオールマイティさが求められる。ゴツくて重い登山靴だと、車道を長く歩くと足が痛くなることが多い。かといってふつうの運動靴では、滑りやすくぬかるみもある登山道には向かない。

では何を履けばいいのか。

下品な言い方で恐縮だが、カネに糸目をつけないのであれば、フラット登山にも最適で最高という登山靴がある。イタリアの登山靴メーカーであるスポルティバ社のエクイリビウムだ。見た目は、氷壁や冬山を登れそうなガッチリとしたアルパインブーツ。実際、この靴はアルパインブーツとして設計されている。重さも、片足で六三〇グラムもある。かなり重い。

ところがこのエクイリビウムは驚くべきことに、舗装された車道を歩いてもめちゃめちゃ楽なのである。何なら東京都心のぶらぶら散歩にも履いていきたいほどなのだ。特異な形状を持った靴底はさまざまな路面に対応してくれ、車道を歩いて楽なだけでなく、日本の登山道に特有の木の根っこがそこらじゅうでむき出しになっていたり、濡れた落ち葉がずるずると崩れ落ちるようなところでも、信じられないほどにグリップ力を発揮してくれる。このエクイリビウムの信奉者は、登山界にも非常に多い。

しかしエクイリビウムには大きな難点がある。それは価格である。なんと六万円もするのだ！　この金額は、万人に勧められるものではない。さらにもう一つ難点を言えば、やはり重くてかさばるということがある。歩いているときはこの靴の重さは全然気にならないが、その日の歩行を終えて温泉に浸かり、サウナにでも入って「さあ帰るか」となった時にはやはり軽いシューズに履き替えたい。エクイリビウムはバックパックに収めることになるが、運搬するととたんに厄介な邪魔者になってしまうのである。

だからこの靴は、万人にはお勧めできない。

では、どうすればいいのか。何を履けばいいのか。

## 曖昧な定義に決着をつける

その答えを本書はまもなく提示するが、そこに進む前に読者の皆さんを誘って少し遊んでみよう。書店で売っている登山入門本や登山系メディアの記事などをあれこれ読みあさってみるのだ。登山靴についてどんなことが書いてあるだろうか。入門書を読んでみると「しっかりした登山靴を選ぼう」という何の情報もないことが書いてあるだけだったり、「ハイカットの軽登山靴を選べ」というやけに古いことばが使われていたりする。軽登山靴というのはたしかに昔は重登山靴に対比されて使われていた用語だが、最近はほとんど目にしない。

あるウェブ記事は、登山靴をトレッキングシューズとハイキングシューズ、アルパインブーツに分類して「トレッキングシューズは『軽登山』向けの靴。本格的な登山にはアルパインブーツがおすすめ」などと怪しげなことが書いていた。アルパインブーツというのは主に雪山や岩壁に適した登山靴で、氷点下の気温や雪、氷から足を守る防寒・防水性を持っている。冬山で使うアイゼンを装着できるよう、靴の前後にコバと呼ばれる溝が切ってあるのも特徴だ。こう説明すればわかる通り、アルパインブーツは基本的には雪山用の登山靴である。

夏山でもアルパインブーツを履く場面があるとすれば、重い荷物を背負って長期のテント泊縦走をする場合ぐらいだろう。アルパインブーツのがっしりとした重量とハイカットは、重い背中をしっかりと受け止めてくれるからだ。

逆に北アルプスだろうが八ヶ岳だろうが、夏の登山道を一泊や日帰り程度の軽い荷物で歩くのには、アルパインブーツはかなりオーバースペックである。

では「ハイキングシューズ」というのはどうなのだろうか。先ほどのウェブ記事には「トレッキングシューズよりもライトな場面で使うのがハイキングシューズ。イメージとしては、スニーカーとトレッキングシューズの中間のような靴です」と書いてあった。しかしこの説明もかなり怪しい。

そもそも「ハイキング」という用語の定義そのものがかなり曖昧である。読者の皆さんは、ハイキングということばにどんなイメージをお持ちだろうか？

軽い登山の経験はある友人の女性に「ハイキングと登山の違いってどうとらえてる？」

と聞いてみると、こんな答えが返ってきた。「たとえば高尾山だったら、土の道の登山道を登るのが登山。舗装されたメインのルートを歩いて登るのはハイキング」。なるほど。歩くことは歩くけれども、そんなに歩かない軽い登山がハイキングの定義ということなのだろう。

しかし登山界では、このような定義は共有されていない。たとえばウィキペディア英語版の「Hiking」の項を見ると、「ハイキングは、田舎のトレイルや遊歩道などを長く、エネルギッシュに歩くことである」と書いてある。長距離をガシガシ歩くのをハイキングと言っているのだ。

日本ではロングトレイルのブームにともなって、背負う荷物をできるだけ減らそうというムーブメントが近年広まっている。これを「ウルトラライトハイキング」(ＵＬとも略される)と呼び、二〇一一年の土屋智哉さんの同名の本が起爆剤となった。土屋さんが東京・三鷹で運営しているウルトラライトハイキングの道具の専門店「ハイカーズデポ」は、「ハイカー」と称しているが、日本の一般的イメージ「軽い登山」とは全然ちがう。以前にわたしは一度だけ土屋さんとトークセッションをさせていただいたことがあるが、そのときに「この前の休暇では、奥多摩から山々をつないで北アルプスまで通して歩くってのをやってきましたよ」というすごい話を飄々と語られていた。奥多摩から北アルプスまで信じられない距離を歩くハイキングというのは、高尾山の舗装道を歩くのとはずいぶん、どころかまったく違うものである。

二〇〇〇年代になって米国から入ってきたロングトレイルの世界でも、第１章でも書いたようにスルーハイクやセクションハイクという言葉がある。ウィキペディアにある通り、エネルギッシュに長距離を歩くことがハイキングであるというのが、英語圏での定義なのだ。

わたしの周辺でも、冬山や岩壁などのバリエーション登山や長距離の縦走だけを「登山」と呼び、日帰りや一泊程度、あるいは小屋泊まりのような夏山登山はすべてひっくるめて「ハイキング」と呼んでいる人たちもいる。日本の一般社会とはかなり異なった用語使いだが、こっちのほうが海外の定義に近い。

## フラット登山のための〝正解〟はこれ

話を戻そう。このハイキングをめぐる語義の揺れが、登山靴の選択にも影響を与えている。たとえば登山靴メーカーで言えば、フランスのサロモンの日本語サイトでは登山靴はすべて「ハイキングシューズ」というカテゴリーになっている。イタリアのスポルティバは、「マウンテン」「ハイキング」「アプローチ」という分類。マウンテンは先ほどのアルパインブーツと同じジャンルで、雪山のための登山靴。アプローチというのは、登山やクライミングの前に舗装道などで履く軽いローカットの靴を指している。それ以外はすべてハイキングの呼称になっている。

いっぽうで国産のモンベルは、日本国内の用語づかいに合わせて「アルパイン」「トレッキング」「ハイキング」と分類している。日本らしい分類だが、これが登山界全体に定着しているわけではない。

このようにして、登山靴のジャンル分けはメーカーによっても異なっていて、統一されていない。だから入門書や登山メディアの「アルパインブーツがいい」「軽登山靴で」といった解説はほとんど無視してしまってかまわない。

では、どのようにして適切な登山靴を選べば良いのだろうか。

ここで答えを示そう。わたしが現実的にお勧めしたいのは、次の選択である。

**「片足重量三〇〇～四〇〇グラム台で、ゴアテックスなどを採用して防水性能のあるミドルカットの登山靴」**

アルパインかトレッキングかハイキングかといった謎の分け方ではなく、ジャンルを気にせず「ミドルカットでゴアテックスがついていて、軽量の登山靴」とひと言で説明できてしまうものである。

ミドルカットはミッドカットと呼ばれることもある。ハイカットとローカットのあいだ

### 登山靴の種類

| | |
|---|---|
| **ローカット** | 軽くて足入れしやすく履きやすいが、足首が覆われていないため、山慣れしていないと捻挫しやすい。 |
| **ミドルカット（ミッドカット）** | くるぶしまでを覆うため、ハイカットに近い安定したホールド感がある。 |
| **ハイカット** | 足首をしっかりと覆ってくれて安心感があるが、その分重い。慣れないと歩きにくい。 |

ぐらいの足首の深さを持った靴のことだ。ハイカットは足首をしっかりと覆ってくれて安心感があるが、それだけ重くなるし、慣れないと歩きにくい。ローカットは軽くて足入れもしやすく履きやすいが、足首が覆われていないので山慣れしていないと捻挫《ねんざ》しやすい危険がある。

フラット登山では、登山道だけでなく舗装道もたくさん歩く。冒頭で紹介したエクイリビウムのような特殊な登山靴は別にして、一般的なハイカットの登山靴だと舗装道はかなりの確率で足が痛くなる。平坦なところは逆に歩きにくいという問題もある。

舗装道にも登山道にも対応できる中庸な靴となると、ミドルカットが最適なのだ。ミドルカットはくるぶしまでは覆ってくれるので、ハイカットに近い安定したホールド感があり、雨も浸入しにくい。同時にローカットの軽さ・脱ぎ履きしやすさという気楽さも合わせ持っている。

ミドルカットの登山靴は、どこの製品もたいていは片足四〇〇グラム台に収まっている。モンベルのマウンテンクルーザー200はその中でもゴアテックス装備でわずか三六三グラムに抑えていて驚異的だ。ただしモンベルが必ずしも最適というわけではない。なぜなら靴と足のかたちには「相性」があるからだ。自分の足のかたちに合わなければ、長い距離は歩けない。困ったことに、相性は登山用品店で試し履きしただけではよくわからない。長く履いてみて、初めて「おお！　この靴は相性ぴったり」あるいは「ダメだ、お店では合うと思ったのに足が痛くなってきた……」とわかるのである。人間関係と同じようなものだ。

だから結局はいろんな靴を履いてみるしかない。そして相性がぴったりの靴を見つけたら、そのブランドやそのシリーズを愛好して、数年置きぐらいに買い替えながら長くつきあっていくことである。初めての登山靴選びだったら、まずは登山道具のショップに行こう。専門知識のあるスタッフがいる店と言えばモンベルや石井スポーツ、カモシカスポーツなどが定評がある。靴売り場を訪ねて、こう伝えればいいだろう。

「初心者なんだけど登山靴が買いたい。最初は高尾山とかを登ったりするつもりだけど、いずれは経験を積んで北アルプスに行ったりロングトレイルを歩いてみたりしたい。ミドルカットでゴアテックスになっていて、なるべく軽いのがほしい」

## 柔らかい靴底か、硬い靴底か

わたしがエクイリビウムと併用して近年愛用しているのは、ひとつはサロモンの「Ｘウルトラ」というシリーズのミドルカット版である。このシリーズの特徴は、靴が軽量で、靴底はかなり柔らかい。わたしが使用しているものは、片足四二五グラムである。

もう一足は、エクイリビウムと同じスポルティバの「ウルトララプターⅡ　ミッドＧＴＸ」。こちらは四七〇グラムと少し重く、靴底は若干硬い。サロモンとは真逆の方向性の靴と言える。

この「靴底は柔らかいほうがいいのか、硬いほうがいいのか」は意外と難しいテーマである。柔らかいほうが歩いていて気持ち良いのは当然だが、逆に足裏を傷めやすくなるという問題がある。硬い靴底は最初は歩きづらく感じるが、長く歩くと意外に疲れにくい。

ホームセンターのカインズが運営しているウ

愛用するスポルティバ
「ウルトララプターⅡ ミッド GTX」

エブメディア「となりのカインズさん」に、過酷な訓練を行っている陸上自衛隊員が足のケアを教えてくれるという記事「100km歩いても疲れない!? 陸上自衛隊が教える足トラブルが無縁になる秘技」(二〇二四年一一月三日)が掲載されていた。この中で靴底の硬さについて、非常に気になる記述がある。

「中敷き選びにもポイントがあります。よく、柔らかいほうがクッション性があって疲れにくいと勘違いされるのですが、実は逆。柔らかいと重心が安定しないのでかえって疲れやすいんです。自衛隊員に人気なのは、裏側にプラスチック板が貼り付けられた硬い中敷き」

発言しているのは「約一四年間にわたり、足を酷使する『歩兵部隊』の訓練を、剣道で鍛えた頑丈な足と徹底的な足ケアで乗り超えてきた」という二等陸曹の人である。説得力が抜群ではないか。自衛隊の歩きのエキスパートが「硬い中敷きが良い」と言っているのである。長距離を歩きたい人は、傾聴すべきだろう。

## 初心者にローカットを勧めない理由

ところで靴に関してよく聞かれるのは、「ローカットの登山靴はどうなんですか?」という質問だ。ローカットなら靴の脱ぎ履きが楽なので、登山の帰りに日帰り温泉に寄ったときも玄関で面倒がない。自宅の靴箱でもあまり邪魔にならない。そういうメリットはたしかにある。

ただローカットで山道を歩くのは、とりわけ初心者にはまったくオススメできない。危険だからだ。足さばきが慣れていないと、足を挫《くじ》いてしまう危険性がある。足首は厄介な場所で、一度でも挫いてしまうと痛みがなかなか引かないし、その後数年にわたって同じ場所を挫きやすくなってしまう。

わたしは一九歳のころから登山を始めて、毎年一〇〇日ぐらいは山に入るようになり、二年目からは夏のシーズンは登山靴を脱ぎ捨て、運動靴で北アルプスでも八ヶ岳でもどこでも出かけるようになった。当時は今のようなアプローチシューズや軽いローカットのトレッキングシューズなどほとんど存在せず、アシックスが登山用に出していた「ガントレ」という靴が唯一の選択肢だった。普通のランニングシューズ形状にパターンの深い靴底を装着した布の運動靴で、山慣れした人のあいだでも愛用者が多かった。

しかしガントレを常用するようになった三年目の夏、北アルプスの三俣蓮華岳と双六岳のあいだのなんていうこともない稜線で、転がってる石ころを踏んでしまい「グキッ」という音とともに右足首を捻挫した。単独行だった。足を引きずりながら槍ヶ岳の肩までたどり着き、槍の穂先の山頂はパスして槍沢を下り、ヒイヒイ言いながら上高地までたどり着いたのを覚えている。

足首の痛みは数週間で治ったが、その後二年ぐらいにわたって右足首はわたしを悩ませた。山道を歩いていると、ちょっとバランスを崩しただけでも右足首が痛くなるのだ。この痛みのせいで、歩く楽しみは半減とは言わないが、かなり減じてしまった感があった。

山慣れしていてもこういうことが起きるので、ローカットはあまり勧められない。

## 目的が違うトレランシューズ

ローカットの登山靴の質問と同じぐらいによく聞かれるのは「トレランシューズはどうなんでしょう?」というものだ。トレイルランを走るためのローカットの軽い運動靴で、一見するとローカット登山靴以上に軽くて履きやすそうに見える。しかしローカット登山靴と同じように、慣れていないと足を捻挫する危険性がある。これに加えて、トレランシューズ自体の構造の問題がある。

第一は、軽量化を徹底的に重んじているため防水性能のない製品が多いこと。つまり雨が降る中をトレランシューズで歩くと、靴の中に水が浸入してくる。

第二は、ランニングシューズ特有の「ロッカー構造」になっていること。これは靴底がつま先の先端とかかとの部分がそれぞれ反りかえった「ゆりかご」のようになっている構造を言う。なぜこの形状かというと、足が着地したときに一気に前に体重を移動させることで、スピードを出しやすくするためだ。これはランには有効だが、普通の登山では逆効果どころか危険を生じさせることもある。スピードが出すぎることで、特に下りなどでは転びやすくなってしまうからだ。

このような問題があるので、トレランシューズもフラット登山にはあまりお勧めできない。

……といいつつ、実はわたしはローカットの登山靴もトレランシューズも所有していて、フラット登山に履いていくことがある。「なんだそりゃ口先だけの裏切り者！」と言われそうだが、実際のところ場面として使い分けは可能ということなのである。

ここまでさんざん書いてきたように、木の根っこや岩や泥が待ちかまえている山道を歩くなら、ミドルカットの登山靴が最適だ。しかし山道を歩くことがほとんどなく、コースのほとんどが舗装道なら、ローカットでも足を挫く心配はあまりない。当たり前だが、それは都会の道を歩くのと同じだからだ。

フラット登山では、ほとんど舗装道というコースの設定も時にはある。そういう場合は、気楽にローカットの靴を履いて歩きに行くのである。つまり二足持ちであれば、ローカットやトレランシューズも「あり」ということなのだ。

わたしが愛用しているのは、アメリカのメレル社の中心的な登山靴ラインである「モアブ３」のローカットタイプ。これは個人によって相性が異なると思うが、メレルの靴は全般にわたしの足に非常にフィットして痛くなることがない。またモアブ３はデザインが派手ではなくシンプルで、街歩きでも悪目立ちすることがない。だからわたしはモアブ3を日常でも履いていて、これで仕事に出かけることも普通にある。

もう一足はカナダのノルダという靴メーカーが出している「001」というトレランシューズ。これは試してみたら履き心地が最高に素晴らしく、靴底のクッションも信じられないほどに気持ち良かったので、思わず購入した製品だ。メーカーも「究極のクッション性を誇ります」と書いているほどである。デザインもカッコよく、この靴はフラット登山だけでなく旅行のときなども愛用している。ただし値段は四万円台とびっくりするほど高い。

## 独自ソールにも注目したい

さて、靴底の形状についても言及しておこう。どのようなパターンが良いのか。登山界では昔から、黄色いロゴで有名なイタリア・ビブラム社のものが良いとされてきたし、現在もそうである。さまざまな登山靴がビブラムのソールを採用している。いろんな製品があるが、登山に向いているのはメガグリップというソール一択だ。

とはいえ近年は、独自のソールを開発する登山靴メーカーも増えている。先ほど紹介した超高価なエクイリビウムも独自ソールである。わたしの個人的印象では、日本が誇るアウトドアメーカーのモンベルが自社製品に採用しているトレールグリッパーというソールは、木の根や泥が多い日本の登山道に非常に適していると感じる。

## 軽いアフターシューズを忍ばせておこう

登山靴についてはこれで終わりだが、もうひとつオマケがある。それは下山後の靴の履き替えである。先ほども少し触れたように、歩き終わって日帰り入浴して温泉に浸かったりしたら、もう登山靴を履く気力はなくなる。だから帰りに履く替えの靴を持っていきたい。アプローチシューズならぬ、アフターシューズである。

風呂から出ればもう長距離は歩かないことを前提にしているので、なるべく軽い靴が良い。防水性などもどうでも良い。わたしが最近愛用しているのは、メレルの「ベイパー・グローブ６」というベアフット（裸足感覚）系スニーカー。とにかくびっくりするほど軽くて薄い。重さは片足わずか一六〇グラム。これ以上軽い靴などほとんど存在しないのではないか。靴底はペラペラで砂利道を歩くと痛いほどだし、アッパーはメッシュになっていて防水性はゼロだが、バックパックに放りこんでおいてもまったく場所を取らない。

バックパックには、いつも三〇リットルの薄手のゴミ袋を忍ばせてある。登山を終えて風呂に入ったら、履いてきたトレッキングシューズをゴミ袋に入れてバックパックに収納する。かわりにアフターシューズを取り出して履いて帰る。

自宅に着いたら「ああ疲れた」とぐったりしてしまう前にまず、玄関脇の水道蛇口で登山靴とアフターシューズをブラシで念入りに洗ってしまう。特に靴底は泥をていねいに掻きだしておこう。雨模様でなければ、そのまま外に干しておく。こうしておけば靴は長持ちするし、次に登山に出かける時も、アフターシューズを裸のままバックパックに放り込めるのだ。時には鉄道駅からレンタカーやカーシェアで山麓まで移動することがあり、その場合にはアフターシューズで運転し、トレッキングシューズはバックパックに収めておきたい。その時のためにも靴を事前にキレイに洗っておくと、のちのち楽である。

## 登山服の基本「レイヤリング」を学ぶ

登山の服装の基本は、「レイヤリング」である。これは服装を「ベースレイヤー」「ミドルレイヤー」「アウターレイヤー」という三層の重ね着で構成するというシステマティックな思想だ。寒暖差や天候、そのときどきの運動量に合わせて、この三層の重ね着を脱ぎ着することによってつねに快適に保つという考えに基づいている。

### 汗を放出する機能が求められるベースレイヤー

ひとつずつ説明しよう。ベースレイヤーは、要するに下着のことだ。

ただ「冬は暖かく、夏は涼しい」だけではだめで、汗を放出する機能も持っていないといけない。よく話題になる典型的なケースが、ユニクロの有名な下着ヒートテック。登山界では「ヒートテックで山を登るな」という話が定期的に話題になる。なぜか。ヒートテックは保温材にレーヨンという繊維を採用している。レーヨンは暖かく吸水性が高いが、乾きにくいという性質をもっている。つまり汗をかくと繊維に水分を大量に含んでしまい、身体を汗で包んでしまうような状態になってしまうのだ。これは実際にヒートテックを着て運動をしてみるとわかる。汗がべったりと身体にまとわりつくような不快感がある。

レーヨンと同じように、コットンも避けたほうがいい。コットンは汗をたくさん吸収してくれるが、乾きにくい。

ではベースレイヤーには何の素材が良いのか。登山界で長年にわたって最も信頼されているのは、メリノウールである。メリノ種の羊の毛を使った天然素材で、ふつうのウールのようにチクチクしない。繊維が極細だからだ。くわえてメリノウールには、吸湿速乾性がある。つまり汗を吸い取ってくれるうえに乾くのが早く、濡れてじっとりしないのだ。汗を逃してくれるので、ウールという暖かそうな名前にもかかわらず真夏の登山にも向いている。オールマイティの最強ベースレイヤー素材である。

ただし値段はそこそこ高い。また洗濯にも注意が必要だ。洗濯機には対応している製品もあるが、乾燥機はさすがにNGであることが多い。手洗いで陰干ししておくのがいちばん良く、つまりは扱いが面倒だ。価格とメンテナンスという二つの面倒を気にしないのであれば、メリノウールが良い。

もうひとつの選択肢として、吸湿速乾性のある化学繊維がある。新素材の開発にはどこのメーカーも力を入れていて、近年はさまざまな製品が登場してきている。とくに日本の素材メーカーの進歩は著しく、帝人フロンティアの「オクタ」やミズノの「ブレスサーモ」など注目株がたくさんある。またアウトドアメーカーからはモンベルの「ジオラインン」「ウイックロン」、ファイントラックの「ドラウト」シリーズなどの人気が高い。たくさん登場しすぎて選ぶのが難しいほどの百花繚乱ぶりだ。

わたしは秋から冬にかけてはモンベルのベースレイヤーを愛好していて、登山だけでなく都市で生活しているときにも日常的にモンベルのシャツを着用している。吸湿速乾性だけでなく伸縮性もあって着ていて心地良く、洗濯乾燥機でふつうに洗える。夏は風通しが良く速乾性のウイックロンのＴシャツ、秋から春にかけては防寒素材のジオラインの長袖クルーネック。ジオラインには「ライトウェイト」「ミドルウェイト」「エクスペディション」と三種類の厚さのラインナップがあり、わたしが都会で着ているのはミドルウェイトだ。

## ミドルレイヤーは気温と防寒性能のマッチングで考える

続いて、ミドルレイヤー。おもに防寒のために着用する。

ダウンやフリースが中心だが、ベースレイヤーのところで紹介したオクタなどの新素材を使った「アクティブインサレーション」という新しいタイプのミドルレイヤーも増えてきている。

ミドルレイヤーの選択のポイントは「暖かさ」一択に感じるかもしれないが、ことはそう単純ではない。一～二月の厳寒期なら低山やトレイルでも厚いダウンジャケットがほしいところだが、春から夏そして秋にかけては厚手のダウンジャケットは重くて邪魔になるだけだ。だから気温と防寒性能のマッチングでその日のミドルレイヤーを考える、という組み立て思考が必要になってくる。

そこでアクティブインサレーションという新顔の出番でもある。何やら大げさな名称だが、直訳すればなんてことはない「行動時の防寒着」。新素材を使うことで保温性がありながら通気性もそこそこあって、熱や湿気を外に放出してくれるため汗をかかないですむというメリットがある。ダウンと違って濡れても保温力が下がらない点も良い。わたしが使った経験で言えば、英国ラブ（Ｒａｂ）のゼネアアルパインライトジャケットはかなり汗の抜けが良く、ふんわりとした着心地も良い。またモンベルのサーマラップジャケットは、モンベル独自のエクセロフトという中綿が封入されていて、軽くて暖かくコンパクト。

同じような汗の放出機能は、薄手のフリースでも期待できる。さらにパタゴニアのＲ１シリーズのように、フリースでありながら生地の形状を工夫することでアクティブインサレーションの機能を持たせた、高性能なものも出てきている。値段は少々高いが、スウェーデンのフーディニが出している「パワーフーディ」も登山向けフリースの決定版として人気が高い。パワーフーディは驚くほどストレッチ性があり、着用していてもモコモコ感が少なく、そして非常に暖かい。ただし防寒性能について言えば、アクティブインサレーションもフリースも、やはりダウンには及ばない。一〜二月の厳寒期には、標高の低いところでもダウンジャケットが頼りになる。

わたしは秋と春にはダウンジャケットではなく、パワーフーディやR１、アクティブインサレーションをその日の天候に合わせて着用している。さらに念のため、バックパックの中には薄手のコンパクトダウンジャケットも小さくまとめて押し込んである。

春や秋は意外に気温が高くなる日も多く、汗をかいてしまうことがある。ダウンジャケットは汗を放出せず乾きにくく、濡れれば保温性もなくなってしまうので、春秋の山にはあまり向かないのだ。春秋の山で急に寒くなったときには、バックパックからコンパクトダウンを取り出してミドルレイヤーの上に着用すればいい。

アクティブインサレーションは、表地に加えて中面には起毛生地という二重構造になっているものも多い。このため表地に撥水加工をほどこせるのが特徴で、多少の雨ならそのままアウターレイヤーとしても着用できる。ここがフリースやダウンとの決定的な違いでもある。

そして同時に、この進化が実はスリーレイヤーの考え方を根底から揺るがせることにもなっている。

最近のウェアは機能が進化しすぎていて、アクティブインサレーションのようにミドルレイヤーなのにアウターレイヤーの機能もなかば持っているものや、アウターレイヤーなのにミドルレイヤー的な使い勝手ができるもの（後で説明するソフトシェルがそうだ）などが出てきて、「何をどう着ればいいのか」という登山者の判断を混乱させているのだ。

進化するのはもちろん悪いことではないが、進化が激しすぎて人の思考が追いついていないのである。

## 素材革命の進化が著しいアウターレイヤー

さて、いちばん外側のアウターレイヤーは、雨や雪、風などから身体を守るため防水防風性能のあるジャケット。レインウェア（雨具、雨がっぱ）もアウターレイヤーのひとつである。アウターレイヤーは、性能や機能で三つに分類することができる。ウィンドシェル・ハードシェル・ソフトシェルだ。

ウィンドシェルは、防風性能に特化した超軽量のアウターレイヤーである。このジャンルで最も有名なのは、パタゴニアの「フーディニ・ジャケット」だろう。このウェアを大好きで愛している人はほんとうに多い。店頭で手に取ってもらうとわかると思うが、ペラペラのナイロンのウィンドブレーカーみたいな雰囲気で、ノベルティで無料で配っているか、一〇〇円ショップでも売ってそうな感じである。なのに一万五〇〇〇円ぐらいもする。驚きである。

しかし購入して実際に着用してみると、さらなる驚愕が待っている。本当に防風が高性能で、しかも湿気がこもることもなく、びっくりするぐらいに暖かいのだ。このペラペラにいったい何の秘密があるのか……？　と思わされる。「そんなに寒いわけじゃないが、も

### アウターレイヤーは性能や機能で3つに分類できる

| | |
|---|---|
| ウィンドシェル | 防風性能に特化した超軽量のアウター。 |
| ハードシェル | 防水・防風性能をしっかりと持ち、岩などにこすれても破けない素材でつくられているため、ストレッチ性には乏しい。レインウエア。 |
| ソフトシェル | ストレッチ性や通気性などもある程度あるが、重量は軽い。防水性能はハードシェルに比べると低い。 |

う一枚ぐらいちょっと羽織りたい」という時にぴったりなのである。ストレッチ性はまったくないが、着用すると身体に吸い付くように自在に寄り添ってくれる感触がある。重さもたった一〇五グラムしかなく、仕事で都心を移動するときにも必ずバッグに忍ばせるようになった。くるりと丸めて胸のポケットに収納してしまえば、小さなバナナぐらいのサイズに収まってしまう。

ウィンドシェルはパタゴニアだけでなく、他のメーカーからもたくさん登場してきている。国産だと、ティートンブロスの「ウィンドリバー・フーディ」が評価が高い。この製品は伸縮性のある生地でできている点が、パタゴニアのフーディニ・ジャケットに勝っている。

また米ブラックダイヤモンドは、ウィンドシェルを少し厚めにし、ストレッチ性も持たせた「アルパインスタートフーディー」という製品を出している。

「超軽量ソフトシェル」とうたっていて、ソフトシェルの防寒性とウィンドシェルの軽快さをともに備えていることを売りにしている。これも安定した人気がある。

ウィンドシェルはとにかく便利だ。都市生活でも使えるので、一枚持っておいて損はない。

つづいてハードシェル。直訳すれば「硬い外殻」。

防水・防風性能をしっかりと持ち、岩などにこすれても破れたりしないガッシリとした素材でつくられているジャケットである。一般的なレインウェアもハードシェルに入る。ただしハードシェルはストレッチ性に乏しく重いので、着心地はあまり良くない。そこで着心地を重視して近年人気になってきたのが、ソフトシェルだ。ストレッチ性や通気性なども ある程度は持っている。重量も軽い。

ただしソフトシェルは、防水性能はハードシェルに比べれば低い。だから雨の多い日本では、レインウェアも併用する必要がある。……とここまで書くとうっすらわかってくるが、アウターレイヤーのソフトシェルは、ミドルレイヤーに近いウェアということになってくる。ソフトシェルはアウターレイヤーなのかミドルレイヤーなのか？ と厳密に分けるのは実際のところ難しい。そこまで厳密に分ける必要はないという考え方もあり、メーカーによってはそこをあえて区別しないでいるケースもある。メーカーによって言っていることがまちまちで、けっこう曖昧な世界なのだ。

さらにハードシェルも進化している。たとえばフランスのミレー「ティフォン50000ストレッチジャケット」。レインウェアとして売られているハードシェルだが、驚くほどにストレッチ性がある。つまりソフトシェル的な使い勝手があるのだ。

ちなみに「50000」という五桁もある大げさな型番名は、透湿性の高さを意味している。透湿性は「g/m²・24時間」という単位で表示され、これは生地一平方メートルあたり二四時間で何グラムの水蒸気を放出するのかということを意味している。ティフォンは五万グラム、つまり五〇キログラムもの水蒸気を放出する能力があるとうたっているのだ。たしかにこのジャケットは熱や湿気がこもらずに、非常に快適である。このようなハードシェルも出てきているのだ。

近年は素材の進化が、とにかくものすごい。これによって、スリーレイヤーの考えかた自体が大きく揺らいできているのが登山ウェアの現在地だ。

## 進化しすぎて混乱してしまう……

最近は、ベースレイヤーのさらに下にメッシュ素材のものを着用する「ドライレイヤー」を加え、四層にするという考え方も出てきている。国産の先鋭的なアウトドアメーカー、ファイントラックにいたっては「5レイヤリング」を提唱している。なんと五層である。ドライレイヤー、ベースレイヤー、ミドルレイヤーまでは従来と同じだが、アウターレイヤーをさらに「アウターシェル」と「ミッドシェル」の二つに分けているのだ。わたしのこれまでの説明に沿えば、アウターシェルはハードシェル。そしてミッドシェルはソフトシェル。つまり防水・防風性能の強いハードシェルと、ストレッチ性があってかんたんな撥水・防風性もあるソフトシェルを重ね着することで、あらゆる気象条件に対応させてしまおうという発想である。

レイヤーシステムも進化しすぎて、そのうち十二単《ひとえ》ぐらいになったりして……とつまらない冗談を言いたくなるほどだが、ファイントラックの五層哲学はたしかに理には適っている。ファイントラックの世界に浸って同社のウェアだけを着用して山を歩くという選択をするのであれば、まったく問題ないだろう。ただ「ファイントラックも着たいが、他のブランドのものもほしい」と欲を出すと、どのように重ね着すればいいのか途方に暮れてしまう可能性がある。

ウェアの考えかたはメーカーによってまちまちで、実に混乱している状況なのだ。いったい何と何をどう組み合わせてレイヤリングすればいいのだろう? と困惑するばかりである。

昔話をしてみると、いにしえの昭和の時代には登山の服装は思いきりシンプルだった。いやシンプルだったというより、選択の余地がなかったというほうが正しいだろう。ウール生地の襟付き前ボタンシャツに、同じくウール生地の灰色のニッカボッカ。これまたウール生地のハイソックス。防寒着は当時は高価でなかなか手が出なかったダウンジャケットか、そうでなければウールのセーター。透湿性のまったくないゴム引きのレインウェア。頑丈な革製のひたすら重い登山靴。みんなまったく同じこのような恰好で、高尾山から北アルプスまで登っていたのである。

あのころと比べれば、二十一世紀の素材革命は驚くばかりで、魔法のようなものである。SF作家アーサー・C・クラークは「十分に発達した科学は魔法と区別がつかない」という名言を遺しているが、まさにこのことばは登山ウェアにも当てはまるのだ。

とはいえ、現代の魔法は種類があまりにも多すぎる。ロールプレイングゲームで初対面のモンスターと相まみえて、どの魔法をどう組み合わせれば戦えるのかを悩むみたいに、非常に難しく面倒になってしまっているのだ。

いずれはもっとシンプルになっていくかもしれない。今のところはアクティブインサレーションやソフトシェルは撥水機能程度で完全防水ではないが、柔らかいソフトシェルの表面に貼れるぐらいの柔軟さを持った完全防水素材が発明されて、レインウェアというものの自体が過去のものになっていく未来もありうるのではないかと思う。アクティブインサレーションの防寒性能もさらに向上し、厳寒期でもぶ厚いダウンジャケットなど不要になることも考えられる。そう考えていくと、二〇二〇年代の現在は素材革命が進んでいる最中の過渡期なのかもしれない。
とはいえ、そんな未来を夢見ていても、来週末の登山には間に合わない。

## 季節別オススメのレイヤリング

そこで、ここからはシーズンごとのレイヤーの組み合わせをできるだけシンプルに提案してみよう。本書はフラット登山の本なので、雪山や三〇〇〇メートル級の山岳の長期縦走などはターゲットにしていない。せいぜい標高二〇〇〇メートルぐらいまでの山や林道、舗装道などを日帰りで歩くということを想定している。なお雨の中を歩くことは想定の範囲内である。

**夏**
日本の夏は暑く、そしてゲリラ豪雨のような突然の雨の心配がある。炎暑と防水を二軸にして組み合わせる。

**ベースレイヤー**：透湿性と風通しの良さがある素材のショートスリーブ。
**ミドルレイヤー**：コンパクトダウンかアクティブインサレーションを圧縮してバックパ

ックに忍ばせておく。

**アウターレイヤー**：防水性の高いレインウェア。

## 春と秋

春も秋も季節の変わり目なので、気温の変動が大きい。くるくる変わる気温に対処するためには、レイヤリングを駆使して細かく脱ぎ着をできるようにするのがいちばん。ゲリラ豪雨はないが、天気予報を眺めながら雨への対応も。

**〈気温高めの場合〉**

**ベースレイヤー**：防寒素材のロングスリーブ。

**ミドルレイヤー**：アクティブインサレーションやフリース。

**アウターレイヤー**：寒さに応じて防風・撥水性のあるウィンドシェル。雨の予報の際はレインウェアをバックパックに。

**〈気温低めの場合〉**

**ベースレイヤー**：防寒素材のロングスリーブ。

**ミドルレイヤー**：アクティブインサレーション、フリース、ダウン。

**アウターレイヤー**：ソフトシェルもしくはウィンドシェル。雨の予報の際はレインウェアをバックパックに。

## 冬

冬型の気圧配置になれば、太平洋側では雨の心配はない。だが風は強いので、アウターは防風性能があるものを。

**ベースレイヤー**：防寒素材のロングスリーブ。

**ミドルレイヤー**：アクティブインサレーションや厚手のフリースとコンパクトダウンを組み合わせるか、ダウンジャケット。

**アウターレイヤー**：厚手のソフトシェルまたはハードシェル。

おおまかにはこのような組み合わせで、各季節に対応できるだろう。注意すべきポイントは、まず第一に日本は雨が多いので、防水性の高いレインウェアは常に持参しておいたほうが良い。想定を超えて寒くなった場合などにも防寒着の足しになる。第二に、つねに衣類は「少し多め」を意識しておくことだ。背負う重さとのトレードオフにはなるけれども、「道に迷った」「ウロウロしているうちに暗くなってしまった」といった不測の事態にも耐えられるだけの防寒着は持っておいたほうがいい。言い換えれば、ある程度の「幅」

を持たせておけということである。

## 登山用の天気予報アプリで最適な衣類を判断

そもそも防寒というものは、天候、気温、標高、緯度などの寒さを決める要素の組み合わせによって決まる。要素が多いので、その日に最適な衣類に落とし込むのは難しい。だから「幅」を持っておくのが大切だ。

これらの寒さ要素を、事前にある程度予測しておくことも重要だ。気温は平地であれば、一般的な天気予報アプリなどで予想最高気温と最低気温をいつでも見られる。しかし登山道や林道などに入って標高を上げると、平地の最高気温予測は当てはまらない。わたしは日本気象協会が出している「登山天気」というスマホアプリを愛用している。山の名前で検索でき、それぞれの「山頂」「登山口」「麓《ふもと》」の天気予報と予想最高気温・最低気温を見ることができる。プレミアムプランへの加入が必要だが、それぞれの天気は一日ごとに二週間先まで、また三日後までは一時間ごとの変化も確認できる。とても使いやすい。このアプリでこれから歩く山域の気温を調べ、それに合わせて衣類を用意するのがわたしにとっては事前の大事な準備のひとつになっている。

# レインウェアは高性能でコンパクトなものを

レインウェア（雨具）は、雨の多い日本では春夏秋冬いつでも着用する機会がある。これも現在はありとあらゆる種類が出ている。かつてはレインウェアの素材は「ゴアテックス一択！」だった。防水性と透湿性を両方兼ね備えている素材は、ゴア社がゴアテックスで切り拓き、他のメーカーの追随を許さなかったからだ。しかし今ではゴアテックスに匹敵する素材が、たくさん登場してきている。必ずしもゴアテックスにこだわる必要はない。先ほど紹介したミレーの「ティフォン50000ストレッチジャケット」のように、非常に強力な透湿性を持ちながらストレッチ性もある新素材がさまざまに登場している。

レインウェアの選択のポイントを挙げておこう。

第一に、撥水ではなく防水と記してあるものを選ぶこと。撥水だけでは、強い雨は防ぐことができない。

第二に、ポンチョやプルオーバーではなく、上下セパレート型で上は前開きになっているものが良い。雨に風がともなっていると、ポンチョでは下半身がずぶ濡れになってしまうことがある。そしてバックパックを背負っていると、ポンチョは意外と脱ぎ着しにくい。またプルオーバーより前開きが良いのは、圧倒的に脱ぎ着がしやすいからだ。日本の天候は変化が激しいので、天気に応じてひんぱんに脱ぎ着したほうがいい。脱ぐのが面倒だからと着っぱなしにしてムダに汗をかいてしまったり、着るのが面倒だからとレインウェアを着用せずにいて全身が濡れてしまったりするのは、身体にも非常に良くない。

上下セパレート型のレインパンツは何を選べば良いだろうか。ポイントはサイドのジッパーである。安価なレインウェアには、サイドにジッパーがなくまったく開かないものがある。このタイプは、登山靴を履いているときに靴を脱がなければ脱ぎ着できず、雨が降ってきている中でものすごく不便である。

これに対応するためたいていのレインウェアはふくらはぎぐらいまでジッパーで開けられるようになっていて、登山靴を通しやすくなっている。しかしこれでも楽ではなく、おまけにぬかるみを歩いている途中などで登山靴が泥だらけになっていると、靴を履いたままだとレインパンツの内側に泥が盛大に付着してしまう。

### 「フルジップ」「フルオープン」

ではレインパンツは何を選べばいいのか？　わたしのお勧めは「フルジップ」「フルオープン」などと呼ばれる、サイドをジッパーで全開にできるタイプだ。このタイプは靴をパンツに通す必要がないから、泥は付着しない。しゃがむ必要もない。あらゆる意味で登山に最適なレインパンツである。

フルジップレインパンツの唯一の欠点があるとすれば、開いた状態で袋から取り出すと、たいていは頭がこんがらがることだろう。いったい何をどうすればこれが自分の両脚にはまることになるのかさっぱりわからない、という奇怪な形状をしている。前部には絞れるように前ひもがついていたり、前ジッパーがあったりするので、これらを目印にする。漫画「おぼっちゃまくん」の「前だけスーツ」みたいに（そんな古い漫画はもう若い人にはわからないかもしれないが……）二本の脚に当てはめ、両足の外側サイドにあるジッパーを引き上げる。慣れればほとんど時間はかからない。

わたしはモンベルから出ている「ストームクルーザー　フルジップパンツ」というレインパンツを愛用している（現在は、「スーパードライテック レインパンツ フルジップ」と名前を変え、バージョンアップしているそうだ）。ブラックダイアモンドなど他のメーカーからも出ているので、調べてみると良いだろう。なお上下セパレート式のレインウェアは上下セットで売っていることもあるが、上下同じにしなければならない理由は何もない。レインパンツはフルジップ製品を購入し、

腰のところまで全開。現在は、GORE TEX素材のものと、モンベルが開発したスーパードライテック®を使用した商品が販売されている。

レインジャケットはまた別のものを予算と好みに合わせて選ぶということでも十分だ。わたしは以前はモンベルのフルジップパンツに、数千円と安価なワークマンのレインジャケットを合わせて使っていたこともある。これでも何ら問題なかった。

第三に、大きさと重さにも注意を払うこと。畳んで付属の袋に入れた状態が、どの程度の大きさと重さかを店舗で確認してみるといい。高機能だがあまりにも重いものもある。フラット登山は三〇〇〇メートル峰にはあまり登らないので、そこまで高機能である必要はない。コンパクトに畳める軽めのものが良い。

## ロングのトレッキングパンツは年中使える

たいていの入門書や記事には、トレッキングパンツについて「防風性と撥水性、耐久性、動きやすさのあるものを選びましょう」などと、何の役にも立たないことが書いてある。最近の製品はそんなことを言われなくても、どの製品も防風性と撥水性、耐久性、動きやすいストレッチ性がある。名前の知っているアウトドアメーカーの製品を選んでおけば、何の問題もない。

とはいえ、それで話が終わってしまうと本書の出番がない。そこでトレッキングパンツを選ぶ際のポイントを、より詳しく見ていこう。

まず第一に、ロングパンツを選ぶのかショートパンツを選ぶのかという選択がある。ショートパンツを素足の上に穿くだけだと、岩稜帯やクマザサなどの藪が多いところでは切り傷だらけになるのであまりお勧めできない。登山のショートパンツは、ロングタイツと併用するのが一般的だ。

以前は山に行くと、男女問わず多くの登山者がこの「ショートパンツ＋タイツ」スタイルだったが、近年は見かけることが少なくなった。単なる流行の変化とも思えるが、ロングパンツの素材革命も背景にあるのかもしれない。

ショートパンツ＋タイツのメリットとして考えられていたのは、以下の三つだ。

①脚を曲げ伸ばししやすいこと。ロングパンツだと膝がどうしても引っかかってしまい疲れやすい。

②タイツの中でもコンプレッションタイプと呼ばれるものは、脚全体をぎゅっと引き締めてくれ、テーピングに近い効果があって脚が疲れにくい。

③だぶだぶのロングパンツに比べ、タイツ姿はほっそりしてスタイリッシュでカッコよく見えるというファッション的な理由。

しかし素材革命が進み、生地のストレッチ性が非常に高くなって、ロングパンツでも脚を曲げ伸ばししやすくなった。これによってロングパンツを細身に仕上げることが可能になり、コンプレッションタイツほどではないが、適度な引き締まり感を出せるタイプも出てきた。またファッション的にもカッコ良くなった。

こういう理由で、ロングパンツ全盛時代になったのではないかと思われる。とはいえタイツの引き締まり感の有効性がなくなったわけではないので、脚の疲労を軽減させたい人にはショートパンツ＋コンプレッションタイツは今後も有力な候補として残っていくのではないかと思われる。


わたしはもっぱらロングパンツを愛用しているので、勝手ながらここからはロングパンツに話を絞っていく。

ロングパンツをどう選べば良いのか。ポイントは三つある。

第一に、生地の厚さ。

第二に、ポケットやベルトなど細部の作り。

第三に、サイズ感。

第一の生地の厚さ。ロングパンツを大まかに分ければ、厚手・中厚手・薄手の三種類ぐらいがある。厚手は積雪期の冬山や身体運動の少ないキャンプ、釣りなどに向いており、フラット登山のレベルで穿くと真冬でもかなり暑い。冬は汗をかいてしまうと汗冷えを引き起こすので、なるべく汗をかかないように歩くことが大事。だから厚手はあまりお勧めはできない。零度を下回るような寒い日に歩く場合には、厚手のトレッキングパンツよりは、中厚手のパンツに薄手のインナータイツを合わせるほうがコスパが良いと思う。ただ、このあたりは個人によって差のある話なので「わたしは下半身がとても冷え性で」という人の場合は、厚手を選んでいただいても何の問題もない。モンベルのクロスランナーパンツのように、前面にだけ防風性のある起毛素材を張った製品もある。

わたしが選択しているのは、中厚手のロングパンツである。ストレッチ性がきっちりとあり細身のタイプなら、中厚手の生地による引き締まり感もあって歩いていても気持ち良い。

## 真夏でもさほど暑く感じない

真夏に歩くときに、薄手のロングパンツはどうだろうか。たしかに涼しいのだが、だからこそ頼りなく、生地も若干破れやすくなるという欠点がある。だからわたし個人は、一年中を通して中厚手ロングパンツで通している。最近の素材は中厚手であっても透湿性があって熱を放出しやすく、意外にもさほど暑く感じないのである。

第二の、ポケットやベルトなどの細部の作り。可能であれば、すべてのポケットにはジッパーがあったほうがいい。全開のポケットだと、身体を傾斜させる山道ではモノを落としやすくなるからだ。またロングパンツを選ぶ際には、スマートフォンの収納場所も検討しておいたほうがいい。都会ではお尻のポケットにスマホを入れている人も多いと思うが、バックパックを背負っているとお尻のスマホはけっこう邪魔になるし、そもそも出し入れしにくい。最近のスマホは巨大だからだ。うっかり転んで尻餅をついたときなどにスマホを壊す危険もある。

ロングパンツの中には、太ももの部分にスマホを収容できるポケットを配置している製品もある。あるいは本章後半の「電子ガジェット」で解説しているが、バックパックのショルダーベルトやサコッシュなど別の場所に収納することを考えたほうが良いだろう。

第三のサイズ感。このサイズ感で重要なポイントは、ウエストの調整機能だ。ウエストにゴムが入っているタイプ、ベルトループがあるタイプ、ベルトとバックルが縫いつけてあるタイプ、紐で結ぶタイプなどさまざまな種類がある。どれも一長一短があり、どれがベストとは言えない。順序としては、まずは店舗に行って試し穿きし、自分の身体の形状に最もフィットするものを選び、そのうえで調整機能を確認したほうがいいだろう。ウエスト調整機能がいくらよくできていても、自分の身体にフィットしていなければ意味がない。

裾の長さも大事なポイントである。海外ブランドで米国サイズの製品がそのまま販売されている場合、欧米人の脚の長さに適合しているため日本人が穿くと裾が長すぎる、という悲しい場面もよくある。その点、国産ブランドは安心感がある。さらにモンベルに至っては、股下の長さがレギュラー以外にショート（マイナス六センチ）、ダブルショート

（マイナス一二センチ）、ロング（プラス六センチ）が用意されているのだ。完璧ではないだろうか。

さて、わたしが愛用しているのは実はモンベルではなく、ノースフェイスの「アルパインライトパンツ」である。ノースフェイスは米国ブランドだが、日本で販売されているノースフェイス製品は実は米国のものと同一ではない。国産メーカーのゴールドウィンがノースフェイスの商標権を獲得し、独自に製品開発しているのだ。つまり日本で販売されているノースフェイスは、実は国産品なのである。だからサイズも日本向けで、日本人の身体形状に合うようにつくられている。

ノースフェイス・アルパインライトパンツは、登山パンツ界においてとても評価が高く、長く人気のある製品である。わたしも一本買って穿いてみてあまりの良さに感動し、気がついたら色違いで三本を購入して使いまわすまでになっていた。

何が良いのかというと、まず生地が良い。ポリウレタンを混紡したナイロン素材で、非常に柔軟で脚曲げが楽。タイツのような引き締まり感もあって穿いているだけで気持ち良い。そのうえに撥水性もあって、多少の雨なら弾いてくれる。

ウエストにはバックルもベルトもベルトループもなく、非常にスッキリしている。ウエストの調整はゴムに加えて、前で締める紐で調整するタイプである。紐を結ぶのはちょっと面倒だが、硬いバックルなどがないので、バックパックのウエストベルトに当たってしまう不快感がないのが良い。

両脇と右尻のポケットにはジッパーがついており、先に述べたようにモノを落とす心配がない。またフロントはなんとダブルジッパーと呼ばれるツマミが上下に二つあるタイプになっている。なぜこんな仕様になっているかと言えば、バックパックのウエストベルトを外さなくても下からファスナーを開けることができるので、特に男性の場合は用を足すのが非常に楽なのだ。実に細かいところにまで気が配られている。色もさまざま用意されていて、選ぶのも楽しい。

アルパインライトパンツは、一度は穿いてみたい製品としてお勧めできる。

## 30～40Ｌのバックパックをオススメする理由

荷物を入れて背中に背負う袋のことを、何と呼ぶか。これも混乱している登山用語のひとつである。一般社会では「リュックサック」が一般的だろう。登山界でも、かつては「リュック」とか「ザック」と呼ばれていたが（いまでもザックと呼んでる人は多い。わたしもそうだ）、最近はバックパックと呼ぶことも多い。

日本の近代登山は、アルプスを擁するドイツをお手本にして始まった。だから用語にもドイツ由来が多い。アイゼンやピッケル、ザイルなどみなドイツ語である。リュックサックもそうで、直訳すれば「背中の袋」。これを英語に直訳すればバックパックとなる。本書では、最近の時流に乗ってカッコよくバックパックと呼称することにする。

バックパックをどう選ぶか。テント登山なら大型のものが必要だが、日帰りフラット登山にそんな巨大なものは必要ない。登山入門などの本を読むとたいてい「日帰り登山は二〇～二五リットルが良い」と書いてある。雨具とおにぎり、水筒ぐらいを入れるのならたしかにこの大きさで十分だろう。

しかしわたしとしては、もう少し大きめのものを勧めたい。いくつかの理由がある。

第一に、寒い季節には、暖かい食べ物がほしい。水筒代わりの保温ボトルなら熱湯を持っていけるが、火が使えればシチューやうどんなどもう少し贅沢な料理も楽しめる。小型のガスバーナーと登山用の鍋（登山界ではコッヘルと呼ぶ。これもドイツ語由来）があると嬉しい。

第二に、登山を終えた後に靴を履き替えたほうが足が楽になるし、そのためには替えになる軽い運動靴を持っていく必要がある。

第三に、ゴール地点あたりに銭湯や日帰り温泉があれば最高で、そのための着替えや洗面具も持っていきたい。歩いた後の温泉やサウナは最高で、疲れも足のむくみもとれる。

第四に、登山道の途中には山小屋ぐらいしかないが、フラット登山で山麓の田舎道などを歩いていると、無人の野菜販売所や道の駅など「これは買っていきたい……」という衝動を引き起こさせるさまざまな魅力に出くわす。山菜や果物を買ってバックパックに収めるためには、二〇〜二五リットルではいささかもの足りない。

これらの理由からわたしがオススメするのは、三〇〜四〇リットルぐらいの中型のバックパックだ。これなら昼食や雨具など基本的な荷物を入れたうえで、ガスバーナー・コッヘル、お風呂セット、着替えの服と靴も入れ、さらに野菜や果物やお土産を入れても大丈夫である。

## ロールトップ式が大流行中

バックパックの形状はどのようなものがいいだろうか。形状はおおまかに分けると、三つある。

第一に、ジッパー式。小さく軽いパックパックによくあるタイプで、上部がぐるりとジッパーで開閉できる。開け閉めがかんたんというメリットはあるが、荷物が予想以上に多くなると、ジッパーが閉まらなくなるという欠点がある。また止水ジッパーになっていないと、雨が内部に浸入しやすい。このタイプはどちらかというと都市生活向きで、登山にはあまり向いていない。

第二に、雨ブタ式（最近はカッコ良くトップリッドと言ったりする）。これは古典的なタイプで、いにしえの昭和時代にはほとんどがこれだった。それ以前にはキスリングというキャンバス地のただの袋にショルダーベルトをつけただけのものもあったが、さすがにこれはとっくに絶滅している。

雨ブタ式は、バックパックの上部をドローコードで締めて、その上に雨ブタをかぶせる。雨ブタが雨を防御してくれるのに加え、雨ブタ自体に大きなポケットがついているから、小物などを行動中でも出し入れしやすい。

第三に、ロールトップ式。これは最近大流行のタイプである。バックパックの上部をくるくると巻いて、バックルでパチンと留める。荷物が少ない場合はくるくる巻きを増やし、多ければくるくるを減らすことで容量を調整できるというメリットがある。また雨ブタがないので、荷物を出し入れするときの手順が少ない。

このタイプはもともと、ウルトラライトハイキング（ＵＬ）から出現してきた。ＵＬはとにかく荷物を減らし、一グラムでも軽くし、その代わりに速く歩こうという登山の哲学である。だからバックパックにも超軽量を求め、生地を薄くし、さらには雨ブタを無くすことでさらなる軽量化を図り、という方向に進んだ結果、ロールトップというシンプルで軽い形状へと進化したのだ。

ただ雨ブタがない分、雨が浸入しやすいという問題があった。また初期のロールトップは小規模もしくは個人でやっているアウトドアメーカーによって作られてきたということもあって、軽量化に尖りすぎた製品が多かった。その結果、ショルダーベルトやウエストベルトがペランペランで、樹脂のバックルなども小さすぎて扱いにくいといった製品が少なくなかったのだ。わたしもこうした製品をいくつか試してみて「軽いのはたしかだが、ペラペラのショルダーベルトは肩に食い込むし、さすがに使いづらい」という残念な印象だった。

しかしULの流れは、個性的な製品を送り出している小規模な会社であるガレージブランドから大きく広がり、最近は大手のアウトドアメーカーも積極的に取り組むようになっている。この結果、最近の新作のバックパックにはやたらとロールトップが目立つということになった。

荷物が増えたら、ロールしてある上部を広げて使うことができるのがロールトップ式のいいところ。

同時に、さまざまな改善も進んでいる。雨ブタがないために水が染みこみやすいが、バックパック全体を防水素材に換えたり、モンベルのようにバックパック内に完全防水の袋を内蔵させるといった工夫をしたり。また雨ブタがないと小物を出し入れできないが、ショルダーベルトやウエストベルトに小さなポケットをつけることで小物収納に対応している。さらにバックパックの外側フロント部分に大きなポケットや衣類を挟めるメッシュを装着したものも多い。こうした機能を追加するとその分だけバックパックの重量は重くなるが、使いやすくはなる。特に大手アウトドアメーカーの製品にはその手のものが多い。大手のULはそこまで過激ではなく「ナンチャッテ」な面もあるので、UL道をひたすら追求しているのではないフラット登山では、バランスとしてはこっちのほうが良いと言えるだろう。ロールトップタイプにはさまざまな先端的な機能などが採り入れられていることが多いので、今買うのなら雨ブタタイプよりもロールトップタイプのほうがオススメだ。背中に背負ったときに断然カッコいいのも、こっちだからである。

というわけで、わたしが勧めるのはロールトップタイプで三〇〜四〇リットルぐらいの容量があるものだ。

わたしが現在メインに使っているのは、「山と道」がつくっている「THREE」。山と道は日本を代表するガレージブランドである。最近は若い登山者に非常に人気があり、人気の山域に行くとそこらじゅうが山と道のバックパックやロングパンツだらけ、という光景を目にすることもある。もはやガレージブランドの域は超えている、とも言われている。

山と道はガレージブランドであるのと同時に、ULを代表する登山ブランドでもある。先ほども書いたように、UL系のブランドは軽量化に走るあまりにパーツや素材が貧弱なものも多い。しかし山と道の製品はそのあたりは抜かりなく考えられており、背負ってもまったく不快感はなく、バックルやストラップなどの細かいパーツも高品質なものが採用されている。防水製のある素材を使い止水ジッパーもついていて、雨にも強い。もちろんULだから余計なポケットやストラップなどは少なく、ミニマルでシンプルなのだが、ひと言で言えば「本当によくできた良質なロールトップ」。

わたしが使っているTHREEのLサイズは四五リットルとかなり大きめで、テント泊の長期縦走でなければたいていの山旅は大丈夫。ただ荷物が少ない夏のフラット登山などではちょっと大きすぎることもあり、もう少し小型のバックパックも使っている。カリマーの「クリーブ30」という小型のバックパックだ。カリマーはUL系ではなく英国の老舗登山ブランドだが、クリーブは最近のULの流れをうまく採り入れて、非常に機能的に作られている。ロールトップであることはもちろん、ショルダーベルトに大型のスマホポケットを配置するなど「最新の登山道具」という感がある。

ロールトップタイプは最新のトレンドだけあって、先端的な機能がさまざまに採り入れられている。オーソドックスな雨ブタ式も良いが、先端を試してみたい人はロールトップを検討しても良いだろう。

## フラット登山に必要なパッキング術

バックパックに荷物を詰めることを「パッキング」と呼ぶ。パッキングの方法というと、たいていの登山入門には「重いものは背中に近い側」と書いてある。これはテントでの泊まりがけ山行などで二〇キロを超えるような重い荷物の場合には、たしかに正しい方法だ。しかしフラット登山は日帰りで気軽に山道を歩くことを目的としているので、こんなことまで気にする必要はない。荷物が軽いからだ。わたしのいつものバックパックは、軽いときで五キロぐらい。重くても一〇キロに満たない程度である。

そのぐらいの重量なら、バックパック内の重さのバランスなどどうでもいいと断言できる。

### 用途によって色で識別できると便利なバッグ・イン・バッグ

わたしがパッキングで心がけているのは、シンプルきわまりない「バッグ・イン・バッグ」のルールである。つまり、荷物はすべてスタッフバッグやポーチに小分けしてバックパックに収納するということだ。

バッグ・イン・バッグのメリットはいくつかある。まず、小分けしないでバックパックに放りこんでしまうと、出し入れするのが厄介だ。都会の電車の中とかで、膝の上に置いたバッグの中を延々とまさぐって何かを探している人をたまに見る（そういう人に限ってスーパーのレジ袋みたいなものを使っていたりするので、カシャカシャクシャクシャと実にうるさくて不快である）。あれと同じである。スタッフバッグやポーチなら、すぐに取り出すことができる。

さらにスタッフバッグやポーチを用途によって色で識別できるようにしておくと、バックパックの中を覗いただけで、どこにあるかがひと目でわかる。実にスピーディーに取り

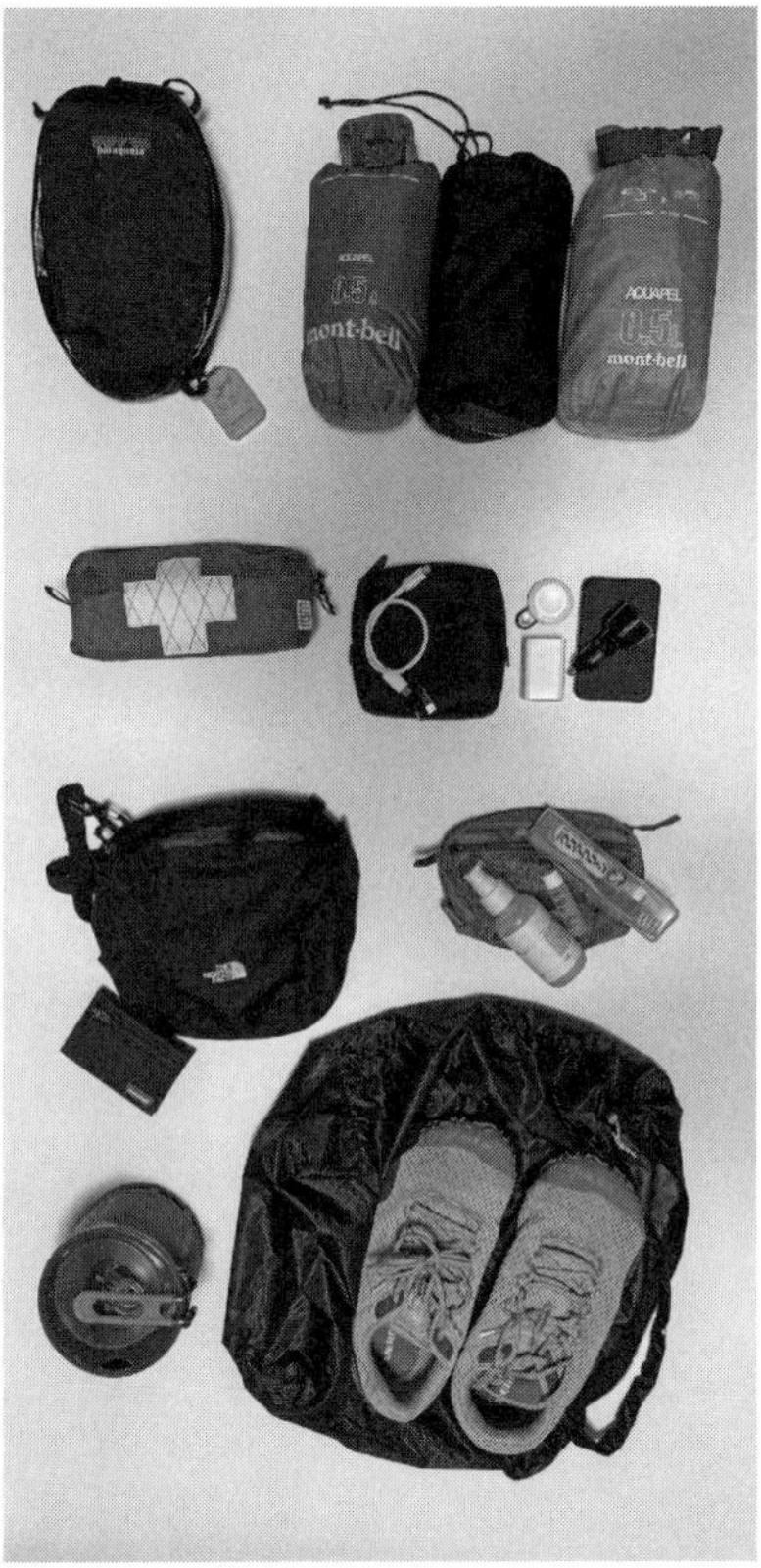
バックパックの中はこのようにポーチやスタッフバッグで小分けしている。

出すことができる。

もう一点のメリットとして、絶対濡らしたくない着替えや電子ガジェット類などは、防水のポーチに入れておくことで二重の雨対策をとることができる。バックパックの防水性能が高くても、雨の中で開けてモノを取り出そうとするときにはどうしても内部が濡れてしまう。防水ポーチに入れておけば、それ以上水が浸入することはない。

どのように小分けするのが良いか。ここでわたしが登山の際にどのように小分けしているのかを、写真で説明しよう。

前ページ右上のレインウェア、レインパンツ、ダウンジャケットはそれぞれ単体でスタッフバッグに収納している。モンベルのダウンジャケット「プラズマ1000」は驚くほど暖かいのにもかかわらず、超コンパクト超軽量（なんとたったの一三〇グラム）の春秋用防寒着だ。急に寒くなるとか、道に迷って遭難し最悪は山中で一夜を明かすとか、そういう緊急事態に備えて、いつもバックパックに放りこんでいる。気をつけるべきは購入時についてくる付属の布袋ではなく、完全防水のスタッフバッグに入れ替えておくことだ。濡れると防寒性能の落ちるダウンは決して水を浸入させてはならない。

その下にある黒いポーチも完全防水で、電子ガジェット用。モバイルバッテリーとケーブル、アップルウォッチの充電アダプタなどが収めてある。

さらにその下の水色のポーチは、登山終了後にお風呂に行くときの洗面具。歯ブラシと歯間ブラシ、小さなボトルに移し替えた化粧水とヘアオイル。水色ポーチとともに必ず持っていくのが、履き替えるための軽い靴と着替え。靴はメレルのベイパー・グローブ6。それらをまとめてエコバッグに収める。わたしが愛用しているのは、丈夫さと軽さで定評のあるグラナイトギアの「エアキャリー」という製品である。簡易なショルダーベルトがついていて開口部はジッパーで閉じることができ、温浴施設や駐車場などをウロウロする時も使いやすい。

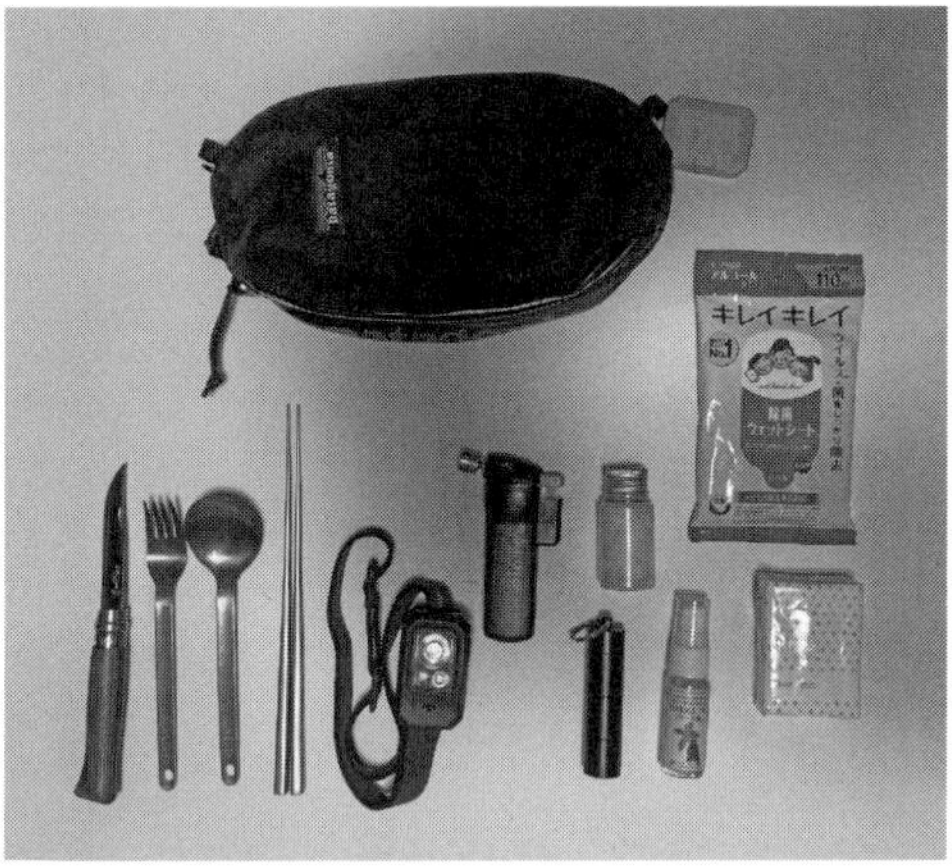

ブラックホール・キューブの中には、登山中に使う小物はすべて収める。

左上は小物類を入れるポーチ。パタゴニアのブラックホール・キューブという定番商品で、三・六・一四リットルと大中小のサイズが揃っており、最小の三リットルは小物類を収めるのにちょうど良い。このポーチには緊急時のためのココヘリ（山岳捜索サービス）発信機を取り付けている。

ブラックホール・キューブの下には、真っ赤な色で目立つエマージェンシーキット（これについては第4章で解説する）。その下には、モンベルのトレールワレットと雨天時にワレットを収める防水のサコッシュ。

その下には昼食用のガスバーナーのジェットボイル。

前ページ写真、ブラックホール・キューブの中の小物類も説明しよう。オピネルの折りたたみ式小型ナイフ。いずれもアルミのスプーン・フォーク・箸。ブラックダイアモンドのヘッドランプ。

ソト（ＳＯＴＯ）の小型ライター「ポケトーチ」。このライターはガス注入式ではなく、市販の百円ライターを装着する珍しいタイプ。百円ライターのか弱い火が、これに挿入しただけで力強いバーナーになる。強風でも容易に火を点けられる。

続いて鎮痛剤やアレルギー性鼻炎薬など、山でも使いそうな常備薬を入れたピルケース。虫よけ代わりのスプレー式ハッカ油、それに塩タブレット。これについては第6章の炎暑の夏で解説する。

ウエットティッシュとティッシュペーパー。ウエットティッシュはそのへんのコンビニでさまざまな商品が売っているが、分量が多くて重いものが多い。このライオン「キレイキレイ除菌ウエットシート」は一〇枚入りなので、ポーチに入れてもかさばらず日帰りの登山にちょうど良い分量だ。ティッシュペーパーは通常のポケットティッシュではなく

「使い捨てハンカチ」という名称で販売されている商品をアマゾンでまとめ買いして使っている。普通のティッシュよりも丈夫で破れにくく、コンパクトで使いやすい。

## 手軽なトレーニングになる「ラッキング」

さて、ここまでスタッフバッグやポーチで小分けするバッグ・イン・バッグの手順を解説してきた。これさえ整っていれば、あとはどうでも良い。せいぜい考えておく必要があるのは、取り出すことが多いものは上のほうに入れ、あまり取り出さないものは下のほうに入れるといった凡庸な注意点ぐらいだ。

とはいえ「荷物をどう軽くするか」という点も重要と感じている人は多いだろう。ここからウルトラライトハイキング（UL）に行き着く登山者も多い。

しかしULは、そもそも「荷物を軽くすればいい」というだけの哲学ではない。先にも紹介した土屋智哉さんの著書『ウルトラライトハイキング』には、こう書かれている。「ライトウェイトでシンプルな道具によるハイキングスタイル。それはハイカーと自然との関係をより濃密なものにするためのスタイルです」「道具を軽くすることではなく、自然とつながる感覚を得ること。それこそがウルトラライトハイキングの核なのです」

軽くすることによって、背中のずしりと重い荷物を意識する必要がなくなり、目の前の自然と向き合うことができる。そういう思想なのである。これにはわたしも非常に共鳴する。

とはいえ、ＵＬが流行りすぎた結果、「軽けりゃ何でもいい」というような製品があふれかえっているのも現実。何度も書いているが、バックパックなどとにかく軽くするためバックルなどのパーツがあまりにもチープになっているような製品も少なくない。

わたしは、日帰りのフラット登山を楽しむのであれば、ＵＬにそこまでこだわる必要はないと考えている。ＵＬはあくまでもテントを中心とした長い山の旅、つまりロングトレイルに寄り添った哲学だ。しかしフラット登山は、しょせんは日帰りの楽しい旅である。もともと荷物は少ないのだから、軽量化にそれほど気を配らなくても済む。

そもそも少しぐらい重さを感じたほうが、良いトレーニングになるということもある。「ラッキング」というエクササイズをご存じだろうか。これはもともと銃などの重荷を背負って長距離を歩く軍事訓練からきたといわれ、重りの入ったバックパックを背負って歩く有酸素運動のエクササイズである。重いバックパックが心肺機能を強めるとともに、有酸素だけでなく筋力トレーニングにもなるとされている。

ラッキングは世界的なスポーツメーカー・ナイキもオススメしている。二〇二二年に公式サイトで配信された「ラッキングについて知っておくべきこと：ラッキングとは何か、そのリスクとメリット、やり方について」という記事は、こう書いている。

「ラッキングを始めたばかりの頃は、リュックに入れる重りが自分の体重の一〇パーセントを超えないようにすること。一〇パーセントで問題なければ、一～二週間毎に重りを一〇～一五パーセント増やしていくと良い」「更にトレーニングを続けてみて問題がなければ、最大で体重の二五パーセントまで重量を増やしていってみよう」

わたしは体重が七〇キロ余りなので、一〇パーセントだと七キロぐらい。だいたいいつものバックパックの重さに等しい。最大で二五パーセントとなると一八キロぐらいになる。これはテント山行もできるぐらいのかなりの重さで、けっこうなハードトレーニングと言えそうだ。

いずれにせよ、適切な重さのバックパックを背負うのは軽いトレーニングとしてもオススメできるのは間違いない。だから五～一〇キロ程度の荷物を背負って「これもラッキングの一環」と自分に言い聞かせよう。

## すべてバックパックに収納したほうがプロっぽい

バックパックの項でも説明したが、バックパックにはさまざまな外ポケットがついている。水筒などが入るサイドポケット。雨ブタ式のバックパックなら、雨ブタに大きなポケット。最近のロールトップタイプだと、ショルダーベルトにもウエストベルトにもポケットがあり、さらに前面に大きなフロントポケットがあったりする。

これらのポケットにスマートフォン、水筒、行動食、脱ぎ着するウィンドシェルなどのアウターレイヤーウェアなど、取り出すことが多いものを収納する。

バックパックにはポケットだけでなく、トレッキングポールや冬山で使うピッケル（アイスアクス）などを装着するためのループなどがたくさんある。これらにコップやらゴミ袋やらをぶら下げて歩いている人をよく見かけるが、あまりオススメできない。樹木が疎らにしか生えていない海外の果てしない荒野を歩くのと違って、日本の山道は木々が密集しているところが多いからだ。場所によってはクマザサが繁殖して山道にまで侵食し、ササをかき分けて歩かなければならないこともある。モノをバックパックにぶら下げておくと木の枝やササに引っかかって失う危険があるし、間違いなく汚れる。ゴチャゴチャぶら下げるのがカッコ良いと思っている人もひょっとしたらいるのかもしれないが、断言しよう。

「全然カッコ良くない」

すべてをきれいにバックパックに収めて、すっきりとした姿になっているほうがずっとカッコ良いし、熟練者に見えるのだ。

ここで厄介になってくるのは、スマートフォンである。歩いているあいだはひんぱんに地図アプリを開くので、できるだけ取り出しやすいところに収納したい。バックパック本体の中というのは論外だが、トレッキングパンツを選ぶ際の注意点でも書いたように、「尻ポケットに入れる」というのは、登山ではオススメできない。歩くごとにバックパックに当たって不快だし、転んで尻餅をついたりしたらスマホが壊れかねない。

かといってフロントポケットやサイドポケットでは、歩きながら取り出すのが難しい。いちばん収まりが良いとわたしが感じているのは、ショルダーベルトのポケットだ。最近のロールトップタイプのバックパックなら、ショルダーベルトにスマホも入る大型のポケットを備えているものがある。この位置なら歩いていてどこにも干渉しないし、落とす心配も少なく、取り出しやすい。

とはいえ、大きなショルダーポケットはバックパック界ではまだ少数派である。そこで第二の選択肢としてオススメしたいのは、サコッシュだ。サコッシュというのは長方形の封筒型をした軽いバッグで、肩にかけられるようにストラップがついている。これをバックパックと同時に着用する。スマホだけでなく、財布や行動食なども入れられて、すぐに取り出せて便利である。またスマホと財布という二大貴重品を入れておけば、バックパックを地面に置いて休憩する時などもサコッシュだけを手もとから離さずにいれば、失くす心配が少なくなる。

サコッシュで気をつけたほうが良いのは、装着方法である。都会の人がやっているような、ストラップを長くして腰のあたりにぶら下げるスタイルは見た目は良い。しかし登山でこのスタイルを採ると、サコッシュがブラブラしてしまって非常に邪魔である。急な傾斜を登るときには地面にぶつかるし、下るときには視界を狭める。

サコッシュを登山で使うのなら、ストラップを思いきり短くしてヘソの少し上ぐらいに位置させるのが良い。手順としては以下のようになる。

①バックパックを背負う。
②サコッシュを首にかける。
③片方の腕（どちらでも良いが、利き腕でないほうにかけたほうがモノを取り出しやすい）にサコッシュを通す。
④そのままサコッシュを脇腹のあたりにまで移動させる。
⑤バックパックのチェストベルトを装着し、サコッシュのストラップを上から押さえる。

サコッシュのストラップをクリップで固定する。

それでもサコッシュがグラグラして、胸のほうに移動してきてしまうようなら、サコッシュのストラップを思いきって固定してしまうという方法がある。サコッシュのストラップとショルダーベルトないしチェストベルトをクリップやバンドなどで留めてしまうのだ。わたしは電源ケーブルを束ねるのに使う柔らかいゴムの結束バンドで、写真のようにショルダーベルトのループに固定している。ループがない場合でも、いろいろ試して固定方法を考えてみるといいだろう。この手順であれば、サコッシュがブラブラすることはない。歩行時はサコッシュは脇腹に固定させておき、モノを取り出すときにだけ身体前面にスライドさせると良いだろう。

わたしが使っているサコッシュは二種類ある。ひとつは登山メーカーのものではなく、日用雑貨のアソボーゼというところが出しているレジル・サコッシュという防水製の高い製品だ。重さもわずか三〇グラムと超軽量。もうひとつはノースフェイスの「ウォータープルーフショルダーポケット」で、これも防水。アソボーゼのものと比べると立体的な裁断で、スマホなども収めやすい。長時間歩いて行動食など多めに収納したいときは、こちらを使っている。重さは八〇グラム。このような大きめのサコッシュなら、財布やハンドタオル、小型の虫よけスプレー、行動食なども収容できる。サコッシュは、ジッパーで口を閉じられるタイプのほうが良い。このタイプならポーチとしても使え、つまり肩にかけるだけでなく、バックパックの中に放りこんでおいたり、手に持って歩いたりといったこともできるからだ。

# スマホのモバイルバッテリーは必携

登山において地図は絶対に忘れてはならない装備である。しかし日帰りのフラット登山であれば、紙の地図である必要はもはやない。スマホの地図で十分だ。「スマホが使えなくなった時のため、紙の地図も持っていたほうがいい」というのはたいへん正論だが、泊まりがけの登山や長い縦走でなければ、スマホを使えなくなった時点でとっとと山を下りて街に戻るという判断のほうが良い。

そもそも、地図に限らずスマホは登山の生命線だからだ。

スマホは地図を見られるだけでなく、緊急時には警察や消防に通報し、家族にも電話できる。スターリンクなどの人工衛星経由の通信機能も実用化されつつあり、近い将来には空が見えるところなら山の中でも渓谷の中でもどこでも電話やネットが使えるようになる。

だから紙の地図を予備で持ち歩くよりも、スマホを充電できるモバイルバッテリーを携行すべきだし、スマホが壊れないように万全の注意を払うことのほうが重要だ。

トレッキングパンツのところで書いたが、パンツのお尻のポケットはスマホを壊す危険性があり、入れるのはやめたほうがいい。太ももの部分にスマホを収納できるポケットを配置している製品もある。またスマホは必ずしもパンツに装着する必要はなく、最近のバックパックにはショルダーベルトの胸横の部分に大きな収納を用意して、スマホが入れられるようになっているタイプもある。バックパックのところで紹介したカリマーの「クリーブ30」などがそうだ。モンベルからは、ショルダーベルトに後付けで装着できる柔らかいフェルトのスマホホルダーも出ている。こういうグッズを検討するのも良いだろう。もちろんサコッシュに収めるのも良い。

さらに山中では、スマホにストラップがあったほうが安心感がある。ストラップを通す穴などついていないスマホにストラップをつけるためのアタッチメントもアマゾンなどで販売されているので、「ストラップホルダー」などの名前で検索してみると良いだろう。薄いＴ字型の金具にストラップを通すリングがとりつけてあるシンプルな器具で、スマホとスマホケースの間に差し込み、ケースに空けてあるＵＳＢのための穴からストラップを通すようになっている。単純な仕組みだが、たいへん使いやすい。これと長いストラップを組み合わせ、身体やバックパックとスマホをつないでおけば、さらに安心だ。肩掛けできる長いものや、コイル式になっていて伸び縮みするストラップなどいろんな製品がある。アマゾンで探してみると良いだろう。

## 電子ガジェットはまとめて持参

スマホ以外の電子ガジェットはどうするか。わたしは小ぶりの防水ポーチに、電子ガジエット類をまとめて収納し登山の際は欠かさずバックパックに入れている。中身は次のようなものだ。

● モバイルバッテリー
● ＵＳＢ－Ｃケーブル
● 超小型の電源プラグ
● 自動車用の電源ソケット
● ＵＳＢ－Ｃ／ＭｉｃｒｏＵＳＢ変換アダプタ
● アップルウォッチ充電器

日帰りの登山なので、モバイルバッテリーはスマホが一度フル充電できる容量があればいい。具体的に言えば、ｉＰｈｏｎｅだと五〇〇〇ｍＡｈで十分である。五〇〇〇ｍＡｈは最近のモバイルバッテリーとしては容量が少ない部類に入るが、その分軽い。

一日の行程の後半ではスマホの電池が残り少なくなり、歩きながら充電することも考えられる。ＵＳＢケーブルがブラブラしていると、歩きながら使うのには具合が悪い。これに対処するには、二つの選択肢がある。

①モバイルバッテリー自体にＵＳＢ端子が取り付けられていてケーブル不要なタイプ

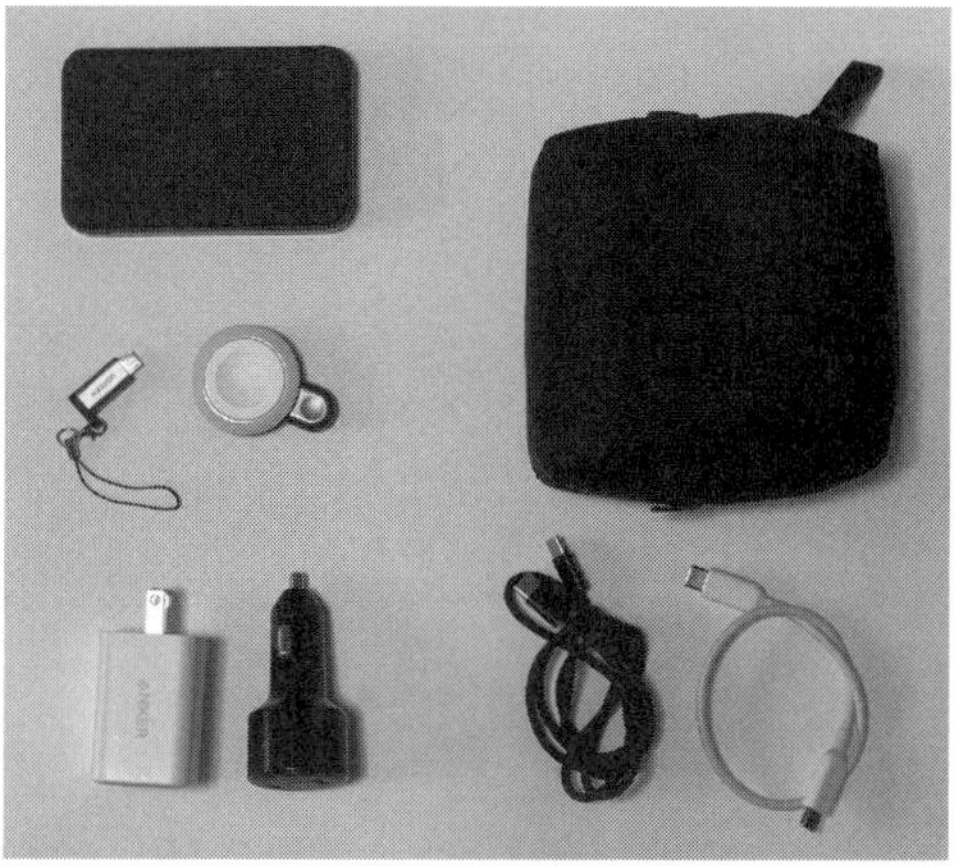
電子ガジェットの防水ポーチには、USB－Cケーブルの長いのと短いのを二種類、超小型の電源プラグ、自動車用電源ソケット、AppleWatch 充電器、それに小さなUSB-C ／ MicroUSB 変換アダプタを収めている。

②マグネット式のワイヤレス充電タイプ

　アマゾンで安売りしているような怪しげなモバイルバッテリーは発火の危険など不安を感じるので、できるだけ信頼できそうなメーカーをということで、わたしは中国アンカー社の製品だけを使うようにしている（それでも万全ということではない。アンカー製でも発火したケースは報告されている）。

　わたしが使っているアンカー製品で言えば、①が「ナノパワーバンク」。スマホのお尻にバッテリーがぶら下がるようなかたちで接続できる。容量も五〇〇〇ｍＡｈとちょうど良い。重さは一〇二グラム。

　②のタイプは、アンカーはＭａｇＧｏという名前でシリーズ化している。その中でも「６２２　マグネティックバッテリー」は五〇〇〇ｍＡｈで、重量約一四〇グラム。

　どちらを選ぶかは、まあ好みの問題だろう。

## 登山用品でもＵＳＢ充電式が増えている

行程によっては、レンタカーやカーシェアなど自動車を利用することもある。このため自動車用の電源ソケットと一メートルほどの長さのＵＳＢ－Ｃケーブルも収めている。また帰りの特急の座席などに電源コンセントがあればラッキーで、そのための超小型電源プラグも用意しておく。最近はプラグの小型化も目覚ましいので、ＵＳＢ－Ｃが二口使えるタイプが良いだろう。

なおヘッドランプやランタンなど電気を使う登山用品でも、バッテリーを内蔵したＵＳＢ充電式が増えてきている。しかしこの手の登山用品は最新のＵＳＢ－Ｃに対応しておらず、古いＭｉｃｒｏＵＳＢ端子になっていることも多い。そこで小指の先ほどの小さなＵＳＢ－Ｃ／ＭｉｃｒｏＵＳＢ変換アダプタも入れてある。

最後のアップルウォッチ充電器は、アップルウォッチを使っていない人には何の関係もない。しかしアップルウォッチ、特にアウトドア仕様の頑丈で画面が大きな「ウルトラ」というタイプが出てからは、これを登山で活用する人がわたしのまわりでは増えている。実際、アップルウォッチは登山との相性がとても良い。歩数や運動量を測ることができ、標高などもチェックできる。盤面ガラスもきわめて頑丈なので、保護シートなど貼らずとも登山中に壊してしまう心配はあまりない。まさに登山のために作られたような時計である。

しかしこのアップルウォッチにも難点が二つある。ひとつは特にウルトラの問題だが、値段が高いことだ。一三万円近くもして目玉が飛び出る。

もうひとつは、充電器が特異なことである。通常のＵＳＢ－Ｃ端子などはない。ワイヤレス充電方式なのだが、一般的なワイヤレス充電パッドでは充電できない。アップル独自の充電仕様に対応した充電器しか使えないので、これも念のためにポーチに入れている。

以上のように、スマホ充電の環境を万全に整えておく。そのうえでスマホを決して失くさない、壊さないということを常に念頭に置いておこう。「紙の地図を持て」としつこいベテラン登山者は……まあ放っておけばいい。ちなみにわたしはネット以前の時代、強風が吹く稜線で、手に持っていた紙の地図を吹き飛ばされてしまった登山者を何度か見たことがある。紙だから絶対に安心なんてことはないのだ。

## 登山用品のコスパと予算の問題を考える

登山の装備についてさまざまに解説してきた。たくさんの製品も紹介してきたが、正直に言えばどの製品もけっこう価格が高い。とはいえ登山用品の値段がそこそこするのは、きわめて高性能だからである。高い素材を使い、ていねいに縫製してほつれたり破れたりしないように仕上げれば、それなりの値段になるのはしかたない部分もある。そこが街着のファッションやバッグのような「ブランド品だから高い」という世界とは異なるところだ。

しかし登山の初心者、あるいはそこまで登山にお金をかけたくないという人にとっては、三〜四万円もするようなレインジャケットやソフトシェルはいくら何でもオーバースペックだと感じる人もいるだろう。そういうニーズは確かにあって、だから近年はワークマンのウェアを登山に流用するケースも増えている。

わたしもレインウェアのところで書いたように、ワークマンのレインジャケットとパンツを買って登山に使っていたことがあった。しかしワークマンでこのときわたしが買ったレインパンツは、裾のジッパーがまったくない製品だった。

これは現場作業などで穿きっぱなしにしている場合には問題ないのかもしれないが、ウェアをひんぱんに脱ぎ着する登山では不都合である。レインウェアの項でも書いたが、裾のジッパーがないと、ごつい登山靴を履いたままではパンツを脱ぎ着できないからだ。雨の中、足もとが不安定な山道のそばで、登山靴を脱いでレインパンツを穿くというのは面倒だし、ときに危険でさえある（登山靴を山道から急斜面に落としてしまったらどうなるか考えてみればいい）。

ただしワークマンのレインジャケットのほうは、個人的な感想としてはまったく問題のない良い製品だった。値段も四〇〇〇円台と安く、高価格なレインジャケットを経年劣化で防水性能が落ちても着続けるよりは、ワークマンを毎年買い替えるほうが良いのではないかとも感じた。

つまりワークマンの製品そのものが悪いということでは決してなく、登山にうまく採り入れ、組み込めばコスパの良い装備に仕立て上げることも可能ということなのである。しかしそのような「採り入れ」「組み込み」には、それなりの登山経験が必要になってくる。言い換えれば、登山の初心者が安いからといっていきなりワークマン製品に飛びつき、ウェアや靴などをすべてワークマンで揃えてしまうのは、やめたほうがいいということだ。

価格をもう少し上乗せしてもよいというのであれば、すべてをモンベルで揃えるというのは非常に良い選択肢である。ワークマンよりはずっと値段は高いが、海外の登山ブランドの製品に比べれば比較的安い。しかし性能的にはまったく遜色はない。そしてモンベルは自前の販売店が多く、店舗スタッフは知識が豊富な人が多い。くわえて初心者も訪れやすい店なので、自然と店舗スタッフも初心者に優しい。「こういう山登りをしたい」と言えば、それに応じて必要な装備をていねいに教えてくれるはずだ。

ちなみに山慣れしている人だと、「モンベルかー」とあまり好まない人もいる。しかしこれはモンベルの製品の機能や性能に不満があるということでなく、日本の山に登るとそこらじゅうモンベル製品だらけというのが嫌なだけである。街着でいえば、全身をユニクロで染め上げるのに抵抗がある人が多いのと同じレベルと考えればいい。

わたし個人で言えばモンベルは大好きで、ベースレイヤーはすべてモンベルのTシャツだし、アクティブインサレーションやダウンジャケットもモンベルを愛用している。山で他人のウェアとかぶるのを気にしなければ、モンベルは最高である。

## 街着としても活用できると思えば……

コスパについての検討として、もうひとつの考え方は登山ウェアを街着としても活用するということがある。「日常の服装にも登山の衣類を採り入れる」「バッグ・イン・バッグを、都市生活にも導入しよう」という後述のふたつのコラムでくわしく解説している。時代の流れとしても、登山ウェアと普段着は合流していく方向に進んでいる。高価な登山ウェアであっても「これは山で着るだけでなく、日常でも毎日着用するのだ」と考えてしまえば、コスパも良いと自分を説得できるはずだ。実際、わたしもそうやって自分を納得させている。

最後に、登山道具を自宅でどう保管するのかについても話しておこう。登山やキャンプは、魅力的な道具やグッズがたくさんある。ショップに行けば、目移りしてついついいろんなものを買い込んでしまう。そういう誘惑にかられた経験は、登山をする人なら誰にでもあるだろう。登山道具に限らず、現代生活においてモノが際限なく増えていくのはひとつの「病《やまい》」である。

この病を克服する手立てとして、わたしは登山道具の容量の上限を決めている。具体的には、ワイン木箱四つをクローゼットに積み重ねて置いており、この四つの木箱に入るだけの登山道具しか持たないと決めているのだ。バックパックとウェア類も、クローゼットの特定の場所の「ここからここまで」と空間を決めており、それ以上に増やさない。どうしても新たにほしいモノが出てきたら、涙を呑んで別の何かを捨てる。その繰り返しで、少しずつ道具を最新のものへと更新し、それでも増やさないようにとコントロールしているのである。

コラム

# 日常の服装にも登山の衣類を取り入れる

ノームコア、アスレジャー、ゴープコア。

これらをご存じだろうか。いずれもファッション用語である。わかりやすく端的に言ってしまえば、派手に着飾った服やフォーマルな衣類ではなく、日常着やジョギングウェア、さらにはアウトドアウェアを都市でも日常的に着ようというムーブメントのようなもので、この一五年ぐらいのあいだに加速度的に広がってきた。

ノームコアは、二〇一三年ごろに登場した概念だ。昔と違ってファッションに年齢や世代の違いがなくなり、だれもが好き勝手に個性を主張できるようになった。個性が多様化した結果、逆に個性的であることが目立たなくなってきている。たとえば明るい緑色に髪を染め、青いカラーコンタクトを入れて中世ヨーロッパのようなドレスを着用したとしても、その場所が原宿竹下通りやハロウィンの夜の渋谷駅前だったら全然目立たない。まわりはそのようなファッションの人ばかりだからだ。現代では、逆にベーシックで平凡なファッションをしていることのほうが、かえって目立つ。そしてTシャツにジーンズのような普通の服を着ていることで、同じような普通の服を着ている人たちとつながることが目指せるようになる。

そういう平凡で普通のファッションを「ノームコア」と再定義したのである。このことばを発案したニューヨークのトレンド予測グループは、こう宣言した。「ノームコアは誰かになるために自由を欲するのでなく、誰とでも一緒にいるために自由を欲するのだ」。英語で言えば、to become someone ではなく、to be with anyone なのだと。

二〇一〇年代前半のこのころはＳＮＳが普及した時代でもあり、「ソーシャルがファッションを殺す」という言葉もあった。インスタグラムのようなソーシャルメディアが自己表現の中心的なツールになり、ファッションで着飾って自己表現する必要はなくなった。これによってファッションはさらに日常着へと回帰していく。

この流れを支えたもうひとつの要因として、素材の革命もある。伸縮性のあるストレッチ素材の技術が進化し、自然な風合いで肌触りも良いものが増えた。硬いデニムのジーンズに替わり、伸縮するジャージー素材で穿きやすいパンツが男性のファッションでも当たり前になった。

ノームコアに続いて、二〇一〇年代後半には「アスレジャー」ということばもやってきた。スポーツジムやヨガのレッスンなどで着用するような、ジャージー素材のパンツやシャツ、パーカーなどを日常でも着ようという潮流である。

そして二〇二〇年代に入るころになると、ゴープコアがやってくる。ゴープ（ＧＯＲＰ）というのは不思議な響きだが、「グッド・オールド・レーズン・アンド・ピーナッツ」

の頭文字からとった略語で、レーズンやピーナッツ、ミックスナッツ、ドライフルーツなどを混ぜた登山用の行動食のことだ。英語ではゴープというとアウトドアのイメージがあり、これをファッション用語に転用したのだろう。アウトドアの衣類を日常着にしようというムーブメントである。

日本でも、カナダのアウトドアブランド・アークテリクスのジャケットやパーカーがファッション好きの若者のあいだで驚くほど流行りまくり、店舗もECも品薄になり入手困難という事態が近年起きて、登山界を驚かせた。「アークテリクスみたいなあんな高価な登山ウェアを街着にするなんて！」という驚きである。最近ではアークテリクスに限らず、さまざまなアウトドアメーカーがファッションブランドとコラボ商品を発売するという動きも活発になっており、アウトドアの服が都会の日常に浸透してきている。

そもそもゴープコアの源流となったノームコアの哲学は、アウトドアと相性がいい。丈夫で軽く、ストレッチ性があり、防水性や撥水性、防寒性などさまざまな耐性があってとてつもなく高機能だからだ。おしゃれだが、案外重くて手足も動かしにくく機能性がそれほどでもない高級ブランドと違って、ずっと気持ち良く日常を過ごせるようになる。

ゴープコアのブームに乗ったつもりはなかったが、わたしも気がつけばアウトドアの衣類を都会で日常的に身につけるようになっていた。その理由としては高機能であることにくわえ、最近のアウトドア衣料が以前よりも外観もおしゃれになってきたことで、さっと羽織るだけなら「いかにも登山」というような重装備感が出にくくなってきたこともある。

## 一九八〇年代のアウトドア系スタイル

一九八〇年代、日本にアメリカ西海岸のファッションをいち早く紹介した雑誌「ポパイ」がたいへんな人気を誇っていた。西海岸のサーフィン文化とともに「ポパイ」が紹介したのが、「ヘビーデューティー」というアメリカ文化だった。チェックの暖かいネルシャツにダウンジャケット、ジーンズ、革のワークブーツ。それにケルティなどのオーソドックスなデイパックを背負うというアウトドア系のスタイルである。

そのころの日本では登山というと、チェックのネルシャツにニッカボッカ、登山用のポケットの多いチョッキ、チロリアンハット、重い革の登山靴、そしてキスリングという帆布でできた恐ろしく頑丈かつ巨大で扱いづらいバックパックが一般的だった。そういうところにアメリカのヘビーデューティ文化が入ってきて、わたしも「ポパイ」やそれに似た「ホットドッグ・プレス」などの雑誌を大学の登山サークル仲間に見せてもらい、「おおーチェックのネルシャツぐらいは同じだけど、他は日本の登山とはまったく違うのだなあ。なんてカッコいいんだろう」と憧れたっぷりに眺めていたのを覚えている。Kさんという先輩は「これからは登山の恰好で都会を歩くのか！　そりゃいいなあ」と目を輝かせていた。

翌日、K先輩がいつものようにサークルの溜まり場に現れた。見ると通学バッグを持っておらず、なぜか背中に巨大な茶色のキスリングを背負っている。傷だらけで色褪せた歴戦の勇士のようなキスリングである。

「あれ、今日から山に行くんですか？」と聞くと、K先輩は「違うよ。ヘビーデューティーだよ」という。けげんな顔をしたわたしに、K先輩はキスリングをどさっと下ろし、自慢げに中身を見せてくれた。中にはほんの数冊の大学の教科書とノートと文房具。

「こういう風にアメリカの学生は大学行ってるんだろう？　どうだい」とKさんは自慢げに言った。……みんなに呆れられて、Kさんは翌日はもう普通の通学バッグに戻っていたのは言うまでもない。

あれから長い年月が経った。キスリングを山で見かけることは皆無になったし、デイパックは大学生どころか、地下鉄で通勤する都心のビジネスパースンでも当たり前のスタイルになっている。ここまでの歳月のあいだに、リモートワークはある程度定着して仕事と暮らしの境目は小さくなり、都会の服装と山の服装も融合しつつある。思えば遠くに来たものだと思う。

## 近年の気候にも対応しやすい

現在のわたしは、冬でも夏でも登山用Tシャツを都会のベースレイヤーとして着用している。パタゴニアのキャプリーン・クール・トレイルシャツや、モンベルのウイックロンなどだ。夏は通気性があり汗抜けが良く、速乾性があって、綿のTシャツよりもずっと快適だ。冬には長袖のモンベルのジオライン・ミドルウェイト。人気のユニクロ・ヒートテックよりはかなり価格が高いが、着心地の良さや暖かさ、丈夫さなどはやはり数段も上だと感じる。一～二月の厳寒期でなければ、ジオラインの上にパタゴニアのダウンセーターなど軽いダウンジャケットを羽織るだけで都会の寒さには十分だ。

登山でのロングパンツは本章で、ノースフェイスのアルパインライトパンツをオススメした。ただこの最高のロングパンツはウエストを紐で締める形式になっており、都会の生活では紐が少々邪魔に感じる。そこでわたしは都会ではファイントラックのカミノパンツやトルネードパンツを愛用している。前者はウエストをバックルで締める方式で、後者は腰のサイド寄りの位置にリングベルトがあり、ウエスト周りを調整できるようになっている。どちらも着脱が楽で、素材は軽いストレッチ性があって穿き心地が良い。そして脚のラインもきれいなので、都会で穿いていて違和感がない。またモンベルのクロスランナーパンツは、ソフトシェルに使われるクリマバリア®という暖かい素材が前面部分に使用され、ストレッチも非常にしなやかで、冬場にはとても良い。

このように、わたしの日々の暮らしでは、都会の衣類とアウトドアの衣類がだんだんと融合してきている。気がつけば、登山のときの服で都会の日常を暮らしているのだ。だから「今日はどこか山に登ってきたんですか」「ランニングの後ですか」と聞かれることもある。いや、汗をかいてそのままの恰好でこのイベント会場や会議室に来るわけないだろう、と心の中で思うが、ゴープコア的なファッションがまだ東京でもそれほど浸透はしていないということなのだろう。

しかしゴープコアは、寒暖差が激しく、猛暑も当たり前になった近年の気候変動に適合している。おまけに災害時にもめっぽう強い。今後は間違いなく、都市型ファッションとして日本でも定着していくとわたしは予測している。

# 第4章
# 知っておきたいフラット登山ハック

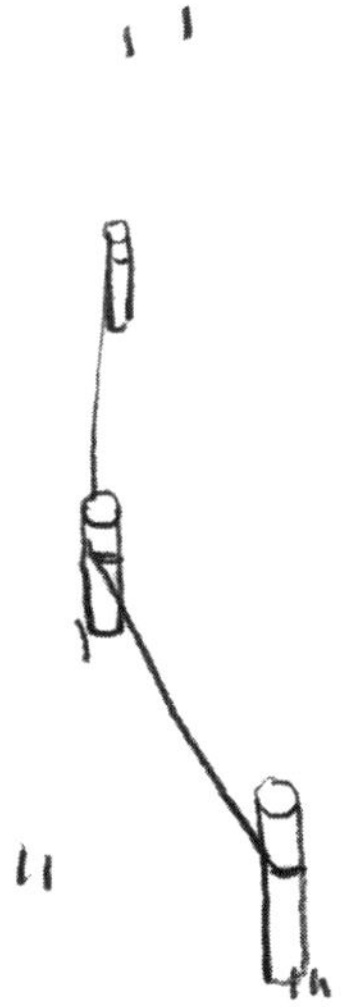

# 最低限の現金は持ち合わせたい

コロナ禍のころから都市部はキャッシュレス化が一気に進んで、ほとんど現金を使うことがなくなった。スマホを持っていれば、たいていの支払いは済んでしまう。東京での自分の暮らしを振り返ってみると、現金を使うのは近所のクリニックにいつもの処方箋をもらいにいくときぐらいである。なぜかクリニックはキャッシュレスに対応していないところがいまだに多いのだ。

都会に比べると、地方はまだまだ現金が根強い。わたしは東京と長野、福井を移動する三拠点生活をもう一〇年も続けているが、観光客の多い長野はともかく、福井ではまだ現金が根強いのを感じる。いつも朝起きて行く健康ランドは現金と回数券のみだし、居酒屋やレストランも現金オンリーのところが頑として残っている。

地方の山や湖に出かけることが多いフラット登山も、現金の出番が多いということはあらかじめ覚悟しておいたほうがいい。スタート地点に向かうローカルな路線バスは、Ｓｕｉｃａなどの交通系ＩＣカードに対応している会社は意外と少ない。ジャラジャラ両替して料金箱に払うシステムが健在だ。

しばらく前に関東近郊の山麓を歩いていて、無人の野菜販売所にＰａｙＰａｙのＱＲコードが貼り付けられているのを見たときは感動した。しかしこれはかなりレアな事例で、美味しそうな果物や野菜を無人販売所で買おうと思うのなら、事前に百円玉をいくつか用意しておいたほうがいい。キャッシュレスどころか、お釣りも出ないからだ。

フラット登山に持っていく財布はどのようなものがいいのだろうか。紙の紙幣が入っているのだから防水仕様のものがいいと思っている人もいるだろうが、あの手の製品は止水ジッパーでぴっちり閉まるようになっていてたしかに防水なのだが、開けるのがけっこう面倒くさい。小さなジッパーのつまみを引っ張ってもなかなか開かなかったりすると、たいへんイライラする。

そこでわたしは、財布そのものの防水は断念して、第3章のパッキング術の項で紹介したように財布を完全防水のサコッシュに収納することにしている。雨が降っていないときはサコッシュから出していても問題なく、使い勝手はこの方式のほうが数段良い。

財布そのものはあれこれと試し続けた結果、最近は「これこそが正解」というものに到達している。それはモンベルの「トレールワレット」だ。バックパックと同じ系統の強度の高い薄い生地で、三つ折り。紙幣のほかに三か所のポケットにカードが数枚ずつ入り、ジッパーつきの小銭入れもある。これでわずか一五グラム。手のひらにすっぽり入る。まったく存在感がないが、必要にして十分とはこのことだ。

わたしはトレールワレットにマイナンバーカードと運転免許証、クレジットカードを念のため二種類入れている。カードサイズの紛失防止トラッカーも。これは超小型の電池で駆動し、手もとから離れるとｉＰｈｏｎｅの「探す」機能を使い、最後に手もとにあった場所を探索することができる。

以前はアンカーの「Ｅｕｆｙ」という製品を使っていたが、電池交換や充電ができず使い捨てというのが気になり、サンワサプライの「４００－ＫＦ００３」という同種の製品に乗り換えた。値段が少し高いが、ワイヤレス充電に対応しているのだ。

二〇二五年には運転免許証をマイナンバーカードと合体させることが可能になり、マイナンバーカード自体もスマホのアプリからも利用できるようになる。クレジットカードもスマホとの融合が進んでおり、いずれはカード類をまったく持ち歩く必要がなくなりそうだ。

そのころにはどんなに田舎に行ってもキャッシュレスで買い物や飲食ができるようになっているかもしれないが、それでも現金の役割が消滅することはないだろう。災害などで停電してしまうと、キャッシュレスは利用できなくなるからだ。

災害多発の二十一世紀である。そういう事態に備えて、紙幣はやはり持っておいたほうがいい。わたしはトレールワレットに収めている以外に、念のためにスマホの保護ケースにも紙幣を潜ませている。一万円札と千円札を折りたたんで一枚ずつ。千円札を含めているのは、お釣りが出ない場所でも使えるようにするためだ。

天気が崩れそうなとき、あるいはいつ何時雨が降ってくるかわからない夏場は、トレールワレットを防水のサコッシュに収め、パッキングのところで書いたように歩行の邪魔にならないように身体に装着している。

歩き終えて温泉などに立ち寄った際は、かさばるバックパックは玄関先などに置かせてもらい、このサコッシュだけを持ち歩くと具合が良い。

## 下山後の指定席予約ハック

下山後、特急に座って帰宅するためのハックもここに記しておこう。近年は鉄道のインターネット予約が普及して、新幹線と在来線、ＪＲと私鉄などにかかわらず、たいていの特急指定席はチケットレスで予約できるようになった。ＪＲ東日本なら「えきねっと」、東海道新幹線は「スマートＥＸ」、ＪＲ西日本なら「ｅ５４８９」と、同じＪＲにもかかわらずネット予約のサイトが分かれている。私鉄だと小田急電鉄の「ロマンスカー＠クラブ」、西武鉄道の「Ｓｍｏｏｚ《スムーズ》」、東武鉄道の「トブチケ！」などで座席指定券のチケットレス予約ができる。たくさんあって使い分けるのがたいへんそうだが、考え方を変えればこのややこしいシステムを使いこなし駆使することで、ネットを使ってない人よりも楽に座席指定券を入手することができるアドバンテージがあるとも言える。

つまりネット強者になって登山の後は座って帰ろう、ということだ。

さて、これらのチケットレス予約サービスの多くは、予約した列車の変更も自由にできる。これが登山者には非常に助かる機能になっている。登山に向かう朝の特急はともかく、ゴール後に何時何分の特急に乗れるかははっきりとはわからない。天候や山道の状況、その日のメンバーの体力や体調などさまざまな要因があり、駅に着ける時刻が正確に定められないからだ。

そこでネット予約である。わたしが特急で山に向かう場合には、帰路は遅めの「この時間なら必ず乗れるだろう」という安全そうな時間帯の特急をあらかじめ予約しておく。連休や夏の土日など混んでそうなシーズンだったら、なるべく早めに席を押さえておく。ちなみにJR系の予約サイトだと、駅の窓口で予約するよりも早く席を押さえられる「先行予約」のしくみもある。ちなみに登山ではないが、わたしはこの先行予約を駆使してお盆や年末年始に長野・福井への新幹線移動を行っており、いまだに席が取れなかったことは一度もない。


山の話に戻ると、目標としていたゴール地点に近づいてくると「駅には何時ごろには到着できそうだな」ということがわかってくる。スマホのモバイル通信をオンにする（第6章で書いているが、山中を歩くときはバッテリーの持ちを良くするためにモバイル通信をオフにしているからだ）。まだスマホの電波が入らない場所だったら、電波が入るまで待つ。

なお、いったん路線バスに乗って駅に向かう場合は、路線バスの時刻表をその場でネット検索して調べ、乗れそうなバスを検討する。そしてそのバスが何時に駅に到着するのかを見る。それらの情報が集まり、当初の予定よりも早く駅に着けそうだったら、おもむろにチケットレスの予約サイトを開いて予約変更するのだ。もちろん繁忙期だと予約変更できないこともあるが、それはそれで構わない。駅に着いたら、もともと予約しておいた遅い特急が来るまで、近くの食堂でビールでも飲んでればいい。

ゆっくりしたら、座って帰ろう。

## 気分と山道で食を選びたい

わたしがふだんの山仲間と行くときは、当日まで参加人数がはっきりしないこともあって、全員でわいわいとお昼ご飯を作るということはしない。各自の持参に任せている。大休止もせいぜい三〇分ぐらいしかとらないので、簡易な昼食で済ませることがほとんどだ。

秋から冬、春ごろまでの気温の低い季節は、たいていカップラーメン。お湯を沸かすのには、ジェットボイルというコンパクトなガスストーブを愛用している。一～二人分のカップラーメンやスープを作る程度の少量のお湯を沸かす用途なら、高性能で定評のあるこの製品の一択だ。

　ジェットボイルにはいくつかの種類があるが、わたしがいま使っているのは「ジェットボイル・スタッシュ」。わずか二〇〇グラムと超軽量で、容量八〇〇ミリリットルの小さな鍋（コッヘル）が付属しており、中にバーナーヘッドとガスボンベがキレイに収まる。コンパクトの極みである。他のジェットボイル製品もそうだが、五徳と鍋底の形状に工夫がしてあり、熱効率がとても良いので、あっという間に湯が沸く。

　日清カップヌードルは必要な熱湯の量が三二〇ミリリットル、ビッグサイズだと四一〇ミリリットル。ジェットボイル・スタッシュは八〇〇ミリリットルのお湯が沸かせるので、ビッグを二杯分ギリギリつくることができる。二人までの山行ならこれで十分だ。

コンパクトに収納できることや、熱効率の高さから人気がある。

　ただフラット登山のコースは、必ずしも山の中で休憩するだけではない。公園の芝生で休むこともあれば、どこかの鉄道の駅舎で休憩することもある。当然だが、そういう場所は火気厳禁なので、ガスストーブは使えない。

ちょうど良いことに、最近は高性能な保温ボトルが登場してきている。最も有名なのが、サーモス社の「山専用ボトル」。通称ヤマセンボトルと呼ばれている製品だ。公称数字では、熱湯を満タンに入れれば六時間経っても摂氏八〇度前後をキープという性能で、カップラーメンを作るのにはまあ十分な温度だ。

このサーモスの製品に対抗して出てきたのが、モンベルの「アルパイン サーモボトル」。性能的にはヤマセンボトルとほぼ同じと見られている。値段も似たようなものなので、外観で好みのものを選べばいい。ただ一点だけ違いがあるとすれば、モンベル製品のほうは「アルパイン サーモボトル アクティブ」というボトルから直飲みできるタイプも発売されている。通常製品はサーモスもモンベルも、付属のコップに移して飲む方式なのだ。なおモンベルは飲み口だけを付属部品としても販売していて、直飲みタイプからコップタイプへ、あるいは逆へと登山のたびに変更できるようにもしている。コップタイプのほうが保温能力が高くなるので、ラーメンを作る場合などはこちらに切り替えるといった使い方ができる。実にモンベルらしい気配りで好感が持てる。

ラーメンなどの調理に使わないのなら、片手で飲めるので直飲みタイプのほうが個人的には良いと感じている。コップ方式は両手を使うし、クエン酸などの甘い飲料を入れているとコップが汚れるのも気になる。ただし熱湯の状態だと、直飲みするとうっかり喉をヤケドしてしまうというリスクはある。このあたりも好みの問題だろう。

カップラーメンもいいが、厳寒期でなければおにぎりも食べたいという人も多いだろう。とはいえ歩いて体力を使っているから、汁物も摂っておいたほうがいい。コンビニのカップ入りのスープなどもわたしはときどきは持っていくが、このときに一緒に持参するのがオーマイの「スープ用パスタ」。見た目はマカロニのようなふつうのショートパスタなのだが、茹でなくても、熱湯に三分入れておくだけで柔らかくなってくれるという画期的な製品だ。カップスープにこのスープ用パスタを好きなだけ加えてからお湯を注ぐ。一五秒ほどかきまぜてから三分待つだけで、即製のスープパスタができあがる。

## 登山用コッヘルや食器を揃えるとメニューが広がる

カップラーメンやカップスープだけでなく、時にはもう少し凝った料理をつくることもある。たとえば数人分のシチューや鍋ものをつくろうとするとジェットボイルの小さな鍋サイズではもの足りないので、「二〜三人用」や「四〜五人用」の登山用コッヘルやフライパンがほしくなる。

わたしは長年、ユニフレームの「山フライパン」という直径一七センチの深型テフロンフライパンに、同じユニフレームの「ライスクッカーミニＤＸ」というご飯炊きコッヘルを使っている。この二つの製品はちょうど重なるので、バックパックに収まりが良い。ラ

ユニフレームの山フライパン深型（右）とライスクッカーミニDX（左）は、重ねて収納できる。

ウィルドゥのフォルダーカップ・ビッグ（中央）は小さく見えるが、容量600ミリリットル。わたしが日常的に自宅で使っている小ぶりなどんぶり（左）と同じ要領だ。畳むとさらに小さくなる（右）。

イスクッカーの中には、小さな食器やおたまなども入る。もう少し量をつくりたい時には、チタンマニアという国産メーカーが出している大型コッヘルを使っている。容量が二・一リットルもあって大きいが、軽量のチタンなので重さはわずか二四八グラム。山フライパンとライスクッカーミニDXもこの鍋にきれいに収まり、収納しやすい。

食器についても書いておこう。インスタントラーメンを食べたり、鍋やシチューを取り分ける食器。過去にいろんなものを試してみたが、ちょうど良い形とサイズのものがなかなか見つからず、長年かけて探し求めていた。少し前に「これは！」というものをとうとう見つけた。新製品ではなく、古くからある樹脂製のなんということもないカップである。スウェーデンのウィルドゥというアウトドアメーカーが出している「フォルダーカップ・ビッグ」という製品だ。小さく見えるが、容量は六〇〇ミリリットル。小ぶりのどんぶりくらいあり、十分な大きさだ。小さな取っ手がついていて、熱い液体を入れても大丈夫。

そしてこいつのさらにすぐれているのが、柔らかい素材をぐいっと曲げるとフチが内側に折りたためるフォールディング構造になっていることだ。バックパックの中に放りこんでおいても場所を取らないし、コッヘルの中にも収まる。柔らかいので、あちこちにぶつかって音を立てる不快さもない。

シチューや鍋ものを作ったら、山の中であろうとレードル（おたま）も必需品だ。これもいろいろ使ってみたが、最終的にユニフレームの「トレイルレードルＴｉ」に落ち着いた。折りたたみ式なのだが、シンプルかつよくできた仕掛けがあって、汁をよそったときに折りたたまれてしまうことがない。おまけに三五グラムと超軽量。

ガスバーナーはどうするか。山フライパンは直径一七センチで、ライスクッカーは直径一六・五センチ。このぐらいの大きさの鍋となれば、ジェットボイルも含めた直立型のバーナーに乗せるととても不安定になってしまう。そこで登場するのが、五徳部分とボンベ部分が離れていて、ホースでつながっている分離型と呼ばれるタイプのバーナー。わたしが使っているのはイワタニ・プリムスの「エクスプレス・スパイダーストーブⅡ」だ。五徳部分は地面からの高さが一〇センチ程度しかないので、非常に安定している。鍋をバーナーに乗せたままレードルでかき回しても、ひっくり返る心配が少ない（手で鍋を押さえておく必要はある、当然）。

## 山でもすぐできるカレー

さて、鍋もフライパンも食器もそろった。分離型ガスバーナーもある。山中で何を作り、食べようか。

わたしが最もよく作るのは、あまりに平凡で驚くかもしれないが、カレーライスである。ただし普通のカレーライスとは少し異なる工夫がしてある。

まず白米の炊き方を説明しておく必要があるだろう。山中では米を研ぐのが難しいので、無洗米を持っていく。山に行く前に浸水させておく余裕があればなお良い。ただし浸水させるとその分米は重くなる。

コッヘルに米を入れ、水を注ぐ。水の量は二〜三合程度だったら、人差し指を垂直に差し入れて第一関節の高さになるぐらい。

昔から「はじめチョロチョロなかパッパ」みたいな合い言葉もあるが、火にかけたら最初から強火でまったく問題ない。最大の注意を払うべきポイントは、沸騰したらすかさずトロ火に落とすことだ。ここを見逃すと、あっという間に水が蒸発してしまい芯があるのに焦げたご飯になってしまう。

トロ火に落としたら、だいたい一〇分。火から下ろしたらすぐに蓋を開けて、箸かスプーンでご飯を少量よそって試食してみる。柔らかく炊けていたら、もう一度蓋をしてしばらく蒸らす。芯が強く残ったままだったら、水を大さじ二杯ぐらい振りかけて蓋をし、もう一度トロ火にかける。数分経ったら下ろしてまた味見する。


さて、カレーである。必要な食材は、以下の通り。

ソーセージ、ベーコンなど比較的傷みにくい加工肉。真夏でなければ、豚のブロック肉をぶつ切りにし凍らせて持っていくこともある。

紙パックのトマト水煮（缶よりもゴミが小さくなり後始末が楽だから）、ニンニクとショウガのチューブ、フライドオニオン、カレールー。

油もあったほうがいい。容器の蓋が完全に閉まるサラダ油やオリーブ油はあまり見かけないので、少量がプラスチックのパッケージに入った小分けタイプをアマゾンで購入して使っている。「オリーブ油　小分け」で検索すればいくつかの製品がヒットするはず。

コッヘルに油を垂らして火にかけ、肉類をざっと炒める。色が変わったら、トマト水煮を加えて水を少し足し、さらにフライドオニオン、ニンニクとショウガのチューブも絞り出して煮込む。煮詰まってきたらカレールーを放りこんで、とろりと美味しそうなにおい

## ●白米の炊き方●

①無洗米を持っていく
（山に行く前に浸水させておければなお良し）

②コッヘルに米を入れ、水を注ぐ。水の量は、2～3合程度ならば、人差し指を垂直に差し入れて第一関節の高さが目安。

③最初から強火で火にかけ、沸騰したらトロ火にして10分。

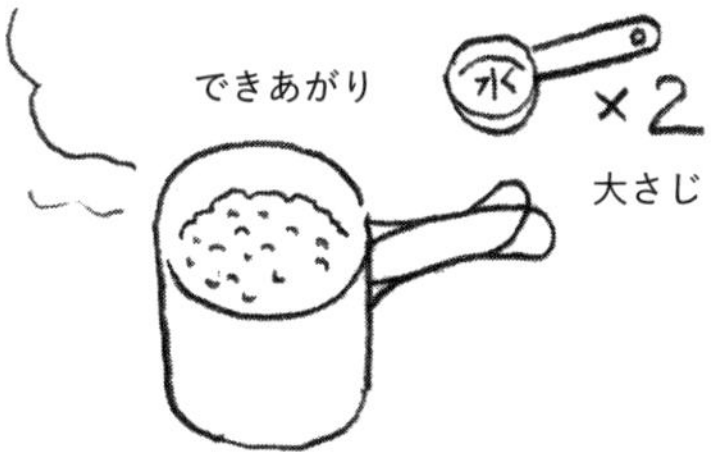


④火から下ろしたら、すぐに蓋を開け、試食。柔らかく炊けていたら、もう一度蓋をして蒸らす。芯が多く残ったままだったら、水を大さじ2杯くらい振りかけて蓋をし、もう一度トロ火にかける。芯がなくなったら完成。

がしてきたらできあがり。

このカレーのキモは、味のベースをトマト水煮でつくっていることだ。カレーライスというのは割りにもったりした重い料理だが、トマトが入ることで酸味が加わり、歩いて疲れている身体に染み通っていくような味になる。歩いている時にはクエン酸系の飲み物が酸っぱくて美味しいのと同じで、酸味と疲労は最高のマリアージュなのだ。

ニンニクとショウガも入っているので、身体が火照ってくるほどに温まる。辛いのが大丈夫な人は、それぞれチューブまるまる一本入れてしまうぐらいの気合でもいいだろう。ものすごくホットなカレーができあがる。

このカレーは、他の料理にも転用可能である。最後のカレールーを取りやめて、そのかわりに味噌を団子サイズぐらい、あれば赤ワインをカップ半分ぐらい加えて煮る。そうすると超絶旨いビーフシチューになってくれる。この料理は、味噌のコクがキモである。

ここに水煮のひよこ豆や金時豆など加えて、パプリカやチリペッパーなどお好みの辛い系スパイスを入れると、チリコンカン風になる。辛いのを入れなければ、それはすなわちポークビーンズ。さらにここにショートパスタを入れて柔らかくなるまで煮れば（先ほどのオーマイのスープ用パスタでもいい。煮る時間が不要になる）、ミネストローネっぽくなる。キャベツを刻んで入れれば、いきなりロールキャベツ味。欧米はトマトベースのシチューの種類がたくさんあるので、どんな風にも変幻自在なのだ。

## ●山でもすぐにできるカレー●

〈材料〉
・ソーセージ、ベーコンなどの加工肉
・紙パックのトマト水煮
・ニンニクとショウガのチューブ
・フライドオニオン
・カレールー
・油

①コッヘルに油を垂らして火にかけ、肉類を炒める。

②色が変わったら、トマト水煮を加えて水を少し足し、さらにフライドオニオン、ニンニクとショウガのチューブも絞り出して煮込む。

③煮詰まったら、カレールーを放り込んで、とろりと美味しそうなにおいがしてきたら完成！

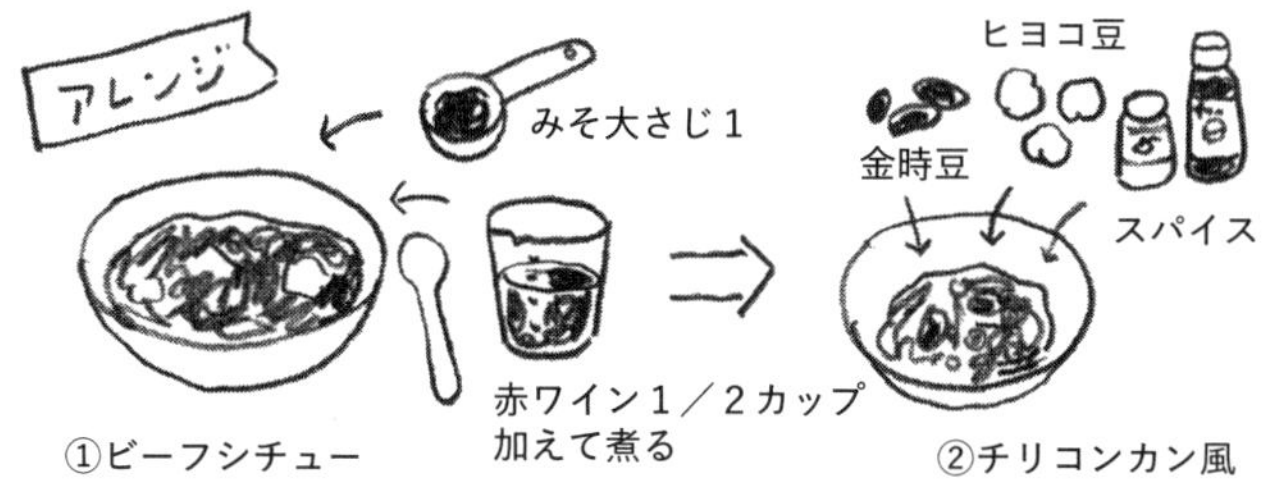


①ビーフシチュー

②チリコンカン風

＊さらに、ビーフシチューに水煮のひよこ豆や金時豆などを加えて、パプリカやチリペッパーなどのスパイスを入れると、チリコンカン風に。

白米のおともの料理では、牛丼を作ることもある。牛肉の切り落としを冷凍してどっさりと持っていく。涼しい季節だと自然解凍されない心配があるので、生肉を保冷バッグに入れていくこともある。鍋に油を垂らして牛肉を盛大に炒め、スライスしたタマネギも加える。水をひたひたに加え、顆粒の和風だしと砂糖を足して煮込む。牛肉が煮えて柔らかくなるまで、できるだけじっくり煮込むのが美味しくする秘訣だ。だから昼食の時間があまりとれない山行では作らない。

煮詰まってきたら最後に醤油をまわしかけて味を調整し、できあがり。ついでに紅ショウガなど持っていくと、なお良い。ハフハフと肉と米に食らいつこう。

肉汁を煮詰めすぎないようにしておき、里芋の水煮とねぎ、キノコなどを加えると山形名物の芋煮になる。焚き火などをしながらの芋煮は、「冬が来たなあ」という風物詩の感じが最高だ。

## バリエーションを増やせば山食の楽しみが広がる

ここまで説明してきて気づいた方も多いと思うが、カレーも牛丼も、途中の「肉とトマト水煮を煮込んでおく」「牛肉と玉ねぎを煮込んでおく」という状態から、いくつかの料理に派生させている。

この発想は、いにしえの昭和の登山のころによく作った「ペミカン」から来ている。ペミカンというのはもともとはアメリカ先住民族の保存食から来ている名前とされる。日本の登山界では、肉と野菜をラードで炒め、冷やし固めておいたものをそう呼んでいた。鍋に入れて火にかければラードが溶けて、肉と野菜が炒まった状態に戻る。醤油と砂糖を足せば肉じゃが的な味になるし、水とカレールーを足せばカレーに、トマトを入れればトマトシチューに、何にでも転用可能な食材である。バーナーの燃料が貴重で、ラードが固まってくれている冬山にはペミカンは大活躍したものだった。ただし何をつくってもラードのにおいがするというクセ強めではあったが。

このいにしえのペミカンの延長線上で考えると、山の料理はバリエーションを増やせるということなのだ。

あるいは人数が比較的多いときは、ホットサンドも良い。直火にかけられるホットサンドメーカーが必要だが、いろんな具材をはさんで楽しめる実に良い昼食となる。最もノーマルなホットサンドはチーズとハムとマヨネーズだが、カレー粉を振りかけて炒めたキャベツの千切りやスライスしたトマト、マヨネーズと和えたツナ、その場でつくったスクランブルエッグ、買ってきたゆで卵をフォークで潰してマヨネーズで和える、などいくらでもバリエーションを増やせる。ふもとのスーパーのお惣菜コーナーでトンカツを買ってカツサンドを作ったこともある。洋がらしとレタスを挟んで少量のマヨネーズを塗って、これはけっこう絶品だった。

寒い季節になってくると、お手軽な鍋をつくることも多い。最も簡単なパターンは、餃子中華鍋。冷凍餃子とネギ（コンビニで売ってる刻みネギでもかまわない）、中華調味料の定番・味覇《ウェイパー》のチューブ、塩。水を張った鍋に全部放りこんで、熱々になるまで煮るだけという適当すぎる料理である。しかしこれが実に旨い。ネギ以外に白菜を入れてもいいし、キムチをパックごと放りこむと、チゲ鍋風にもなる。最後にインスタントラーメンを放りこんでも良い。

## 行動食には「スポーツようかん」

登山における食事はカップラーメンや鍋、シチューなどの火を使う料理以外に、短い休息などのときに少しずつ食べる甘いお菓子などの行動食というものもある。歩いていて「ちょっとバテてきたかな」と感じるときに、甘いものを口に入れると効果がてきめんだ。甘いお菓子というとチョコレートをイメージする人が多いかもしれないが、チョコは夏は溶けやすいし、真冬になるとカチンコチンに凍ってこれも食べにくい。行動食としては実はあまり適していない。

最も良いのは、実は和菓子のようかんである。溶けない、凍らない、そして甘みがたっぷりとある。特にお勧めできるのは、井村屋の「スポーツようかん」という製品。一口サ

●いろんな具材をはさんで楽しいホットサンド●

イズになっていて、そしてここが非常によくできているのだが、パッケージを指で破いたり裂いたりする必要がなく、パッケージの真ん中あたりを指の腹で押し潰すだけで、ぬるりと中身が出てくるという構造になっている。手が汚れる心配がないのは、本当によく考えられている。

わたしはスポーツヨーカンと、あとはカロリー高めのプロテインバーなどの崩れにくく溶けにくそうな製品をスーパーなどで見繕って買い、ジップロックに何本か収めてつねにバックパックに潜ませている。サコッシュやバックパックの外部ポケットなどに収めておくのも良いだろう。

## フラット登山でも遭難に備える

近年は「にっぽん百低山」というテレビ番組も放送され、低山ブームとされている。高齢の登山者が増えて、泊まりがけで行く高峰よりも気楽に登れる低山が求められているということらしいが、低山だからといって遭難のリスクが高い山より低いわけではない。逆に低山のほうが遭難しやすい場合もある。高山のように急激な低温や強風は少ないが、低山では登山道がきちんと整備されていないところも多く、足を踏み外して滑落してしまう危険性はかえって高かったりする。人間の身体というのはヤワなもので、一〇メートルも

●寒い季節はお手軽鍋●

＊ネギ以外に白菜を入れてもいいし、キムチをパックごと入れたらチゲ鍋風に。最後にインスタントラーメンを放りこんでもいい。

滑落すれば打ちどころが悪ければ死んでしまうこともあるのだ。どんなに低い山でも一〇メートルぐらいの斜面はそこらじゅうにある。

さらに低山、とくに人里の近くにある里山だと、林業などの仕事の道や踏み跡が縦横に走っていることが多く、道に迷いやすい。道迷いは、いまでも遭難理由のトップを占めているのだ。

遭難の心配がないのは、第7章で紹介しているコースガイドの中で言えば、野川公園などの都市郊外の遊歩道ぐらいだろう。だから「こんな山で遭難なんかしない」となめてかからず、遭難対策は万全にしておこう。

まず第一に、エマージェンシーキットの用意。

わたしが使っているエマージェンシーキットのポーチは市販のものだが、中身はわたし自身が考えた緊急用品を詰めている。

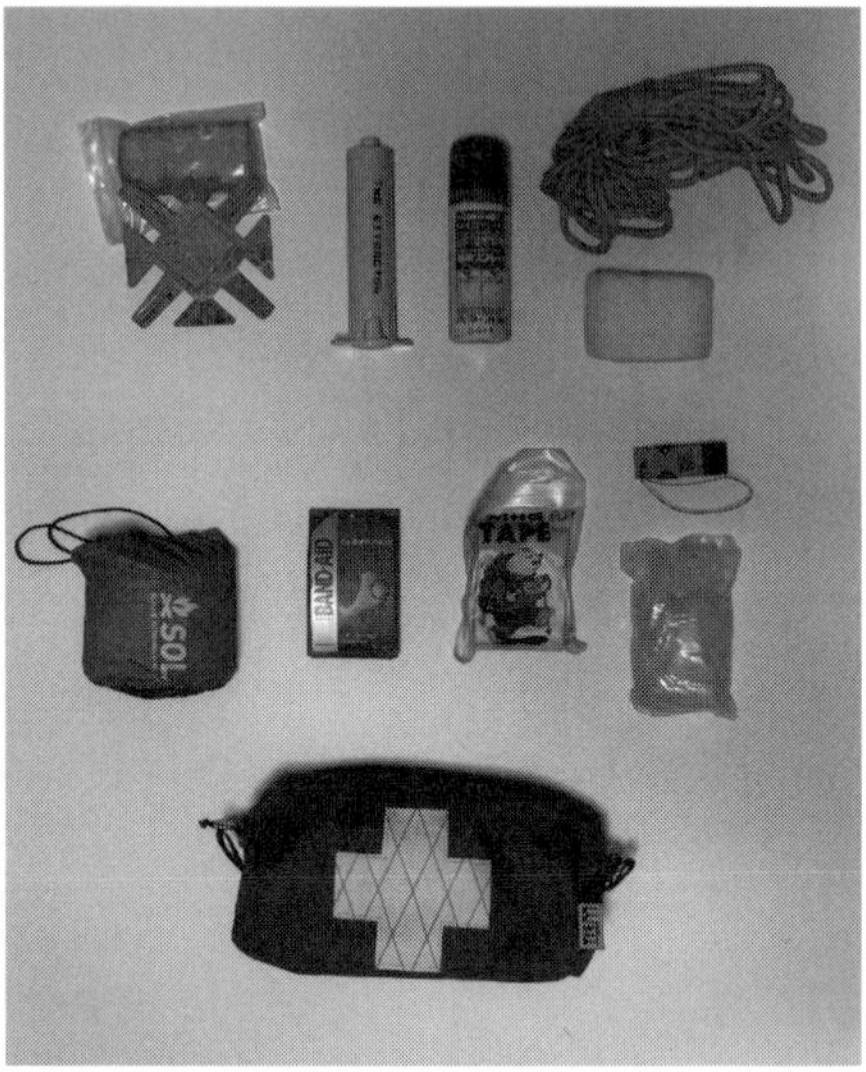

小さなポーチだが、たくさんのエマージェンシーツールを収めている。

写真の左上にあるちょっと錆び

ている金具は、エスビットという固形燃料を使った緊急用のストーブ。金具を折り曲げて五徳のかたちにし、中央にエスビットを置いてライターで点火すれば、コッヘル一杯ぐらいのお湯は余裕で沸かせる。ガスバーナーが不慮の故障を起こしたときのための非常用だ。暖をとることもできる。

その右が虫刺されに使うポイズンリムーバー。注射器のような構造になっていて、皮膚の患部から毒液を吸い出すしくみ。いちおう持っているが、実は今まで一度も使ったことがない。

その横は傷を消毒するためのスプレー。伸縮性の包帯を丸めたもの。細くて丈夫なパラシュートコードと呼ばれる紐。

下の段のいちばん左は、エマージェンシーシート。超小型だが、広げれば寝袋ぐらいの大きさになり、不慮の野営のときには防寒の強い味方になってくれるはず。

ダクトテープ。丈夫なガムテープのようなものだが、アメリカ人はこのダクトテープを偏愛していることで知られている。壁のひび割れからクルマの応急修理まで、何にでもダクトテープを活用するのだ。登山でもトレッキングシューズの靴底が剥がれたり割れたりしたときや、バックパックの引き裂けなど、あらゆる場面でダクトテープは役に立つ。

救急絆創膏と、足指保護キャップ。救急絆創膏は登山に持ち歩いている人は多いと思うが、足指保護キャップは同じぐらいに重要なアイテムである。足の指を柔らかい伸縮素材でぐるりと覆えるもので、足指にマメができたらこれを装着する。マメを柔らかく保護してくれるので、歩いてもまったく痛くない。過去に何度か使うシーンがあったが、本当にこれがあったおかげで助かった。「足指保護キャップ」でアマゾンで検索すれば、一〇〇〇円もしない商品がたくさんヒットする。特にマメができやすい親指と小指にマッチするサイズのものを揃えておきたい。それから小さな笛も忍ばせている。

エマージェンシーキット以外には、スズメバチスプレーと熊スプレー。エマージェンシーキットはつねにバックパックの底に放りこんであるが、これらのスプレーは襲撃された時には瞬時に取り出す必要がある。だからエマージェンシーキットとは別にして、わたしはバックパックのサイドポケットに収めている。いざとなったら片手で取り出せる位置だ。

熊スプレーはいまだ一度も使ったことがないが、スズメバチスプレーは何度も使用したことがある。スズメバチ退治をうたっているスプレーの威力は、ハエや蚊のための殺虫スプレーとは比較にならないほど強い。ひと押しで毒性の強い液が大量に噴射され、一発でスズメバチの動きが弱くなる。

これらのスプレーは、飛行機には乗せられないことも留意しておきたい。預けるのも、機内持ちこみも、どちらもNGだ。とくにヒグマが多数棲息する北海道に行く場合、本州の人なら航空便で入るケースがほとんどだろう。しかし飛行機では熊スプレーは運べない。現地で買って使い捨てにするという方法もなくはないが、熊スプレーは一本一万円以上もして非常に高価である。

以前に中標津空港から摩周湖まで北根室ランチウェイというロングトレイルを歩いた際には、地元で有料レンタルできた熊スプレーを携帯した。このようなレンタル品を探すという手もある。あるいは「郵便局留」であらかじめ郵送しておく方法もある。

さて、それでも遭難してしまった時の態勢作りもしておこう。モンベルや登山地図アプリのヤマップはウェブサイトからすぐに加入できる山岳保険を提供しているので、これらの山岳保険に入っておく。もし遭難してしまった場合には、入院費のほかにヘリコプターなどの救助費用も補償してくれる。

もうひとつの大事な準備は、ココヘリ加入だ。ココヘリというのは年会費六六〇〇円を払うと、いざという遭難時にヘリコプターなどを出動させて救助を行ってくれるサービスである。サービスのキモになっているのが、会員に無償貸与される超小型の発信器。USB充電になっておりキーホルダーなどでバックパックやポーチに装着することができる。第3章で書いたが、わたしはブラックホール・キューブにつねにぶら下げている。登山者が行方不明になっても、この発信器を頼りに半径一六キロまでの範囲で探し出すことができるのだ。警察や消防にもこの発信器を受信できる機器が導入されており、公的機関との連動も心強い。山に入る人は必ず入っておいたほうがいい。

そして登山に行く前の日には、このココヘリ発信器をUSBで必ず充電するのを忘れないようにしたい。私はこの際、同時にＵＳＢ充電のヘッドランプとモバイルバッテリーの充電も欠かさず行うよう習慣づけている。またストーブのガス缶を振ってみて、十分な残量があるかどうかも確認する。これら前日の準備も、非常に大切な遭難への備えである。

コラム

# バッグ・イン・バッグを、都市生活にも導入しよう

わたしは東京で仕事のために移動する際にも、小型のバックパックを使っている。昔にくらべれば、仕事で必要な荷物の量はずいぶんと減った。一九九〇年代に新聞記者として首都圏を駆けずり回っていたころは、たくさんの紙の資料や紙のメモ帳、書籍や雑誌、テープレコーダー、フィルム式のカメラ、今よりもずいぶんと重かったノートパソコンなど所持品はたくさんあった。ネクタイにスーツ姿でそれらの重い荷物を詰め込んだ片手持ちのビジネスバッグを常時担いでいたのだから、いま振り返ればずいぶんと身体的にも不自由な時代だったと思う。

二〇一〇年代以降はありとあらゆる機能がスマートフォンに集約されるようになり、移動の際の荷物はぐんと減った。もはや紙の書類は持ち歩かない。資料や名刺は紙でいただくことがあっても、自宅仕事場に持ち帰ったらその場でドキュメントスキャナによって画像データ化し、原本は処分してしまう。情報収集のための雑誌はウェブメディアに変わり、書籍はもはやキンドルでしか読まない。自宅で使っている一六インチのMacBook Airを持ち出すことはあるが、出先で必要なデスクワークは最近はたいていiPadと純正スマートキーボードの組み合わせで済ませてしまっている。

それでもまだ、必要最低限の荷物はある。わたしはそれらの荷物をいくつかのポーチに分けて収納し、出かける時はそれらのポーチをバックパックに収納するバッグ・イン・バッグ方式を採用している。

都市生活でのバッグ・イン・バッグのメリットは二つある。

①その日に使うバッグを日によって変更しても、荷物を詰めなおす面倒がない。三つ四つのポーチを放りこめばパッキングは終わってしまうからだ。

②忘れ物をしにくい。所持品はつねにポーチにまとめてあるので、ポーチさえ忘れなければ忘れる心配はない。小物も見落とさないで済む。

最近のビジネス向けバッグには、ペン刺しや雨傘の収納など細かいポケットをたくさん装備している製品も多い。たくさんの持ち物をきれいに収めれば美しいかもしれないが、他のバッグに変更しようとすると全部を入れ替えなければならなくてたいへんである。ポーチに収納してバッグ・イン・バッグにするほうが間違いなく合理的だ。

バッグ・イン・バッグを、わたしは以下のように小分けしている。

①洗面具系ポーチ　歯ブラシ、歯間ブラシ、ヘアオイル、乳液、常備薬、耳栓、救急絆

②電子系ポーチ　モバイルバッテリー、電源プラグ、各種ケーブル類

③運転系ポーチ　ETCカード、自動車用の電源ソケット、USBケーブル

④緊急系ポーチ　エマージェンシーシート、超小型ナイフ（わたしが愛用しているのはビクトリノックス・クラシック）、災害用笛、超小型ラジオ、小型のモバイルバッテリー

この中から、その日に必要なポーチを選んでバックパックに放りこんで出かけるのだ。①洗面具系ポーチと④緊急系ポーチは常時携帯だが、外出している時間が短いときは②は省略する。当然だが、クルマを運転する予定がないときには③は持ち歩かない。

注意が必要なのが、④緊急系ポーチに入れている超小型ナイフ。飛行機内には持ち込めないので、航空便で移動する際には出発前に忘れずに抜いておく。うっかり持って行ってしまうと、空港の保安検査場で没収される羽目になる。

以前、羽田から福岡に航空便で移動した際に、うっかり忘れてポーチに入れたままにしていたことがあった。なぜか羽田の保安検査場ではスルーされ、福岡に到着してから「あっ」と気づいた。どうしようかと悩んだが、三〇〇〇円近くもするナイフを帰路の福岡空港で没収されるがままになるのは悔しい。はたと思いついて、講演会場近くの郵

便局に飛び込み、レターパックを購入してナイフを封入し東京の自宅に送り返して、事なきを得たことがある。

## 場面に応じてバックパックを使い分ける

近年は都市風景で見るバッグが、片手持ちのビジネスバッグから、バックパックに変わってきている。

いつからこういう変化が起きたのだろうか。明解なデータはないが、東日本大震災など二十一世紀に入ってからの相次ぐ災害を前にして「いざ災害が起きたら、長距離を歩かなければならないこともある」という共通認識が広がったことが背景にあったのかもしれない。長い距離を歩くには、両手がフリーになり荷物の重さを感じにくいバックパックが最適なのだ。

最近はビジネスバッグのメーカーも、バックパック市場に参入してきている。登山用の製品とは異なり、混雑した電車の中でも他の乗客の邪魔にならないよう薄型にし、前持ちスタイルにしていてもスマートフォンが取り出しやすいポケットをつけるなど、コンパクトでかさばらないという方向に進んできているようだ。

わたしは荷物が少ないときは、ミニマライトのオーディナリーパックを使う。一八リットルというコンパクトな容量だが、大きなポケットもついていて超軽量で気軽さが良い。もう少し容量がほしい場合は、まずスウェーデンのアウトドアメーカー・ホグロフスのコーカーという二〇リットル。これはジッパーでメインコンパートメントが横開きに大きく開口できるという変わった構造で、わたしが日常的に使っているＭａｃＢｏｏｋ Ａｉｒの一五インチノートパソコンを持ち歩くのに重宝している。

雨天では、パタゴニアのブラックホール・パックが防水性があって頼りになる。容量は二五リットルと大きめで、大きなポケットも使いやすい。米マウンテン・ハードウェアのシムコ20も、防水性能は高いのに開口部が広くて使いやすい。

登山ではない、出張や旅行など一泊から二泊ぐらいの移動にはもう少し大きなバックパックを持ち出す。登山用でもいいんじゃないかと思う人もいるだろうが、パソコンを収めるスリーブが内部にあるシティユースの製品のほうがやはり楽である。わたしがいま使っているのは、カリマーのトリビュートという四〇リットルのバックパック。ジッパー式でメインコンパートメントは二層に分かれ、シティユースにしては珍しくレインカバーも付属している。

泊まりがけの旅では、これに加えてパタゴニアのウルトラライト・ブラックホール・トート・パックをひそませていく。この二七リットルのトートは昔から人気のあるパタゴニアの定番製品で、トートにもなり背中に背負うショルダーベルトもあり、それでいてポケッタブルなので小さく畳むこともできる。大型ポケットが二つ、ペットボトルなどが入るメッシュのサイドポケットが二つ。軽量だが素材はものすごく丈夫で、本当に最高の製品だ。わたしは長年にわたってこれを使い倒していて、いまは二代目。旅行先でホテルにバックパックを下ろしたら、このトートに防寒着やハンドタオル、小物のポーチなどを入れて、背中に背負って街に出るのだ。軽くて背負いやすく、背中に荷物があることさえ忘れるほどだ。

また東京と福井、長野の拠点間移動では、より大きなバックパックを使う。移動に合わせて冷蔵庫にあった野菜や肉も運ぶからだ。肉は保冷剤と一緒に、米クーラーバッグブランド・AOクーラーズの五・七リットルサイズの製品に収容する。このクーラーバッグは軽量だが、断熱材がぶ厚くつくられていて驚異的な保温能力を持っている。ただこいつのおかげで荷物の容積がたいへん大きくなってしまい、米グラナイトギアの「クラウン60」という六〇リットルの大型バックパックでいつも移動している。

# 第5章

# フラット登山の計画を立てる

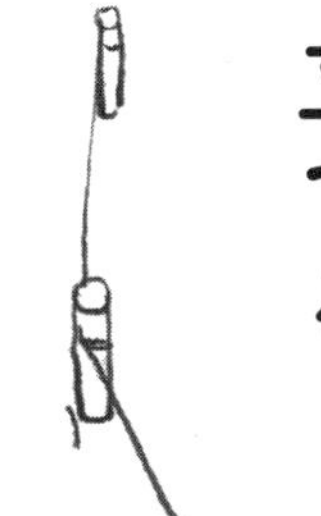

## どのようにしてコースを設定するか

フラット登山のコースを、どのように設定するか。

本書の最大のキモはここかもしれない。登山のガイドブックや雑誌などには「今年は北アルプスに登ろう」「奥多摩の静かな魅力」といった記事がたくさんあり、有名山岳に登るコースが紹介されている。しかしそれらのコースのほとんどは「山頂に登る」ということを目的としている。長いコースだと「山頂から山頂へとつないで縦走する」というのもあるが、これも山頂に登ることを眼目にしている点では同じだ。

しかしフラット登山では、ここまで書いてきたように、山頂は目標にしていない。山頂などに行かなくても、気持ち良い道を歩ければそれで良しというのがフラット登山の哲学である。しかしそのようなコース設定は、たいていの登山ガイドブックには出てこない。だから自力でコースを設定するしかないのだ。

本書の後半には、フラット登山入門としてわたしが独自に設定した三〇のコースをどーんと掲載している。最初はそれらのコースを歩いてみて、フラット登山がどのようなものかを体感していただくのが良いだろう。そして慣れてきたら、ぜひ自分自身でフラット登山のコースを計画してみていただきたい。やってみれば、フラット登山の面白さの真髄がプランを立てることにこそあるということがおわかりいただけるはずだ。

さて、ここからはわたしがどのようにしてフラット登山のプランを決めているのかを詳しく説明していこう。

まずフラット登山計画を立てる要素として、重要な順に以下の四つがあるということを押さえておきたい。

**①季節と標高の組み合わせ**
**②混雑度と官能度の組み合わせ**
**③交通手段があるかどうか**
**④高低差**

①の季節と標高の組み合わせは、余計な遭難リスクを避けるためにも大事な指標である。これはフラット登山だけでなく、ふつうの山頂を目指す登山にも当てはまる。
真夏であれば、日本の山ならどこに行ってもほとんど雪はない（北アルプス白馬岳や飯豊山など登山道に大きな雪渓のある山もあるが、それはまた話が別なのでここでは割愛する）。だから三〇〇〇メートルの登山道も当たり前のように候補に入る。逆に暑い夏には、低山は厳しい。近年のように摂氏三五度を超えるような猛暑だと、数百メートルぐらいの

標高の低山を歩くのは地獄の業火に焼かれるような苦行でしかない。だから暑夏には最低でも一八〇〇～二〇〇〇メートルぐらいの標高は確保しておきたい。

逆に冬には、高い山には積雪がある。雪山装備をしないで歩くのは危険きわまりない。一五〇〇メートルを超える山に行くのにには注意が必要だ。わたしは真冬には、一〇〇〇メートル以下の低山、もしくはもはや山でも何でもない平原や野原、さらには海沿いや川沿いなどの道を歩くことにしている。特に伊豆や三浦など太平洋に面している海岸は暖かく、冬には最高のコースとなる。冬以外では暑くて歩く気など起きないような道が、冬には素敵なコースに様変わりするのだ。

春と秋は、けっこう難しい。三〇〇〇メートル級の高い山はゴールデンウィーク明け、遅いときには六月に入ってもまだ雪が残っているところがあり、避けたほうが良い。秋も一〇月後半になってくると、積雪期に入ってくる。基本的には春にしろ秋にしろ、二〇〇〇メートルを超える山にはなるべく近づかないほうが賢明だ。微妙なラインだなあと思う時には、ウェブを検索してライブカメラで積雪を確認したり、同時期に登っている人の過去の参考記録やブログなどを調べたりする。とにかく事前の徹底的なリサーチで、リスクを減らしておくことが大切である。

# 人気の山でも混雑を避けるルートがある

さて、このように①季節と標高の組み合わせを押さえたからといって、それでフラット登山のコースが定まるわけではない。季節と標高の組み合わせからは「夏だから南アルプスの北岳に登ろう」「冬だから雪のなさそうな奥多摩に行こう」というふつうの登山のコースが導かれるだけである。つまり季節と標高の組み合わせは、積雪や暑さといったリスクを減らすための最低ラインを要素にしているのにすぎない。

そこで、②混雑度と官能度の組み合わせが重要になってくる。混雑度というのは、そのコースにどのぐらいの登山者が予測されるのかということ。官能度は、第1章「まったく新しい歩く旅「フラット登山」を提唱する」で説明したように、そのコースの魅力の度合いである。

「登山者の数など山の魅力と関係ないだろ？」という声も聞こえてきそうだが、いやいやとんでもない。わたしたちは気持ち良く歩き、美しい自然に没入するために山に歩きに行っているのであって、混雑して渋滞した登山道で見ず知らずのだれかの背中を見に山に行っているのではない。混雑した山は魅力が半減どころか、十分の一ぐらいに減ってしまう。なるべく人が多くない、できれば周囲三六〇度の自然を独り占めできるぐらいの環境のところに行きたい。それこそがフラット登山の最大の魅力である。異論のある人もいるかもしれないが、本書ではわたしはそう言い切ってしまう。登山のオーバーツーリズムなど、まっぴら御免である。

## 百名山の大菩薩嶺でも可能

登山には、たいてい著名なメインルートがある。例をひとつ挙げてみよう。山梨県の北部に大菩薩嶺という山がある。稜線は開けていて眺めが良く気持ち良く、子どもでも軽々と登れるほどに歩きやすくコースタイムも短く、たいへん人気のある山だ。日本百名山にも入っているので、登山者の数は非常に多い。

この山に登るメインルートは、マイカーか路線バスで山麓のロッヂ長兵衛まで入り、そこから福ちゃん荘という山小屋を経て大菩薩峠まで上がり、頂上を経て唐松尾根をぐるりとまわって福ちゃん荘に戻ってくるというものだ。春から秋にかけての週末となると、このコースは登山者でぎっしりと埋めつくされる。

わたしは大菩薩嶺に登るときは、このルートをちょっとずらす。ロッヂ長兵衛のメインルートの登山口とは別に、ロッジから下っていく登山道がある。このあまり踏まれていない登山道を下ると、大回りして、石丸峠とい

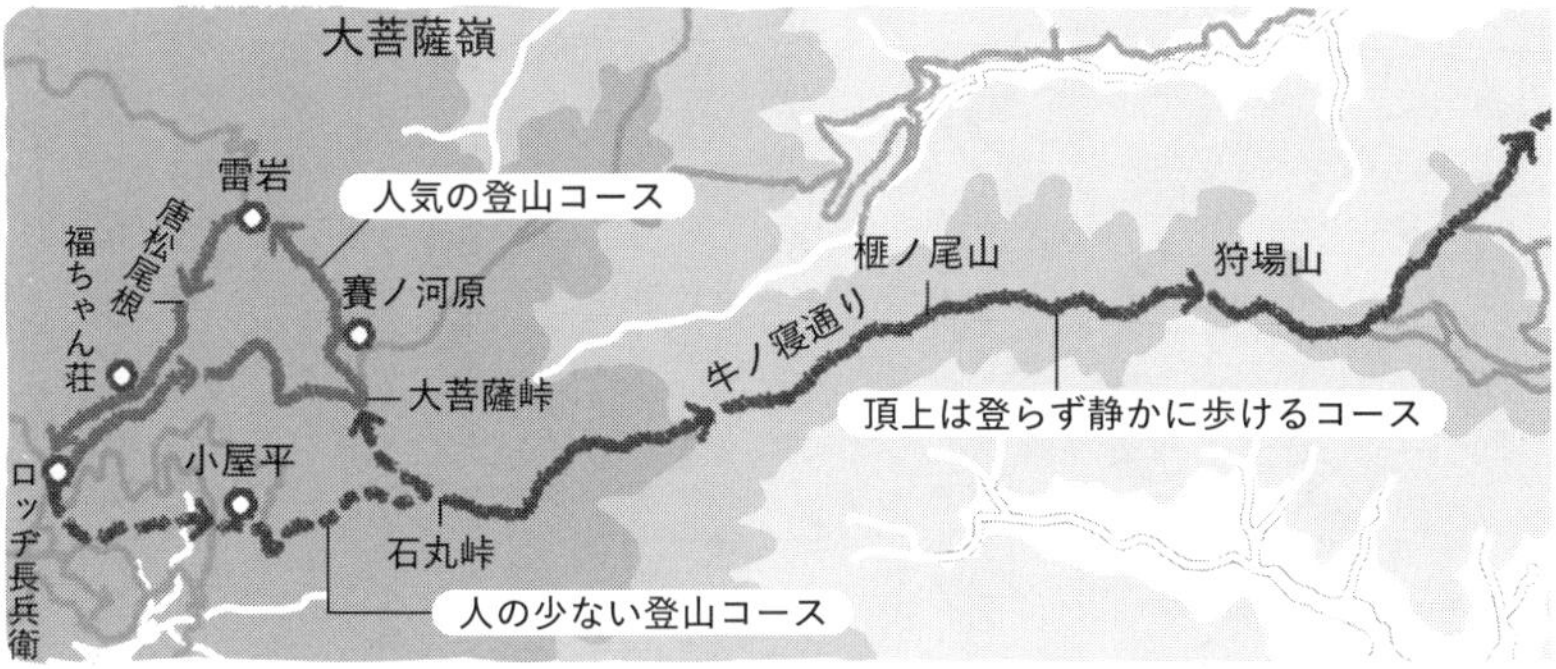


うところを経由した別ルートで大菩薩峠に行くことができるのだ。メインルートが稜線まで標準コースタイム一時間一〇分ほどに対して、こっちのルートは二時間一〇分と一時間余計にかかる。そのかわりにひとけは少なく、美しい森の中をたどって稜線へと向かうことができる。

とはいえ稜線に出て大菩薩峠に至ると、これまでの静かなルートとは一変してものすごい登山者の数に驚かされる。春秋の良いシーズンに大菩薩嶺に行くということ自体が、そもそもあまり良くない選択ではないか。そこでルートを変更するだけでなく、そもそもの山を変更して人の少ない場所に行くという方法もある。

そんなことが可能だろうか?

可能だ。山頂を目指さなければいいのである。

大菩薩嶺という山域だったら、多くの登山者の目的は日本百名山である大菩薩嶺の山頂に立つということにある（とはいえこの山頂は、樹林に囲まれて何の展望もない地点で何も楽しくない）。最初から「山頂に立つ」という目的を放棄してしまえば、ルートのとりかたには無限の可能性が拓けてくるのだ。

もう一度繰り返すが、フラット登山の目的は山頂に立つことではない。官能的な山道を歩くことにあるのだ。

大菩薩嶺で言えば、ロッヂ長兵衛から石丸峠へと大回りし、そこから混雑している大菩薩嶺に向かうのではなく、山頂に背を向けて牛ノ寝通りという長い稜線に足を踏みいれるという選択がある。ゆっくりと東へ下っていく長い尾根道で、歩きやすいうえに人の姿はほとんどない。東に下りきれば、小菅の湯という静かな日帰り温泉があり、奥多摩駅や大月駅などに向かう路線バスも出ている。

この牛ノ寝通りはとても官能度が高く、おまけに混雑度はとても低い。こういう選択肢を探し求めることが、フラット登山の醍醐味なのである。

## グーグルマップを眺めながらの試行錯誤が楽しい

続いて③交通手段があるかどうか。これはクルマを使うか、鉄道やバスなどの公共交通機関だけを使うかで、ずいぶんと制限条件は変わってくる。

クルマの場合、最大の制限はスタート地点とゴール地点を同じにしなければならないということだ。ただしゴール地点から鉄道やバスでスタート地点に戻れる場合もあるので、その可能性も含めてコースを選定する。強引かつリッチな方法として、ゴール地点でタクシーが呼べそうならタクシーを呼んでしまい、高い料金を払ってスタート地点に戻るというやりかたもある。このあたりは「地獄の沙汰も金次第」。

東京など都市部からマイカーで行くという人も多いだろうが（特に幼い子どものいる家族の山旅なら、マイカーは必須かもしれない）、わたしはゴールした後に酒を飲みたい派なので、週末の中央道や関越道などの渋滞を東京まで我慢しながらハンドルを握るのはできれば避けたい。クルマを使うときには、目標とするエリアの中核都市まで新幹線や特急で行き、そこからレンタカーやカーシェアを利用するというのを常套手段としている。

## カーシェアかレンタカーか

カーシェアは有人受付がなく、駐車場に停めてあるクルマをスマホアプリやＩＣカードで解錠してすぐに乗ることができる。返却時もガソリンを満タンにする必要がなく、営業所でクルマのチェックなどもないから、素早く下車して駅に向かえる。ただしカーシェアの設置されている駅はかなり限られるし、台数も少ない。

もっと問題なのは、二週間前からしか予約できないことだ（たくさん使ってステージが上がれば、三週間前から予約できる特典はある。また空港近くのステーションは三か月前から借りられる場合もある）。レンタカーが三か月前、中には六か月前から予約できる会社もあることを考えると、二週間前予約はかなり短い。レンタカーは受付や満タン返しが面倒なのでカーシェアにすると決め二週間前に予約しようとしたらすでに満杯。混雑シーズンだと、それからレンタカーにくら替えしようとしてもレンタカーももはや満車、完全に詰んだ——ということにもなりかねない。だからわたしは混雑シーズンや人気の観光地では最初からカーシェアはあきらめ、レンタカーを早めに予約することにしている。

## 路線バスは減少傾向なので要確認

公共交通機関の場合には、制限はずっと大きくなる。ゴール地点とスタート地点を同じにする必要はなくなるが、それ以上に非常に難儀するのが、路線バスの停留所などを探し、必要な時間にバスが走っているかどうかを確認することだ。近年は山あいの町や村はどこも過疎化でバスに乗る人が少なくなり、賃金の低いバス運転手の仕事に就いてくれる人も少なくなり、バス路線が廃止されてしまうケースが増えている。「たしか一〇年前に行ったときにはバスがあった」と気楽に構えていると、そんなバスはとっくになくなってしまっていた……ということをわたしは何度も経験した。

登山地図などで「ここから歩こう」とスタート地点を設定したら、そのスタート地点に向かうための公共交通機関をどう調べるか。いちばん手っ取り早いのは、グーグルマップのような地図アプリで経路検索することだ。グーグルマップはとても良くできていて、地方の市町村が運行している小さなコミュニティバスまでちゃんと調べてくれて、何時のバスにどこで乗ってどこで一五分待って別のバスに乗り換えて、といったところまで表示してくれる。

## 工夫次第でルートの選択肢は広がる

とはいえ、グーグルマップも万能ではない。集落があり近くにバス停があるようなところなら経路検索が可能だが、日本の国土の七五パーセントは山や丘陵で、六七パーセントは森である。人の住んでいないところが膨大に広がっている。最寄りのバス停や鉄道駅から徒歩一時間を超えるような場所だと、経路検索しても「乗換案内を計算できませんでした」とすげなくグーグルに断られてしまう。

そこで、もう少し人里に近いところにスタート地点を設定し、そこまでの経路をグーグルで検索し直してみて、ということを繰り返して交通機関を調べることになる。山を歩くのに慣れてくると二時間ぐらい歩くのは苦ではなくなるので、スタート地点を人里側に後退させ、なるべく公共交通機関でたどり着ける終点のバス停などから歩くといった工夫が必要になる。ただし全体のコースタイムをあまりに長くするとそれはそれでたいへんだ。だからその日一日に自分がどのぐらい歩けるのかという全体を計算しつつ、スタート地点へのアプローチの距離のバランスをとるといった細かい計算が求められる。

このあたりは面倒は面倒なのだが、実のところわたしはパソコンの前でバス停を探しながら、ああでもないこうでもないと調べているときが案外楽しい。現場に行かずに殺人事件などをあれこれ推理するアームチェア・ディテクティブ（安楽椅子探偵）というミステリー用語があるが、さしずめアームチェア登山というところか。

## なるべく平坦でゆるやかな道をどこまでも歩きたい

さて、最後の④高低差も気にしたい。フラット登山は気持ち良く歩くことを主眼にしている。またあまりにも急降下の登山道は膝にも良くないので、できれば避けたい。理想は、平坦でゆるやかな道をどこまでも歩いて行けるようなコースである。だから計画を立てるときには、高低差も考慮する。

登山地図をアプリなどで開いて、等高線に着目する。歩くコース上の等高線の間隔が詰まっていれば高低差が大きく急登で、等高線の幅が広ければ高低差は少なくなだらかだ。これは地図を読む（登山界では読図《どくず》という）うえでの基本中の基本だが、しかしこの読図にも落とし穴がある。

わたしがいつも使っている「山と高原地図」は紙の地図も地図アプリも、五万分の一の縮尺だ。等高線の幅は二〇メートルになっている。つまり線を五本分登れば、一〇〇メートル登ったことになるという意味だ。しかしこの等高線幅だと、二〇メートル以下の小さな登り下りは地図には表示されない。ものすごく細かな一〇メートルぐらいのアップダウンがあっても、地図上ではなだらかに見えてしまうということだ。

群馬県榛名山の山中にある榛名湖から伊香保温泉まで歩いたことがある。榛名湖畔の七曲峠から沼ノ原という湿原を通り、榛名山の直下にいたるコースは、地図で見ると等高線の幅が広く、とてもなだらかに見えた。湿原も通るというので「これは良いフラット登山では」と山仲間を誘ったのだが、実際に現地に到達してみてびっくり。地図には表示されていない実に細かいアップダウンの連続で、かなり疲れる山旅になった。

こういう予想外のことが起きるから、山は実際に現地に足を運んでみないとわからない。でもまあ、それがまた山の面白さでもある。

なおヤマップやヤマレコは国土地理院の二万五千分の一の地図を使っているので、等高線の幅は一〇メートルとさらに細かい。山と高原地図の五万分の一の地図では拾えなかった細かいアップダウンは、ヤマップやヤマレコなら表示できている場合がある。

## わたしのプランの立て方

さて、ここからはわたしがどのようにフラット登山のプランを立てているのかを、実際に行った事例から紹介してみよう。以下の事例は、いずれも本書のコースガイドで取りあげているので読者の皆さんもぜひ足を運んでみてほしい。

## 暑い季節は涼しい場所を歩きたい……

二〇二四年の夏は、前年に引き続き恐ろしいほどの猛暑だった。日帰りフラット登山を決行するのなら、標高の高いところに行くしかない。北アルプスや南アルプス、八ヶ岳などの三〇〇〇メートル級は夏には理想だが、どの山域も日帰りで計画を立てるのはかなりハードルが高い。予定していたのは七月後半の梅雨明けのころで、これらの山域はどこも登山者で大混雑していることも予想される。人気の山は避けたほうがいい。そこで登山地図アプリをタブレットで開き、東北から関東、中部あたりの山域の地図をパラパラとめくっていく。狙うのは、人気の山の山頂そのものではなく、その山頂に直結しているのではない「その近所の登山道」だ。なだらかな尾根道や湿原などがあれば最高である。

群馬と長野の県境にある浅間山の地図を見てみる。標高二五六八メートルの名峰だが、

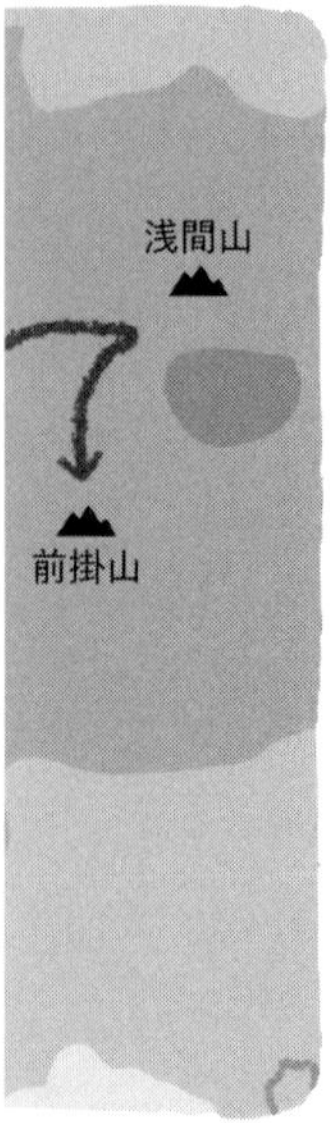


ここの山頂にいたる登山道は極めつけの急登である。おまけに火山活動が活発で、頂上直下にまで行けるのは何年かに一度、警戒レベルが下がったタイ

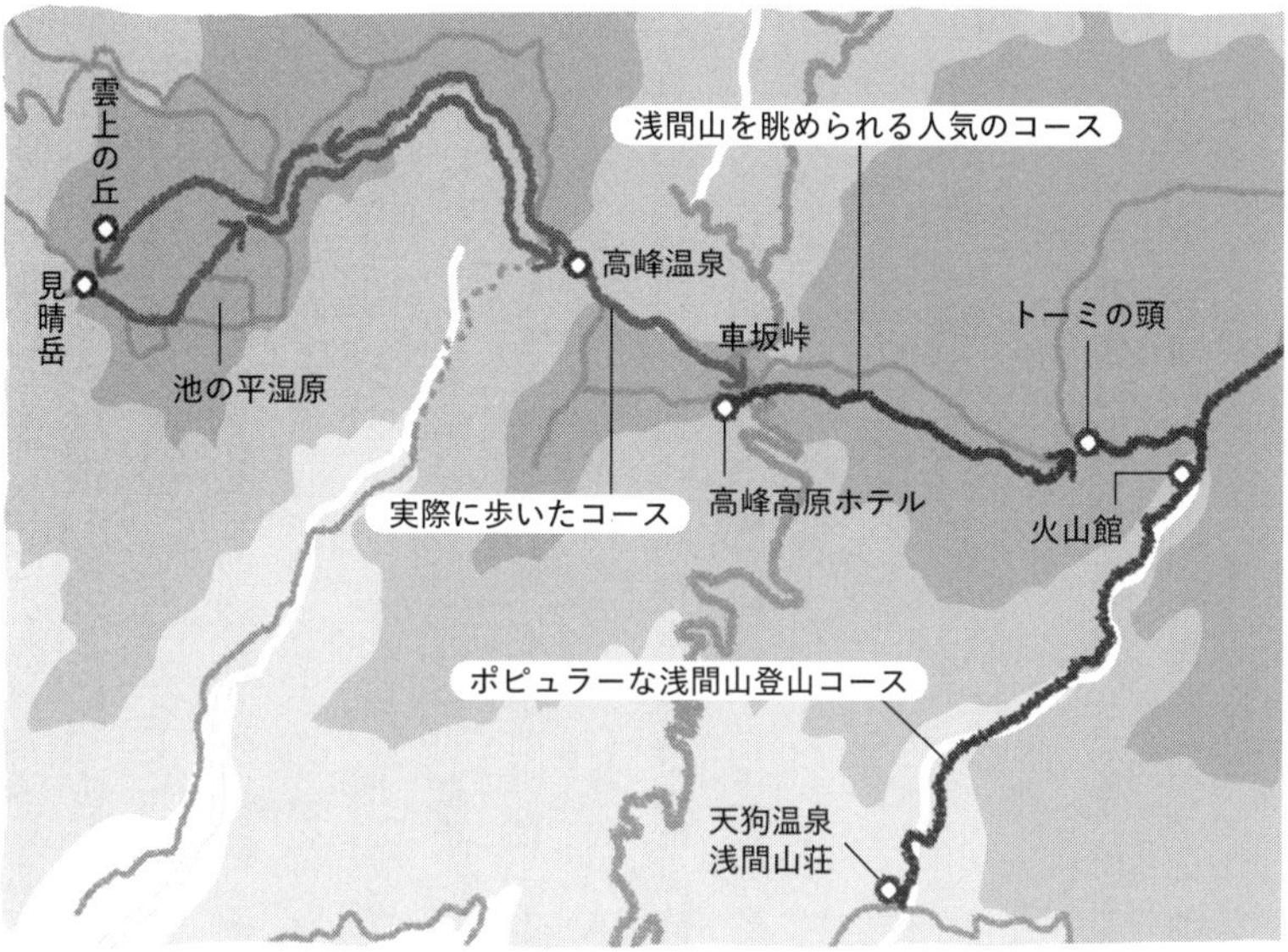


ミングしかない。けっこう登るのがたいへんな山なのだ。フラット登山の対象ではない。

ぼんやり地図を眺めていて、スキー場で有名な湯の丸高原と浅間山のあいだに登山道がつながっていることに気づいた。湯の丸と浅間は別の山の印象があったけれど、実は隣接していて同じ山域なのだ。さらに地図を精査していると、湯の丸と浅間のあいだの標高二〇〇〇メートルのあたりに、池の平湿原という高層湿原が広がっていることを知った。

浅間山に登るには天狗温泉浅間山荘からがメインルートだが、もうひとつのルートとしてホテルやスキー場などがある高峰高原というところから入る方法もある。池の平湿原はこの高峰高原から二時間ほど歩けばたどり着けるらしい。湿原の中をぶらぶら歩く時間を含めても、往復で五時間ぐらい。しかも高峰高原からの往復ルートはほぼ平坦で、標高二〇〇〇メートルぐらいを維持している。

これだ、と感じた。七月の終わりの猛暑、そして登山混雑期に標高二〇〇〇メートルの湿原を目指して平坦な道を歩く。これこそフラット登山の真髄ではないか。

公共交通機関はどうか。高峰高原はドライブや浅間山登山などでマイカーを使って行ったことは何度もあるが、今回は山仲間を誘って公共交通機関を使う山行だ。グーグルマップで経路検索してみると、なんと午前中に一本だけ北陸新幹線の佐久平駅からJRバスが出ていることがわかった。念のためにJRバスの公式サイトからメニューをたどってこのバス路線の時刻表も調べる。午後四時台に高峰高原から佐久平駅への復路のバスがあることを知る。朝のバスは高峰高原に午前九時半着、夕方のバスまで六時間半ぐらいある。池の平湿原までの往復五時間のコースタイムを余裕でこなせそうだ。

こうして真夏の高層湿原を楽しむ、というフラット登山の計画が定まった。このコースは本書のコースガイドにも収めているので、ぜひ参照してほしい。

## 環境省の長距離自然歩道公式サイトから探す

同じ二〇二四年の一一月。この年の信じられない猛暑は一〇月になっても終わらず、も

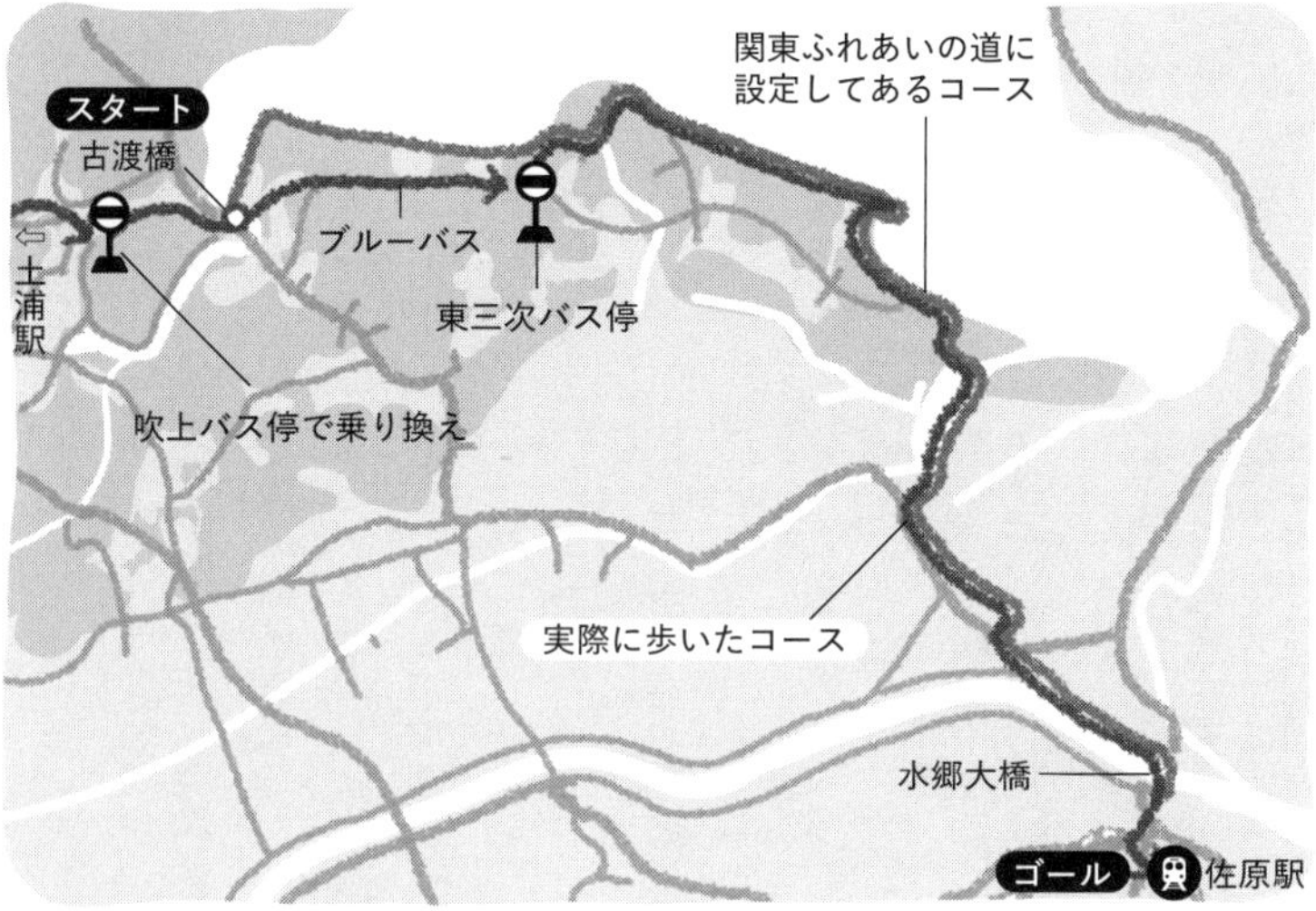


う秋だというのに摂氏三〇度を超える日が続いた。一一月に入ってようやく秋風が吹き、セーターを羽織っても心地良く感じる季節がやってきて、だれもが心底ほっと落ち着いた。そういう一一月の中旬に、秋の風を楽しめるフラット登山の計画を立てられないだろうか。

夏には歩けなかったような灼熱の平地も、秋になると最高のトレイルへと変わる。こういう季節になるとわたしが注目するのは、本書で何度も言及しているロングトレイルのコースである。日本ロングトレイル協会の公式サイトには、同協会に加盟している国内さまざまのロングトレイルコースが紹介されている。これらのコースを調べ、短い区間を切り出してセクションハイクできそうなところを探す。

もうひとつは、環境省が整備している「長距離自然歩道」だ。公式サイトには、こう説明されている。「環境省が計画し、国及び各都道府県で整備を進めています。整備が完了すれば、全国の自然歩道の総延長は約二八〇〇〇キロとなります。家族向けのコースから本格的な健脚コースまで、各地の見どころを楽しく歩けるようになっています」

二八〇〇〇キロというのはものすごい長さである。おまけに国の予算が投じられているので、どの道もきれいに整備され、たいへん歩きやすい。それなのにあまり知られていないのは実に残念だ。

長距離自然歩道の中でも最も有名なのは、東海自然歩道。首都圏だと、東京の高尾山から相模湖、丹沢あたりを縫って山中湖の北側から富士山の北側を回り込み、静岡へと続いている。歩いて楽しいところが多く、本書のコースガイドで紹介している青木ヶ原樹海も東海自然歩道の一部である。

環境省の長距離自然歩道公式サイトには、さまざまなコースが紹介されている。フラット登山の計画を立てるためには必見のサイトだろう。

話を戻そう。二〇二四年一一月、わたしがその月の定例の山行を考えるために見ていたのは、この長距離自然歩道公式サイトの中にある「首都圏自然歩道（関東ふれあいの道）」のページだった。このページを表示し、いちばん下までスクロールすると「首都圏自然歩道をグーグルマップで見る」というボタンがある。ここをクリックすると、首都圏自然歩道のコースを赤のラインで表示したグーグルマップが現れる。非常にわかりやすく、計画を立てるのに使える最高の地図だ。環境省グッジョブである。同じように他の自然歩道のページからもグーグルマップが展開できるようになっているので、ぜひ試してみてほしい。

さて、首都圏自然歩道のグーグルマップを眺めていて、右側の茨城県のあたりのコースが霞ヶ浦に接していることに気づく。霞ヶ浦と言えば、琵琶湖に次いで全国二位の大きさの湖。しかしわたしは一度も行ったことがない。一度だけ「湖畔を歩けないだろうか」と検討してみたことがあったが、ただ車道を延々と歩くだけになりそうなので断念したのだった。その霞ヶ浦の湖畔が、自然歩道に設定されていたとは。

もとの首都圏自然歩道のページに戻ってみると、霞ヶ浦沿いのコースは三つに分かれて一三時間半。一日で歩ける距離ではない。どれかひとつのコースにするのが良さそうだ。それぞれのコースの紹介を読むと、東端の「水の恵みと水田地帯のみち」にはこう書いてある。「霞ヶ浦でも最も水郷情緒を残す風景や野鳥の宝庫・妙岐の鼻（大湿原）を巡りながら、千葉県へと続くみち」

大湿原！　このワードで心は決まった。なんだか不思議な名前だが、妙岐の鼻を見に行こう。

次はアクセス方法の検討である。コースはおおむね茨城県の土浦駅と千葉県の佐原駅のあいだを結んでいるが、どちらの駅からもかなり離れている。バス路線はないか。

霞ヶ浦のあたりはふつうに人が住んでいる一帯なので、グーグルマップで容易に路線検索することができる。地図を見ていると、西の洲岬というところが休憩所もあって気持ち良さそうなので、試しにここを目的地として、土浦駅からの路線を検索。吹上というバス停でブルーバスというコミュニティバスに乗り換えれば、最寄りのバス停から徒歩二〇分ほどで西の洲岬にたどり着けることがわかった。

帰路はどうするか。自然歩道のコースは大湿原を越え、水郷大橋で利根川をわたったところで終了している。地図上だと、ここから佐原駅はすぐそばに見える。水郷大橋と佐原駅の間の距離をグーグルマップで調べると徒歩二五分。まったく問題なく歩ける距離だ。

これで霞ヶ浦のフラット登山計画は完成。仲間と実際に歩いてみたらどうだったかは、本書のコースガイドを読んでみてほしい。

ここまで、フラット登山のコースをどのように計画するかを説明してきた。「穂高岳に登る」「高尾山に登る」といった一般的な登山とはまったく異なり、登山地図やグーグルマップ、各種のウェブサイトなども駆使して、自由に地図上にルートをつくっていく。アクセス手段まで考えなければならず、組み立てはけっこうたいへんだが、先にも書いたように、このコースの選定自体が実はたいへん面白い遊びだということが、わかっていただけるのではないかと思う。

# 歩く旅の途上で「焚き火」を楽しむ

冬のフラット登山では、道の途上で焚き火を楽しむというご褒美を味わうこともできる。

ご存じのように、焚き火はアウトドアの大いなる楽しみのひとつだ。焚き火をみんなで囲んでいると、とくに話題なんかなくても、面白い話を披露なんかしなくても、ただ火を一緒に見つめているだけでなごむ。太古の昔からのDNAなのだろうか、火というものがわたしたちにおよぼす精神の力はすごい。

とはいえ、登山と焚き火がセットで語られることはほとんどない。焚き火はどちらかといえばキャンプの楽しみである。登山は国立公園などを歩くことが多く、そういう場所での焚き火は法律でたいてい禁止されている。登山に行くのに焚き火道具を持っていくという人もあまりいないだろう。

フラット登山では、国立公園の山岳だけでなく、公園や遊歩道も歩く。当たり前だが、そういう場所も焚き火は禁止である。

しかしフラット登山の途中でも、焚き火をできる場所はある。ひとつはキャンプ場。宿泊しなくても「日帰りキャンプ」「デイキャンプ」などのプランが用意されているところはたくさんある。

たとえば奥多摩の氷川キャンプ場。奥多摩駅からすぐそばなので人気が高く、普通の登山の帰りに寄るのも便利だ。本書のコースガイドでは、ＪＲ青梅線の鳩ノ巣駅から大多摩ウォーキングトレイルという多摩川沿いの気持ち良い道を歩いて、最後に氷川キャンプ場で焚き火というコースを紹介している。

氷川キャンプ場は多摩川沿いに広がっていて、河原をデイキャンプで利用できる。もちろん焚き火もできる。薪も売っている。朝八時半から午後四時までだが、最終受付は午後一時なので、歩いた後に向かうときは時間に注意が必要だ。有料のオンライン予約制なので、春や秋の気持ち良いシーズンのときは早めに予約しておいたほうがいい。焚き火に適した冬はそれほど混んでいない。

もうひとつはバーベキュー場。バーベキュー場というとレンガやコンクリートでできた大型のカマドが設置してある施設をイメージする人は多いだろうが、中には焚き火ができる場所もあるのだ。

たとえば東京・調布にある野川公園バーベキュー場。広大な野川公園の一角がバーベキュー場に指定されていて、オンラインで予約しておけば午前一〇時から無料で焚き火ができる。ただし薪は売っていないので、持参する必要がある。本書のコースガイドでは、調布飛行場や野川沿いの遊歩道とセットにして歩くコースを紹介している。

東京近郊で「焚き火の聖地」として最も有名なのは、府中・郷土の森公園バーベキュー場だろう。こちらもコースガイドで多摩川を歩くのとセットで紹介しているので、ぜひ読んでみてほしい。

## 焚き火に必要な道具

二〇一〇年代は第二次キャンプブームがあり、芸人のヒロシさんや漫画・アニメ「ゆるキャン△」の影響でソロキャンプも流行るようになった。コロナ禍が過ぎ去るのとともにキャンプブームも終息したと言われているが、ブームのおかげでソロキャンプ用の小型軽量な焚き火グッズが出まわるようになったのは、大いなる遺産と言える。

特に恩恵が大きかったのは、焚き火台だ。ここまで紹介してきた焚き火可能な場所のうち、氷川キャンプ場は地面で直接焚き火をする「直火《じかび》」が可能だが、野川公園と郷土の森公園はいずれも焚き火台が必須となっている。直火は不可なのだ。

以前は焚き火台というと、スノーピークの人気の名品に代表されるように、ひたすら頑丈で重かった。スノーピークのはいちばん小さい製品でも一・八キロ。最大のものだと五・三キロもある。バックパックに入れて何時間も歩くようなものではない。

ソロキャンプ用の焚き火台はこれよりずっと軽い。わたしは定番中の定番として有名なスイスＳＴＣの「ピコグリル３９８」を使っており、なんと四四二グラムしかない。

折りたたむとA4ファイルサイズぐらいで、付属している封筒型のソフトケースに収めると、まるでMacBook Airのようになる。この重さとコンパクトさなら、山歩きしながらバックパックに収めていてもまったく苦ではない。

薪を支える台の部分はペラペラのステンレス板だが、支柱にはめ込むと実にしっかりとしていて、たくさん薪を積んでもひっくり返ったり、たわんでしまったりする心配はほとんどない。構造がよく考えられているのだ。

焚き火台以外に必要なものはなんだろうか。焚き火台と同じぐらいに大事なのは、もちろん薪である。すぐそばで売っていれば問題ないが、そうでなければ持っていく必要がある。薪専門店は数少ないので、現実的な解としては事前にホームセンターやアマゾン(「薪」で検索すればいい。段ボール箱に収めたのを売っているのだ!)で入手しておき、ゴミ袋などに小分けしておいて、同行者で分担して運ぶということになるだろう。

フラット登山における焚き火は、あくまでも「歩く旅の途上における焚き火」だ。キャンプのように、居心地の良い椅子にどっかりと深く腰を据えて、酒でも飲みながら日暮れを楽しむというような焚き火とは異なる。何を言いたいかというと、そんなに長時間楽しまなくてもいいということだ。つまり薪の量は、せいぜい一〜二時間も燃えてくれれば十分ということである。

ただしここには、薪を燃やすスキルも関係してくる。そこでここからは、どのように薪に火を点け、燃え上がった薪を大事に育てるのかという解説に移ろう。

## いかにして燃え上がった薪を育てるか？

薪の火をつけるのに必要な道具は、ライター・火吹き棒・トングの三つだけである。キャンプの焚き火よりは、ずいぶんとシンプルだ。最近のキャンプは多くがクルマをキャンプサイトに横付けするオートキャンプで、道具の重量を気にせず焚き火の「雰囲気」を楽しもうという色が濃い。先ほどの超重量級スノーピーク焚き火台もそうだが、それ以外の道具もかなり大げさである。その象徴と言えるのが、ファイヤースターターとフルタングナイフだろう。前者はマグネシウムやフェロセリウムなどの火花が散りやすい材質の棒をこすり、焚き付けを発火させる道具だ。たしかにこれで火を点けていると「おお！オレは焚き火をしている」というなんともいえない感慨がある。たいして重い道具でもないのでこれを使ってもいいのだが、こだわらなければ百円ライターで十分だ。

フルタングナイフというのは、刃の根元が柄の中にまで入り込んでいるタイプのアウトドアナイフのことを言う。その分、普通のナイフよりかなり重い。

この丈夫なフルタング構造で何ができるかというと、薪にナイフを当ててハンマーや別の薪などで叩きつけて薪割りができる（これを焚き火用語でバトニングという）。これも「おお！　オレは焚き火をしている」という感慨があるのだが、その感慨が台無しになるのを承知で言ってしまえれば、キャンプ場などで売っている薪はすでに火を点けるのに十分な形状にまで割ってあるので、わざわざそれ以上割る必要はまったくない。そんなことのために重いフルタングナイフをバックパックに入れて歩くなら、焚き付けに気を遣ったほうがずっと良い。

薪に火を移すための焚き付けは、ホームセンターで売っているような着火剤で十分だ。固形タイプとジェルタイプがあり、後者のほうが火力が強い。ただジェルタイプは手や衣類に付着してしまうと引火する危険性があるということは知っておいたほうがいい。また着火剤だけでなく、その前段の焚き付けとして「ほぐした麻ひも」もかなり使いやすい。火が一瞬で付くからだ。麻ひもをほぐすのがたいへんだが、実はアマゾンではほぐしたものを売っている。アマゾンには本当に何でもある。

薪はなるべく中央に空間を空けるようにし、なおかつ最初は細めのものを投入することに気をつけ、折り重ねて組んでおく。中央の空間に着火剤を置き、ほぐした麻ひもも突っ込んで、ライターで火を点ける。燃え上がって薪にだんだんと火が移り始めたら、火吹き棒で空気を少しずつ送り込む。このあたりの手順は場慣れしかないので、こうやって文章で説明してもあまり意味はない。習うより慣れろ、である。

## ●焚き火の作り方●

〈必要な道具〉

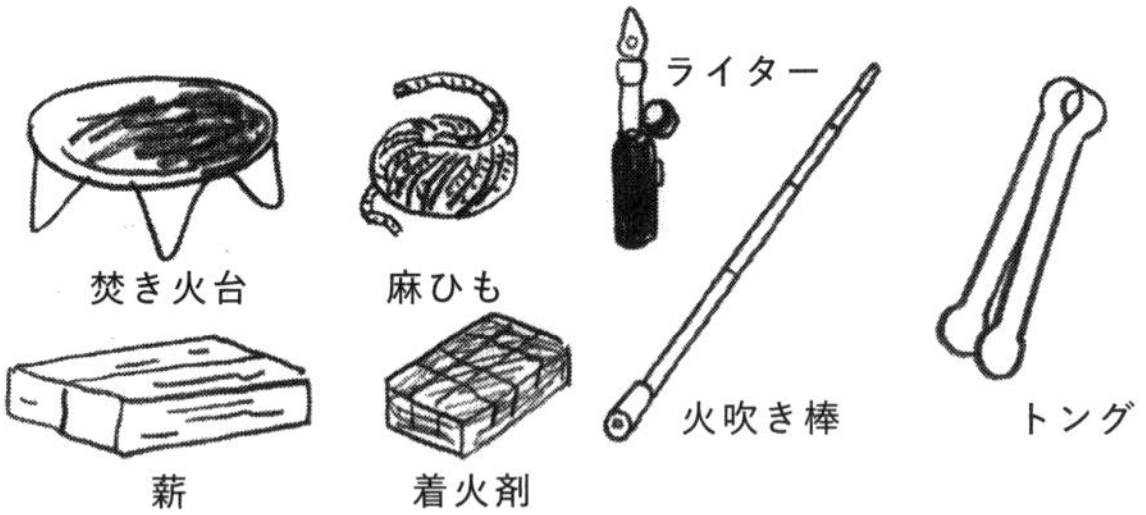

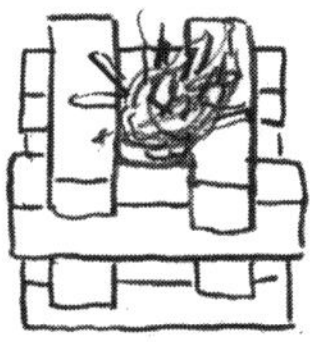

①薪は細めの薪からなるべく中央に空間を空けるようにしながら、折り重ねるように組む。

②中央の空間に着火剤を置いて、ほぐした麻ひもも突っ込んで、ライターで火を点ける。

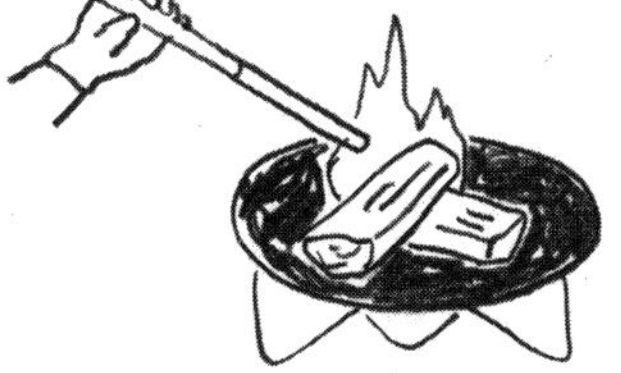

③燃え上がって薪に火が移り始めたら、火吹き棒で空気を少しずつ送り込む。

④トングで薪を組み直したりしながら、焚き火を楽しむ。

火吹き棒はかつては竹の節を抜いた「吹き竹」という素朴なものが一般的で、これはこれで風情があって良かった。いまでもキャンプ場で使っている人は多いだろう。しかしフラット登山では吹き竹はちょっとかさばるので、学校の先生が黒板を指し示すのに使うステンレスの棒みたいなタイプのものが向いている。縮めるとボールペンぐらいのサイズになり、コンパクトで邪魔にならない。

薪が燃えやすいように組み直すためのトングも、アルミの軽量なものがいろんなメーカーから出ている。防火性能のある革手袋や軍手があればトングが要らないという人もいるが（わたしもキャンプではそうだ）、登山では防風防水のためにゴアテックスなどの手袋を着用していることが多い。この手の化繊の手袋で火の付いた薪をつかむと、かなりの確率で溶ける。最悪の場合、ヤケドをしてしまう。だから軽量で小さなトングはあったほうがいい。折り畳み式のものも出ている。

## 焚き火を楽しむために実はかなり重要なもの

最後にもうひとつ大事な焚き火道具がある。それは椅子である。

こう書くと「登山なのに椅子を持っていくのか!? 重いじゃないか!」と思う人はたくさんいるだろう。わたしも以前はそう思っていた。しかしわずか一～二時間程度とはいえ、焚き火をゆっくりと楽しむためには椅子はかなり大事な要素である。山中ならそこらへんの岩や樹木の根っこに腰を下ろすこともできるが、残念ながらキャンプ場やバーベキュー場はたいてい真っ平らである。座る場所がないことが多い。

椅子がない状態で立ったまま焚き火を燃やしていると、それは焚き火というよりも「炊きだし」という雰囲気になる。昭和の昔はよく街中で、落ち葉を集めてサツマイモを突っ込んで焼きイモを焼いたりしていたが、あの雰囲気だ。それはそれで風情があるとは言えなくもないが、かなり落ち着かない。

そこで椅子だ。最近はアウトドアチェアの進化も素晴らしく、超軽量コンパクトながら座り心地も良いものがでてきている。

最も有名なのは、韓国のヘリノックスだろう。ヘリノックスの「チェアワン」はアウトドアチェアの定番中の定番で、キャンプ場に行けばそこら中で見ることができる。ただしチェアワンは八九〇グラムもありそこそこ重く、折りたたんでもかなりかさばる。

フラット登山の途中で焚き火を楽しむには、チェアワンの小型版である「チェアゼロ」か「チェアワンミニ」が良い。前者は四九〇グラム、後者は四五〇グラム。前者のほうが座面が広くて座りやすいが、コンパクトさには少々欠ける。値段は前者が一万七〇〇〇円余、後者は一万二〇〇〇円余。値段とコンパクトさと安楽さをてんびんにかけて、どちらを選ぶかは好みの問題だ。

なおアマゾンなら、ヘリノックスを模したような中華アウトドア椅子もたくさん出品されている。めったに焚き火なんかしないから、中華モノで十分と考えるのもひとつの選択肢である。背もたれがない簡易なタイプなら、探せば三〇〇グラムぐらいの超軽量のものもある。

最後にもうひとつ。郷土の森公園のように炭捨て場がないところでは、燃え残りの消し炭を持ち帰る必要がある。一見すると火が消えているように見えても、消し炭は内部に熱を持っている。ていねいに水をかけて完全に消してから、ゴミ袋の中に入れて持ち帰ろう。

# 第6章
# 自然を味わい尽くすために

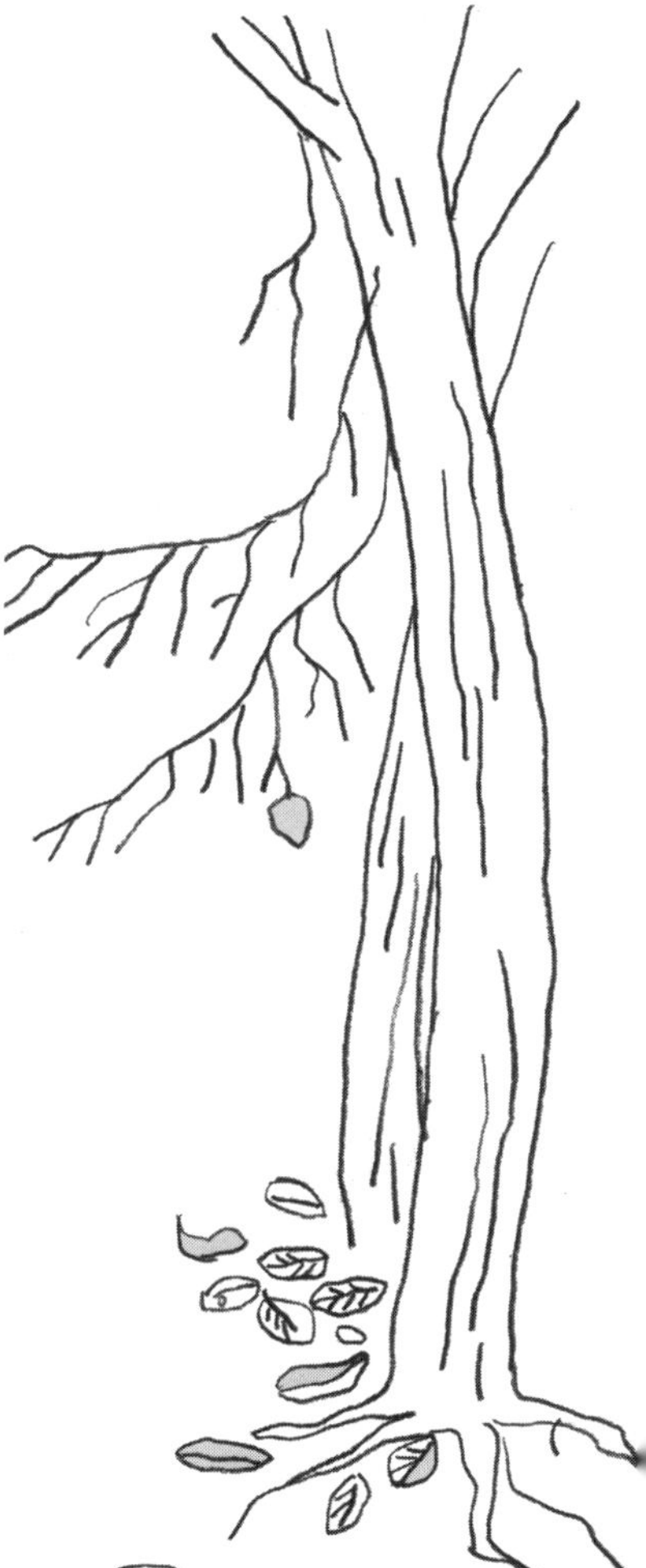

## 山を歩くことの効用

登山を長くやっていて、仕事や生活への最も大きな好影響だとわたしが常々感じているのは、「歩くことへの抵抗感がまったくなくなった」ということだ。

山仲間の一人にT君という男性がいる。彼は独身のころ、埼玉県の北部に住んで都心の会社に通っていた。そこそこの長距離通勤である。ある夜、仕事が忙しくて終電での帰宅となったT君は、あと二駅ぐらいで自宅最寄駅に到着するという段階になって、激しい便意がやってきたことに気づいた。次の駅で降りればトイレはあるが、今乗っているのは終電である。降りてしまえばもう電車はない。次の駅は何もない田舎の駅なので、おそらくタクシーもいないだろう。さあどうする？

便意に耐えながらポケットからスマホを取り出し、次の駅から自宅までの道のりを調べてみた。徒歩で二時間と出た。普通の人なら「二時間⁉ 絶対無理」となるだろう。しかし生粋の山男であるT君は「なんだ、二時間か。じゃあ歩くか」と胸を撫で下ろし、次の駅で降りてトイレに駆け込み、スッキリしたところで鼻歌まじりに夜道をぶらぶら歩いて帰ったのだった。

歩くことに対するT君の感覚は、わたしも非常によくわかる。舗装道を二時間ぐらいだったら、たいして大ごとには感じないのだ。だから終電のトイレ緊急事態でなくとも、日常の暮らしでも三〇分ぐらいならいつでも歩く。わたしは渋谷区の西の端のほうに住んでいて、そのあたりは渋谷駅前に直接出られる鉄道路線がない。歩けば三五分。雨が降っていたり猛暑の日はさすがにバスに乗ったりタクシーを拾ったりするが、そうでなければ渋谷駅までたいてい歩く。

そういう生活をしているので、アップルウォッチで常時計測している歩行数は毎日一万三〇〇〇〜五〇〇〇歩ぐらい。一万歩を切ることはない。おかげでますます脚力が鍛えられ、山歩きのトレーニングにもなり身体の健康に寄与してくれる。プラスのスパイラル、良い相乗効果である。

だから山をたくさん歩こう。

## 登山は前日から始まっている

歩くための準備の話から始めよう。登山に出かける前の日から、山旅はすでに始まっている。前日には、足のケアが欠かせない。まず足指の爪を切る。深爪してしまうと足には逆にダメージなので、細心の注意を払う。わたしは足裏によくタコをつくってしまうので、ゾーリンゲンなどの剃刀メーカーが出しているタコカッターと呼ばれる器具を用意し、前夜に熱い風呂に入浴などして皮膚が柔らかくなったところで、タコをていねいに削る。歩くための必需品も確認する。暑い季節には塩タブレットが欠かせない。塩タブレットは軽く小さなプラスチック瓶に移し替えて、登山用のポーチに収めてある。

スティック状の顆粒を水五〇〇ミリリットルに溶かす、味の素アミノバイタルの「クエン酸チャージ ウォーター」。これを水筒に仕込んでおく。夏と冬はそれぞれ冷水と熱湯でつくり、サーモスなどから出ている保温ボトルに入れる。

モバイルバッテリーやUSB充電のヘッドランプ、遭難時の頼みの綱のココヘリ発信器の充電も忘れずに行う。

バックパックに必要な荷物をすべてパッキングし、前夜のうちに準備を終える。早めにベッドに入り、ゆっくり眠ろう。明日の朝は早い。

いつもの朝はわたしは自然起床を心がけている。午後一一時ぐらいに眠りにつくと、朝六時か遅くとも七時には目覚める。しかし山に向かう日は目覚ましをかけ、電車の時間にもよるが午前五時ぐらいには起床する。まず冷たい水を飲み、それから熱く苦いコーヒーを淹れ、入浴する。さっぱりと気持ち良くなったところで、登山ウェアに着替えてバックパックを担ぎ、家を出る。

バックパックを担ぐときに最も重要なのは、身体と滑らかに合わせ重量の負担が身体の一部に過剰に偏らないように、バランスを調整することだ。

初心者にありがちなのが、ショルダーベルトを長くし過ぎてバックパックの底部がお尻より下に落ちてしまっているパターンだ。通勤電車で見かける女子高校生の通学用バックパックを想像してもらえばいい。ルーズな感じが都会ではカッコよく見えるかもしれないが、山道でこのスタイルは無意味に疲れるだけだ。バックパックの底部がお尻より少し上に収まるよう、ショルダーベルトを調整して長さをもう少し縮めよう。

ショルダーベルトの長さを調整したら、その状態で少し肩を怒らせ、腰の骨の上ぐらいでウエストベルトをジャストサイズよりわずかに強めに締める。そのまま肩を落とすと、ウエストベルトが腰の骨にちょうど乗っかった形になって、長さもこれでジャストになり、ストンと収まる。

当たり前のことだが背中のバックパックは見えないので、気づかないうちに左右のバランスが崩れていることもある。手を後ろに回してショルダーベルトの長さを触って確認し、左右が同じ長さになるよう調整しよう。

## ほどけない靴ひもの結び方

電車やバスを降り、スタート地点に着いたら、登山靴のひもを締めなおそう。
最近は結ばなくて良い、先端を引っ張るだけで締めてくれる「クイックシュー」といった名前の靴ひもを装備した登山靴も増えてきている。しかし昔ながらの靴ひものものも相変わらず多い。昔ながらの靴ひもの問題は、歩いているうちによくほどけてしまうことである。

これを避けるには、結び方を工夫すればいい。いろんなやり方があるが、わたしは写真のようにしている。蝶々結びの変形である。

①両方の靴ひもを持ち、一度交差させるだけでなく、二度交差させ、締める。
②普通に蝶結びにするように、右手の靴ひもで輪っかをつくる。これも普通に蝶結びにするように、左手の靴ひもを輪っかにして右の靴ひもの輪っかに通す。
③そのまま締めてしまわず、左手の靴ひもの輪っかをもう一度右の靴ひもの輪っかに通す。
④ぎゅっと締めてできあがり。

わたしはこの方法で長年靴ひもを締めているが、よほどの長時間歩行でなければ緩んでしまったりほどけてしまうことはほとんどない。お試しあれ。

バックパックのバランスも調整した。靴ひもも締め直した。さあ歩き出そう。

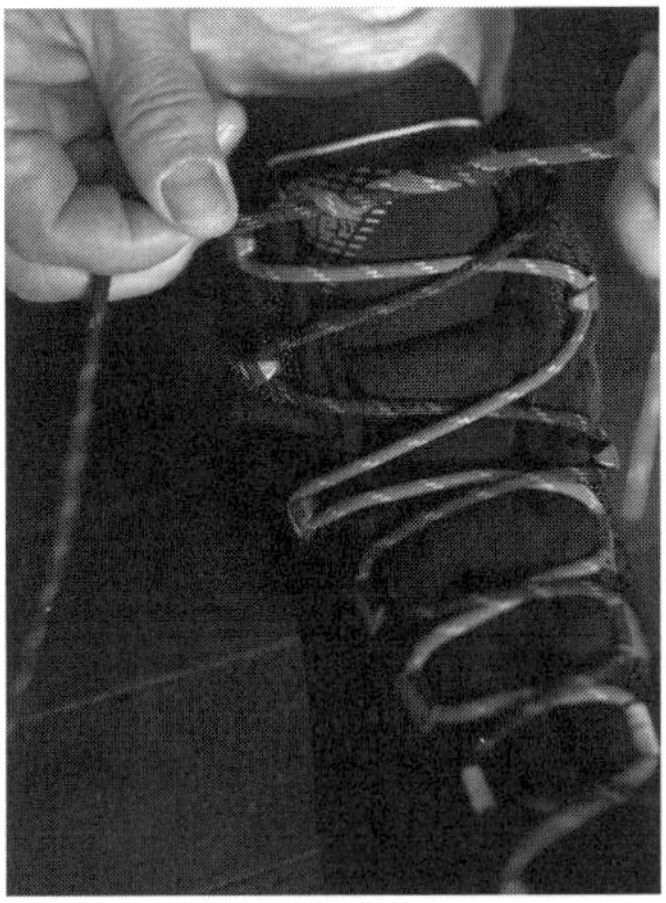

①両方の靴紐を持ち、２度交差させる。

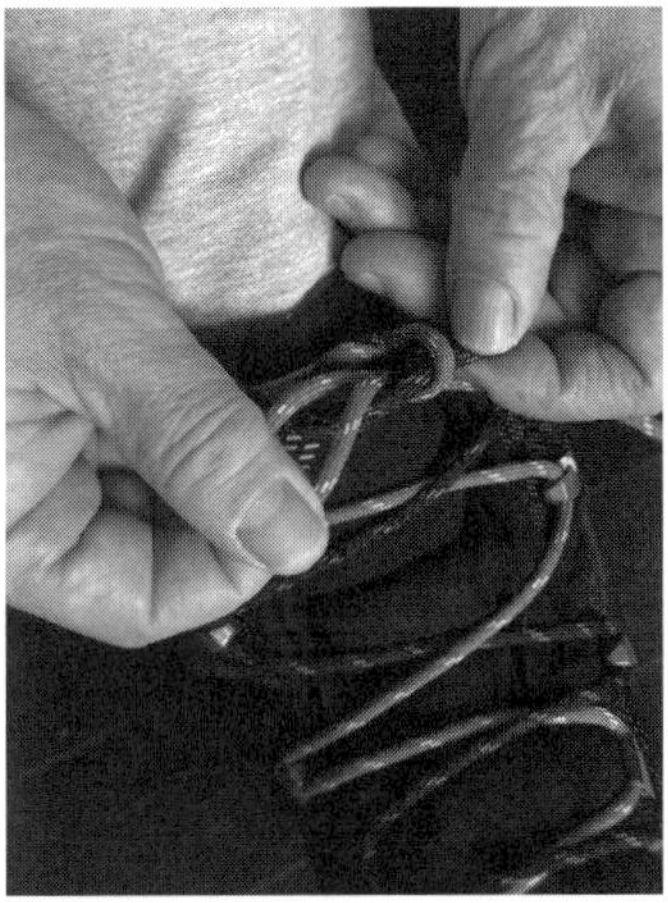

②蝶結びするように、右手の靴ひもで輪っかをつくり、左手の靴ひもを輪っかにして右の靴ひもの輪っかに通す。

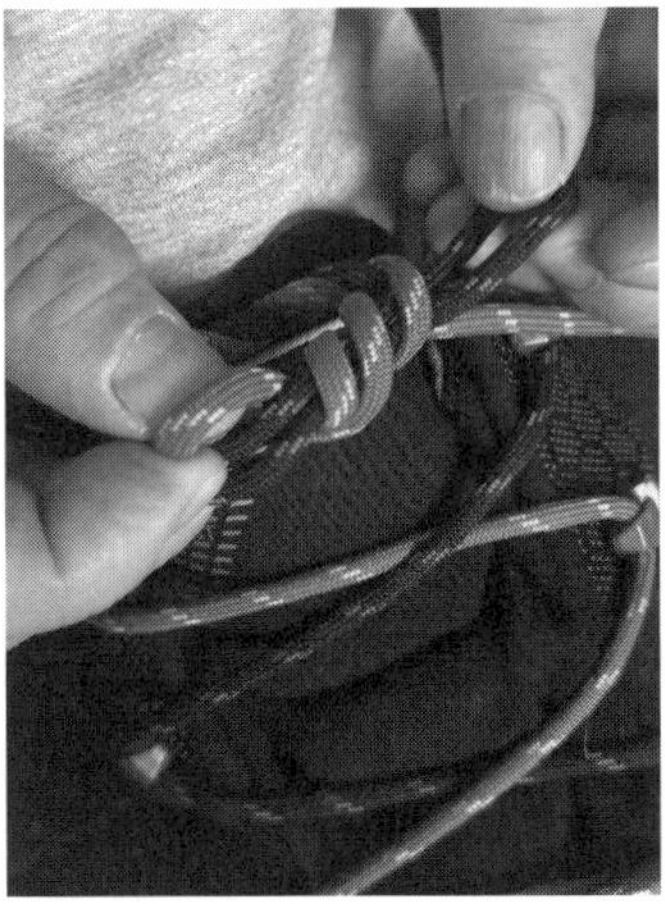

③そのまま締めてしまわず、左手の靴ひもの輪っかをもう一度右の靴ひもの輪っかに通す。

④ぎゅっと締めてできあがり。

## 「ナンバクダリ」で膝への負担を軽減

登山入門の本などを見ると、「ゆっくり歩け」とか「歩幅は小刻みに」とか、小学生でも思いつきそうな愚にもつかぬことが書き連ねてあるが、そんなものを読んでも何の意味もない。ゆっくり歩くほうがいいというのは当たり前だし、大股で歩いていたらすぐに疲れてしまう。だれでも考えつく当たり前の話である。

本書ではそういう凡百なことには言及しない。そのかわりに、疲れにくく膝にもインパクトの少ない歩きかたをひとつだけ伝授しよう。

それは「ナンバ歩き」を応用してわたし自身が考えたオリジナルの「ナンバクダリ」だ。ナンバ歩きというのは、欧米とは異なる日本の伝統的な歩きかたとされていて、ウィキペディア日本語版には「ナンバとは、右手と右足、左手と左足をそれぞれ同時に出す歩き方である」と定義されている。これを読んだだけでほとんどの人は「そんなのムリ」と思うだろう。実際、この定義通りにやろうとすると、動きのおかしなロボットみたいになってしまって全然歩けない。

そもそもナンバ歩き自体が、定義がはっきりしていない。ウィキペディアの定義が正確というわけではないのだ。発祥も不明だし、本当にナンバ歩きが中世までの日本で一般的だったのかどうかという確証さえない。

さらにそれ以上に厄介なのが「ナンバ歩きはどう歩くのか」という定説がないのだ。ナンバ歩きの本もいくつか出ているし、ウェブで検索すると大量の記事や動画がヒットするが、子細に観察してみると、人によって足さばきが全然違っていたりする。「これが正解！」というものがわからないのだ。

ただ、さまざまなナンバ歩きで共有されているポイントはある。「カカトで着地せず、足裏全体で着地する」「腕を大きく振らない」「腰をねじらない」といったあたりがそうだ。

そこで、わたしなりに理解したナンバ歩きをここでは紹介してみよう。念のために言っておくが、これは正統なナンバ歩きではない。あくまでも佐々木が独自に理解した登山向けのナンバ歩きでしかないことは承知してほしい。ナンバ歩き風である。

普通の歩き方は、体育の授業でやった行進がお手本だ。大きく両手を振って、足もまっすぐ伸ばして、かかとで着地する。これを三つに分けると、

「大きく手を振る」

「足をまっすぐ伸ばす」

「かかとで着地する」

という行為になる。この三つをすべて逆にする。つまり、

「手は振らない」
「腰を落として膝は少し曲げるぐらい」
「足の親指の付け根あたりで着地する」

この三つのルールを自分に課して、歩いてみてほしい。時代劇のドラマで見るような、江戸の町民のヒョコヒョコとした歩き方になるはずだ。これがナンバ歩き風である。部屋の中や平坦な舗装道をこれで歩くと、けっこう歩きにくいと感じるだろう。それで良いのである。なぜならナンバ歩き風が効果を発揮するのは、傾斜のある山道を下る時だけだからだ。

下山のためのナンバ歩き風。これを本書では「ナンバクダリ」というオリジナルな名前で呼ぶことにする。わたしの長い登山の経験から、このナンバクダリこそが、山を下る時の最強の歩行方法だと信じている。試しに自宅や近所の階段、坂道などでやってみてほしい。足もとがびっくりするぐらい安定することがわかっていただけるはずだ。

なお「手は振らない」と書いたが、意識しないでいるとすぐに手を振ってしまうかもしれない。かといって手に意識を持って行ってしまうと、歩くのがおろそかになる。慣れるためには、安定した場所では腕を組んでみるといいかもしれない。腕を組んだまま、腰を落として膝を曲げて、親指の付け根で着地するように歩くのだ。慣れてきてコツがわかっ

●下山のためのナンバクダリ●

腰を落とし、目線の高さを低くすることで下り坂への恐怖心が減る。
手は振らない
腰を落として
膝は少し曲げるぐらい
足の親指の付け根あたりで着地する

慣れるまで安定した場所では腕を組んだまま、腰を落として膝を曲げて、親指の付け根で着地するように歩く練習をしてみよう。

たら、腕組みは解いて、両手は両脇にぶらんとさせておくぐらいで良い。

そもそも山道の下りは、膝を悪くしやすい。西洋風行進のように手を振って大いばりな感じで山道を下ると、足をドシンドシンと着地させてしまうことになる。

第1章で書いたように、膝の関節を痛めると後半生にわたって後悔することになりかねない。関節で骨同士がぶつからないようにクッションになっている軟骨は消耗品で、激しい運動を長年続けているとすり減ってしまう危険がある。とくに傾斜のきつい下りはリスクが大きく、膝に大きな負担がかかり、軟骨を徐々にすり減らすのだ。

ドシンドシンと音を立てて着地していると、みるみるうちに軟骨はすり減っていくのだと、大げさだが認識したほうがいい。さらにドシンドシンだと、足を滑らせて転びやすいということもある。

ナンバクダリならば、ドシンドシンには決してならない。腰を落としているので重心が低いうえに、カカトでなく親指の付け根で着地するので自然とソフトになる。慣れれば、平地を歩くのと同じぐらいのソフトさで下り道も歩けるようになるだろう。この歩き方をマスターすれば、膝を痛めるリスクは低く、年を重ねていっても山歩きを続けられるはずだ。

ナンバクダリでもうひとつ大事なのは、できるだけ腰を落とし、目線の高さを低くすることだ。目線を落とせば下り坂への恐怖が減る。山道の下りを怖く感じるのは、実際の坂の傾斜よりも目に入る傾斜が強く見えるからだ。人間の身長の分だけ、坂の角度が大きくなるというかんたんな算数である。だから姿勢を低くすれば、当たり前だが目に入る傾斜も弱くなる。また重心を低くすることで、転倒する危険性も減る。

この状態で、膝から下だけを使って歩き、親指の付け根で着地するように歩を進める。なるべく手は振らない。ナンバクダリはこれだけの動作で、下りの恐怖や転倒の危険をだいぶ減らし、膝への負担も軽減できる。

ぜひナンバクダリを試してみてほしい。

この歩き方が身体の安定に寄与するというのは、わたしの勝手な思い込みではない。たとえばイギリスの著名な人類学者ティム・インゴルドは、著書『生きていること』（邦訳は左右社、二〇二一年）でナンバ歩きについてこう書いている。

「古来、日本人は腰の動きを最小限に留めながら膝から歩いていた。その結果、日本人の歩行は、ヨーロッパ人の目に最も見苦しく映る、靴ひもを失くした者の足を引きずる歩き方と大差ないものになる。しかし、膝からの歩行は、重心が低くなり、躓いたり転倒したりする危険を大きく減らせるので、荒れ地や丘陵地では最も有効な歩き方なのである」

ナンバという言葉の由来について、人類学者の故川田順造氏はこんな言及をされている。「秋田県のどこだったか忘れたが、小さな民俗資料館で、泥深くて歩きにくい田圃の『難場』を歩くときの田下駄の一種として、実景写真入りで展示してあるのを見て、私はなるほどと思った」(『〈運ぶ人〉の人類学』二〇一四年、岩波新書)

難場を歩く方法だからナンバ!

まさに難場下りなのである。由来は諸説ありこれが正解とは限らないが、山道の下りという難しい場にナンバ歩きは最適だと感じているわたしとしては、ぜひこの説を推したい。

なおフラット登山では傾斜のある山道だけでなく、舗装道や平坦な遊歩道なども歩く。そういう場所ではあえてナンバクダリにこだわる必要はなく、いつもの散歩のように背筋を伸ばして自由に歩けばいい。

## トレッキングポールも活用してみよう

ナンバクダリとともに、トレッキングポールを活用するのも良い。トレッキングポールというのは、一般社会の用語で言えば「ステッキ」とか「杖」とかそういうものである。持ち運びに便利なように、折りたたみ式になっている製品が多い。二本セットのものを購入し、両手で使うのが良い。平地や上り坂ではそれほど意味を感じないかもしれないが、下り道では自分の両足にプラスしてトレッキングポール二本で四本足に変身することができ、転倒する危険を未然に防げるし、膝への負担も減らすことができる。

トレッキングポールに難点があるとすれば、日本の山道にありがちな藪だらけの場所ではポールが草にからまったりして邪魔になることがある。また両手を使う必要がある岩稜帯や急斜面では、手に持ったままではかえって危険だ。その都度、バックパックに取り付けたり収納したりという面倒がある。

トレッキングポールの素材には、アルミとカーボンがある。アルミは値段が手ごろだが、カーボンと比べて若干重く、また曲がってしまうこともある。カーボンは値段が高いが、軽く、曲がることもない。とはいえカーボンも万能ではなく、強い衝撃を受けると曲がらずにいきなり折れる。

わたしはブラックダイヤモンドの「ディスタンスカーボンＦＬＺ」というカーボンのトレッキングポールを使っていた。過去形で書いたのは、折ってしまってからだ。ある年の夏、東北の鳥海山を登っていて、下りの登山道でトレッキングポールの先端をうっかり雪渓の穴に突き刺してしまい、そのあおりでよろけて転んだ。けがはしなかったが、穴からトレッキングポールを引き出してみると、見事に真ん中でポキリと折れていた。

トレッキングポールは真ん中から折れてしまうと、もう使いようがない。その場でダクトテープで補修してみたが、グラグラとしていて身体を支えるとかえって危なそうだった。アルミならポキッと折れず、曲がってしまってもなんとか使える。結局いまは、同じブラックダイヤモンドの「ディスタンスＺ」というアルミ製のモデルを使っている。

## スマホ対応の登山地図をどう使いこなすか

フラット登山はただの散歩とは異なり、あくまでも登山の一形態なので、事前にコースを設定している。あらかじめ決めたコースに沿って歩くためには、地図が必携である。

登山の地図の話になると、第3章の電子ガジェットのところでも書いたように、「スマホの地図などけしからーん！　スマホ地図を使ってもいいが、同時に紙の地図を読めるようにすべきだ」と言い出す人が必ずいる。しかし紙の地図を読図するのは、けっこう難しい。地形図から山頂と尾根筋と沢筋を読み取るのはかんたんだが、自分がいま紙の地図の中のどこに位置しているのかを認識するのが難しいのだ。歩いてきた経路やいま見えている周囲の地形と、地図に描かれている地形を見比べて、「たぶんここにいるのだろう」と推定する。慣れればある程度はできるようにはなるが、それでも雨が降ったり霧が出ていたりして見通しが利かないと、読図はとたんに難しくなる。

スマホの地図アプリでは、自分の位置はGPSで特定され地図上に表示されているので、紙の地図のような読図をする必要はない。これから自分が向かうルートがどのような地形で、どのぐらいの傾斜があるのかといった基礎的な情報を読みとれれば十分だし、それはそんなに難しくない。

## スマホ対応の登山地図を活用する

| | |
|---|---|
| **山と高原地図** | もともとは紙の地図として、昭文社から刊行されている由緒ある登山地図がアプリ化されたもの。すべて有料。 |
| **ヤマップ（YAMAP）** | 地図アプリでありながらSNS的な機能を盛り込んでいる。登山地図と一般地図の行き来がしやすい。 |
| **ヤマレコ** | 山と高原地図と連携しているため、登山ルートの作成やログの投稿がしやすい。 |

スマホに対応した登山地図としては、現在ではおおむね三つのアプリがある。山と高原地図、ヤマップ（YAMAP）、ヤマレコだ。

山と高原地図はもともとは紙の地図で、昭文社という老舗の地図出版社が一九六〇年代から刊行している由緒ある登山地図シリーズである。いにしえの昭和時代から登山をしている者なら、だれもがお世話になったことがあるだろう。ニスを引いた濡れても大丈夫な紙質で折りたたみ式になっていて、薄緑をベースにした地形図に、登山コースは鮮やかな赤で表現されていて、実に視認性が高い。アプリ版の山と高原地図は紙版のデザインをそのまま踏襲していて、三つのアプリの中では最も見やすい。

ただし難点もある。ひとつは無料版が用意されておらず、すべて有料であること。国内六一か所の山域の地図がそれぞれ用意されていて、一エリアが六五〇円。またすべての地図をサブスクで見られる

「山と高原地図ホーダイ」というアプリも用意されていて、月額五〇〇円または年額四八〇〇円。

もうひとつの難点は、山域が限られていること。六一か所というと多いように感じるかもしれないが、フラット登山では有名山域ではない土地もたくさん歩く。そういうエリアの地図は、山と高原地図では提供されていないことが多い。

さらにもうひとつ付け加えるとしたら「地図をアプリ化しただけ」という難癖も付けられるかもしれない。ただ地図を見られるだけで、それ以上の機能は何もないのだ。それで十分という人も多いだろうが、ヤマップやヤマレコなど新進気鋭の地図アプリ組とくらべると、かなり見劣りがする。

ヤマップとヤマレコはどちらも使いやすいアプリで、使い勝手も似ている。どちらも無料で使えるが、地図をたくさんダウンロードしたり、色分けされた見やすい地形図を使えたりといった有料課金向けのプレミアム機能も用意されている。

ヤマップは、地図アプリでありながらSNS的な機能を盛り込んでいることが非常に興味深い。「ともに山に登っている人たち」のコラムでも書いたように、自分の行こうとしている山を検索して地図を見ると、登山コースのあちこちに「クチコミ・つぶやき」や「報告・注意」などの旗が立っている。これは他のヤマップ利用者が「倒木があるので注意」「工事している」などさまざまな注意事項を投稿したものだ。わかりにくい分岐のところには、写真つきで「この矢印のほうに進めば○○方面に進める」とていねいに解説してくれている人もいる。

　ヤマップ地図で表示されている鉄道駅やバス停などは、クリックすれば「地図アプリで開く」というメニューがあり、そのままグーグルマップなどに移動することができる。フラット登山では山道だけでなく、一般的な車道なども歩くので、登山地図と一般地図を行ったり来たりできるこの機能は実にありがたい。

　山と高原地図、ヤマップ、ヤマレコ。三つのアプリのうちどれを使うのが正解か、という問いに答えはない。インターネット上では日々、「ヤマップこそ最高！」「いやヤマレコの圧勝！」などの議論が繰り広げられている。それぞれに熱狂的なファンがいて、決着はつかない。試しに「ヤマップ　ヤマレコ　比較」などのキーワードで検索してみれば、びっくりするほどたくさんの人たちが比較記事を投稿しているのがわかる。まあ最後は個人の好みである。

　ちなみにわたしはいにしえの時代からの登山者なので、紙の時代の山と高原地図への愛着が忘れがたく、スマホアプリになった今も山と高原地図をメインに使っている。

　とはいえ先ほども書いたように、フラット登山では登山道を歩くだけでなく、車道から田んぼのあぜ道、さらには雑木林の踏み跡までありとあらゆるところを歩く。だから登山地図アプリだけでは想定していた歩行コースをカバーしきれない。だからグーグルマップなどの一般地図アプリを併用することが必須である（グーグルマップも登山地図機能を追加するという話が以前から出まわっているが、二〇二五年の執筆時点ではまだ未実装）。

くわえて、自治体や国が整備している自然歩道などは、ネットで検索すれば詳細なマップがＰＤＦで提供されていることも多い。トイレや休憩所の位置、わかりにくい分岐点の目印など大事な情報が掲載されているので、ぜひこれらのマップも探しておきたい。発見したら必ずダウンロードし、スマホ内に保存しておこう。

## ＧＰＳだけオンにして、モバイル通信機能は遮断しておく

スマホ地図を使ううえで、ひとつ気をつけておくことがある。それは携帯電話基地局の少ない山地では、スマホが電波を探そうとして電池を早く消耗するということ。人里から離れた山だと基地局が皆無の場所もあり、そういうところではみるみるうちに電池が減っていく。

だから山中では、スマホのモバイル通信機能を遮断しておくことが重要なノウハウである。モバイル通信していなければメールやメッセージも受信しないから、歩いていて仕事のメールや友人のメッセージなどに心を惑わされることがない、という副効用もある。

ただしモバイル通信を遮断した状態でスマホ地図を使うためには、事前に地図データをスマホにダウンロードしておくことを忘れてはならない。山と高原地図やヤマップ、ヤマ

レコはそもそも地図をダウンロードして使う前提になっているが、忘れがちなのはグーグルマップだ。グーグルマップは通常の使い方だと、つねにスマホとクラウドが通信して情報を配信している。これを避けるためには、グーグルマップのオフラインマップ機能を使うと良い。これはあらかじめ特定の場所の地図データをダウンロードしておくことで、モバイル通信を遮断した状態でもグーグルマップが使えるようになるというものだ。

スマホのグーグルマップアプリを開き、右上の自分のアイコンをタップする。メニューから「オフラインマップ」を選び、さらに「自分の地図を選択」。地図の範囲を選択する画面が出るので、指でスワイプしてこれから向かうエリアを選び「ダウンロード」。これでオフラインマップが使えるようになる。

フラット登山の当日は、スタート地点に到着して「もう今後はメッセンジャーやメールは見なくてもいいかな」となったら、モバイル通信を遮断しよう。Ｗｉ－Ｆｉも不要である。ｉＰｈｏｎｅもＡｎｄｒｏｉｄも、現在は機内モードをオンにすればモバイル通信が遮断され、ＧＰＳ機能だけは維持されるはずだが、念のために自分のスマホがそのような仕様になっているかは事前に確認しておこう。

## 雨の中にしかない景色がある

登山で雨なんて大嫌い、と思う人は多いだろう。初めての登山が雨でほとほとイヤになり「もう山はこりごり」という話も死ぬほどたくさん聞く。たしかに慣れていないと、雨の登山道を歩くのはつらい。水たまりやぬかるみができ、靴の中にまで水が浸入してくる。岩や木の根っこは濡れると滑りやすくなり、うっかり転ぶと全身が泥だらけになる。おまけに寒い。そういう不快感はよくわかる。

しかし、大自然の中で触れる雨には、素晴らしい気持ち良さもある。

長野と山梨の境にある八ヶ岳の名前を知らない人はいないだろう。この山をわたしはこよなく愛していて、数え切れないほど足を運んできた。八ヶ岳の広大な山域はまことに素晴らしく、南半分は最高峰の赤岳をはじめ峨々とした岩稜の山が連なっているのに対し、「キタヤツ」という愛称で語られる北半分は、苔むした森に湖が点在する独特の風景で知られている。

このキタヤツが感動的なほどに雨が似合うのである。雨がミストシャワーのように柔らかく降り注ぎ、歩いている森の先のほうは半透明の霧のなかへと消えていく。いつもの晴れた山道とはまったく違う姿を見せて、まるで異世界に迷い込んだような気持ちになる。

この楽しさ、気持ち良さを知らない登山者は、登山の楽しみの半分ぐらいしか楽しめていない。そう言い切ってもいいと思うほどだ。

雨が降れば、自然の風景も変わる。蜘蛛の巣には雫がかかって美しい姿になり、見上げれば高い樹木から落ちてくる雨粒の数々が放物線のように鮮やかだ。土の匂いも水の匂いへと変わり、雨と自分が一体化していくような幻想さえ抱かされる。

さて、雨の登山で最も大事なのは、身体に近いところへの雨の浸入を防ぐこと。次に大事なのは、雨は寒さを伴うことが多いので、防寒をしっかりすること。このふたつを整えることができれば、雨の登山はまったく不快ではない。

## 雨の浸入を徹底的に防ぐ

具体的にはどうするか。しっかりした防水性能と透湿性能を持ったレインウェアを着用するというのは「キホンのキ」すぎて、今さら語るほどのことではない。ゴアテックスなどの防水透湿素材を使ったアウトドアメーカーのレインウェアなら何の問題もない。だからここで考えなければならないのは、レインウェア・プラスアルファの雨対策である。もっと具体的に言えば、頭、首と手首、足首というレインウェアの開口部からの雨の浸入を徹底的に防ぐことである。

首もとからの雨の浸入は、レインウェアのジッパーやボタンを最上部まできちんと留めることでかんたんに対処できる。フードをしっかりかぶれば完璧だが、フードは視界が狭められ、くわえてちょっと鬱陶しいという難点もある。ここは好みの問題になってくるが、わたし個人のことを言えば、ジッパーだけは最上部まできっちり締めてフードはかぶらず、その代わりに帽子をかぶることで頭髪が濡れるのを避けている。帽子はつばの広いレインハットが最適だが、わたしは（これもたいへん個人の好みでしかないので話半分に聞いてほしいが）レインハットではなく、ランニング用のキャップをいつもかぶっている。こちらのほうがさらに視界が広くて見通しが良いからである。ただし顔の両側にはやっぱり雨が当たる。顔は外に露出している部分だから、雨に当たるのは気にしないという個人的で独善的な態度である。しかしふつうに考えれば、顔に雨が当たるのを不快に感じる人のほうが多いだろうから、そう感じる人はわたしの言うことなど聞かずに、ぜひレインハットをかぶってほしい。

手首からの雨の浸入を防ぐには、防水透湿素材の手袋を装着するのが良い。夏は手袋を忘れがちなので、わたしはレインウェアの袋に手袋を必ず同梱するようにしている。夏以外の季節には、防水透湿の手袋と薄いウールの手袋を重ねて装着するか、特に寒い時期には雪山にも対応しているような防水透湿と防寒性能を兼ね備えた厚手の手袋を持っていくのも良い。わたしは夏も冬もモンベルの防水透湿素材のグローブを愛用している。こういう小物に関しては、モンベルは細かい部分にまで配慮があって非常によくできている。夏はモンベル独自の防水透湿素材ドライテック®を使ったドライテッククレイングローブ、冬はこれにアクティブインサレーションにも使われているエクセロフト®の中綿を封入したウィンタートレッキンググローブがわたしの使っている製品だ。

## 足の冷えは遭難への第一歩になる

雨対策の最も重要なポイントは足首である。靴の中に雨が浸入してしまうと、手首や首からの浸入とは比べものにならないほどの大きなダメージになる。足の冷えは身体の冷えに直結し遭難への第一歩であり、そこまで行かなくても足の皮膚がふやけてマメができやすくなる。そして登山靴の内側は、靴自体がしっかりした防水性能を持っているだけに、逆に乾きにくい。試しに登山から帰宅した後に、泥だらけになった登山靴をウチソトとも水洗いしてみるといい。冬場ともなると、登山靴の中が完全に乾くのに数日はかかる。だから登山靴の中は、決して濡らしてはいけない。

このための対策の第一としては、ローカットではなくミドルカットやハイカットの登山靴を選ぶこと。ローカットでは防水対策に限界があるからだ。装備の章で解説したように、ハイカットほどの重量がなくローカットよりも足首を痛めにくく水が浸入しにくいミドルカットがお勧めである。ミドルカット登山靴を履き、その上からレインパンツに加えてゲイターやスパッツなどの足首を覆うカバーを装着すれば、川や湖に落ちるのでもない限りは水の浸入はほぼ防ぐことができる。

このゲイターやスパッツというのも、定義がはっきりしない混乱した登山用語のひとつだ。いにしえの昭和時代にはスパッツで統一されていた。しかし二〇一〇年代にわたしが長い眠りから覚めて登山を再開してみると、そこにゲイターという用語も追加されていた。「ゲイターってゲートルのこと？　なぜいま大昔のゲートルなんていう用語が？」と非常に不思議に感じたのを覚えている。ゲイター（gaiter）は英語、フランス語ではゲートル（guêtre）なのである。すねとふくらはぎのあたりに巻き付けるもののことだ。日本では、伝統的に脚絆《きゃはん》という。江戸時代の脚絆は一枚布でできていて、ふくらはぎのあたりに巻き付けてコハゼで留める方式だった。

ゲートルのもともとの目的はうっ血を防いで足の疲れを減らし、ズボンの裾がヒラヒラしてしまうのも押さえることだった。これが二つの世界大戦のころから軍隊に広まるようになり、日本の軍隊でも「巻きゲートル」という長い布をミイラ男のように足に巻き付ける方式が採用された。ゲートル、ということばを聞くと太平洋戦争の兵士のイメージがまず浮かぶのである。

ゲートルとスパッツの歴史的な違いは、今に至るまではっきりしない。ウィキペディアを見ると、ゲートルは足のうっ血防止とズボンの裾押さえが主目的で、スパッツは靴に小石や雪が入るのを防ぐ覆いであるという記述の違いであるが、実際にはゲートルとスパッツは同じようなものを混在して呼称されている。スパッツもゲートルと同じように、二十世紀初頭の世界大戦のころに広まったとみられている。

そして日本では、さらにややこしい混同がある。

だいぶ前の話になるが、「登山を始めてみたい」という女性に頼まれてアウトドア用品店に同行したことがある。登山靴やバックパックを購入した後で、女性は「スパッツも見たい」という。そこで私が登山用のスパッツコーナーに連れていき「長いのと短いのがあるけど、低い山に登るぐらいならショートスパッツで十分かな」などと説明し始めると、「この人何を言ってるの……」という怪訝な顔をしている。さらに説明を続けようとするわたしに彼女は「だからこういうのじゃなくて、スパッツが欲しいんです」と謎なことを言う。

よく聞いてみると、彼女が欲していたのはスパッツではなく、登山用のロングパンツのことだった。これは日本では、スパッツという用語にストレッチのある女性用ロングパンツの意味が当てられていたことによる錯誤である。なぜこのような誤用が起きたのかはわからないが、ウィキペディア日本語版は日本のスパッツは英語ではレギンスのことであり、「スパッツという呼び方は和製英語に分類される」「日本に持ち込まれる際に誤って違うものを指す言葉として導入された」と明快に解説している。

このスパッツの誤用が広まったため、登山界では混乱を避けるためにゲイターという用語を持ってくるようになったのかもしれない。ただし女性用のロングパンツは最近はスパッツではなく、本来の英語と同じようにレギンスと呼ばれるようになっており、そちらの混乱は収まりつつある。

## フラット登山に適したスペック

さて、ゲイター／スパッツには三つの種類がある。ロングとショート、それにソフトシェルタイプの三つである。ロングとショートはたいていの場合、ゴアテックスなどの防水透湿素材でできており水の浸入を完全防御してくれる。ソフトシェルは完全防水ではなく撥水程度だが、その代わりにストレッチ性があり足にフィットし、取り外した際もコンパクトになる。

登山の入門書や記事などを読むと「大は小を兼ねるのでロングタイプが良い」と書いてあることが多いが、登山道具についての解説で「大は小を兼ねる」などという大ざっぱ過ぎる形容は信用しないほうがいい。「大」は重くてかさばることも多く、オーバースペックになりがちだからだ。

ロングタイプはもともとは冬山登山のためのものだ。夏山であっても一日の行動時間が長く、雨に遭遇する可能性が高い三〇〇〇メートル級の縦走ならロングタイプが良いかもしれない。しかし日帰りで四～五時間ぐらい歩くだけ、しかも舗装道や林道も混じっていることが多いフラット登山では、ロングタイプは若干オーバースペックである。わたしはショートタイプかソフトシェルタイプを推したい。

留意しておかなければならないのは、ソフトシェルタイプはトレイルランの場面で利用されることが多いということ。それが何を意味するかというと、トレイルランのローカットシューズに適合した形状になっていることが多いということだ。つまりソフトシェルタイプは足首の部分が細くなっているものが少なく、ミドルカットやハイカットの登山靴には装着できない場合があるのである。なのでソフトシェルタイプを購入するのであれば、ショップでスタッフに確認するか、より万全を期するのなら自分の登山靴を持っていって装着できるかどうか試したほうがいい。

## レインパンツの内側にゲイターを装着するといい

山で見かける登山者の多くはゲイター／スパッツをレインパンツの上から装着していることが多い。この方法が一般的なのだろうからわたしがとやかく言うことではないが、的確に使用するのであればゲイター／スパッツはレインパンツの内側に装着したほうがいい。つまりロングパンツの上に直接ゲイター／スパッツを装着し、いちばん上にレインパンツを穿くのである。このほうがゲイター／スパッツがずり落ちにくい。なぜなら滑らかな素材のレインパンツは滑りやすいが、トレッキングパンツは滑りにくいという当たり前の理由だからである。このやり方だと靴にさらに雨が浸入しにくくなるというメリットも加わり、きわめて合理的である。

さて、雨の登山でもうひとつ大事なのは、雨は寒さを伴うことが多いので、防寒をしっかりすることだ。真夏でも標高の高い山だと、雨天のときはけっこう温度が下がる。三〇〇〇メートル級の山の稜線では、雨の夏山で低体温症になって遭難する人が毎年出ている。夏であっても、つねに薄手のダウンジャケットを防水ポーチ入れてバックパックに収めておこう（ダウンジャケットをお勧めするのは、ポーチに押し込めば非常にコンパクトになるからだ）。

防水と防寒をしっかりすれば、雨の山は楽しい。雨の日にしか見られない景色を、じっくりと楽しもう。

## 冬こそフラット登山の醍醐味が味わえる

冬のフラット登山は最高に楽しい。これはわたしが自信を持って太鼓判を押せることだ。その話をする前に、冬の登山についての定義を確認しておかないといけないだろう。まず「冬山」と「冬の山」はまったく違うものである。一般社会にはここを混同している人が実に多い。冬山とは、登山界においてはイコール雪山である。では雪山とは何かと言えば、雪が降り積もり、夏の登山道がかき消されてしまっている状態の山をいう。逆に、夏道が露出していてそこに東京で降る程度の軽い雪が積もっているだけの登山道を歩くのは、雪山登山ではない。雪山の登山とは、夏道が埋もれて見えなくなっている山をルートファインディング（前にも説明しているが、どこをどう登ればいいのかを地図と地形を読みつつ探しながら進むこと）をしつつ登り、雪が深くて膝ぐらいまで潜るようであればスノーシューやワカンを履き、凍っていて登山靴では滑ってしまうようならアイゼンを装着する準備をしておく。雪の中を滑落する危険性もあるので、雪氷に突き刺して支点にできるピッケルを持参する。そういう登山が、雪山登山である。

また同じ雪山登山でも、厳冬期の柔らかい新雪の時期と、春に気温が上がり雪は固く締まっている時期では、登山のスタイルもずいぶん変わってくる。前者が冬山登山や厳冬期登山と呼ばれるもので、後者は春山登山と呼ばれる。

東京で雪が降ったその日や翌日だと、奥多摩や奥武蔵の一〇〇〇メートル級の山でも雪が積もっていることがある。しかしこれは雪山登山でも冬山登山でもない。あえて表現するとすれば「雪が積もった山の登山」でしかない。

このように「冬の山を登る」ということばの意味も、大きく二つに分かれる。雪山登山と「雪山登山ではない冬の登山」である。そして本書で熱烈にお勧めしたいのは、後者の

「雪山登山ではない冬の登山」だ。

登山の経験があまりない人からすれば、「冬の登山などいったい何ごとか！　寒いだけではないか！」と思うだろう。しかし冬の登山には、夏の登山にはない魅力がたくさんある。

第一に、天気が良い。これは太平洋エリア、もしくは一部の内陸エリアに限ったことではあるが、冬の西高東低の気圧配置のときは東京など太平洋岸の都市が真っ青な冬晴れの空になっているのと同じように、山も晴れている。レインウェアを出す機会も少なくて済む。

第二に、蚊や蜂などの嫌な虫がいない。夏と違って虫に刺されたり噛まれたりする心配があまりなく、鬱陶しいコバエやブヨにまとわりつかれることもない。

第三に、眺めが良い。空気は澄んでいて、遠く地平線まで展望することができる。くわえて広葉樹の葉はすべて落ちきっていて、眺めをさえぎるものが少ない。夏に歩くと緑の密集したジャングルのようになっている登山道も、冬に行ってみるとあっけらかんとするぐらいに広々とした風景に一変していることは珍しくない。

第四に、登山道が快適になる。春から夏、秋にかけては断続的に降り注ぐ雨で土が湿り、空は晴れていても登山道だけは泥沼のようになっていることがある。しかし雨が少ない冬は登山道は乾ききり、さらにその上に秋の落ち葉が降り積もってふかふかと歩きやすくなっている。ときには落ち葉が積もりすぎて厄介なこともあるが、総じて登山道を踏みしめる気持ち良さを味わえる季節だ。

第五に、気温が一定して低く、汗をかくことも少ない。夏のように気温や湿度の変化に合わせてひんぱんに衣類を着たり脱いだりを繰り返す必要がない。防寒と防風をしっかりしていれば、暖かく歩ける。

このように、冬の山には夏にはない魅力が盛りだくさんだ。何度も言うが、防寒と防風さえしっかり押さえておけば、夏なんかよりもずっと楽しいのが冬の登山なのである。防寒と防風については、第3章のレイヤリングのところでくわしく書いているので読んでほしい。

## 炎暑の夏との向き合い方

日本の夏は本当に暑くなった。東京の最高気温三七度などもはや論外だが、これだけ暑いと登山に出かけても暑い。朝晩は涼しくなると言っても、行動するのは昼間。やっぱり暑いのだ。

炎暑には、標高の高いところに逃げるに限る。とはいえ標高の高い山は峨々とした名峰が多く、気軽に登れるわけではない。高ければ登るのにも時間がかかり、日帰りでは難しいことも多い。

おまけに天気も安定しなくなっている。以前は夏山というと、登山の黄金シーズンだった。「梅雨明け一週間は晴れ」と言われ、関東なら七月二〇日前後の梅雨明けを待って登山者たちは南北アルプスや八ヶ岳を目指し、抜けるような青空に鋭角なラインを際だたせる頂上への道をたどり、夏山を堪能したものだった。

しかし気候変動の影響で、夏山のたたずまいは大きく変化しつつある。もはや「梅雨明け一週間」は過去の話となり、梅雨が明けても雨が続いたり、梅雨が明けないうちから猛暑の夏になってしまったり、年によっては梅雨明けさえはっきりしないといったことが当たり前になってしまった。

さらには線状降水帯という耳慣れない用語も天気予報でさかんに語られるようになり、風情のあった夏の夕立はゲリラ豪雨という恐ろしい名前に変わり、台風は巨大化し、つねに豪雨被害リスクを念頭に置いて山に向かわなければならなくなった。

さらにさらに、夏の高峰は人気が高く、登山者が多い。悪名高いツアー登山の団体も目立つ。なぜ悪名高いのかと言えば、ツアー登山の団体は歩く速度が遅いのに、道を譲ってくれないことが多いからだ。結果として登山道は渋滞し、多くの人が巻き込まれる。五時間の標準コースタイムのところが、六時間も七時間もかかったりする。帰りのバスや予約していた特急の時間に間に合わなくなる。踏んだり蹴ったりである。

そもそも混雑しまくってる山に泊まりがけで登るというようなやりかたは、フラット登山ではない。ふらっと日帰りで山に出かけて、人のいない静かな自然を楽しむ。そういうスタイルこそがフラット登山の真髄なのだ。このスタイルを、どう炎暑と組み合わせるかを考えるべきなのである。「涼しい北アルプスの山に登ればいい」というのは筋違いの安易な回答だ。

そこでわたしが炎暑の夏に提案するのは、標高の高い土地を水平移動するような山の旅である。

第5章の「フラット登山の計画を立てる」で紹介した浅間山麓の池の平湿原は、まさにそのようなコースだ。二六〇〇メートル近くある高峰・浅間山の山頂を目指すのではなく、中腹の二〇〇〇メートル地帯を水平移動して、高層湿原を楽しむ。

コースガイドの夏の部で紹介している富士山の宝永山火口や霧ヶ峰《きりがみね》、日光・戦場ヶ原なども、すべてこの発想でコースを設定している。

## それでも暑さ対策は万全に

コースの選定と同時に、暑さ対策も忘れてはならない。近年は標高三〇〇〇メートルの山でも日中はかなり暑くなることが多く、「高い山は涼しい」という常識が通用しなくなってきている。暑さ対策はどんな標高であっても、万全にしておくに越したことはない。

水をたくさん用意しておくのは当然のことだ。ペットボトルが手軽なので、わざわざ水筒を持ち歩く人は以前よりも少なくなった。必要な水の量はひとりひとりの体格や体質によっても違うし、歩くコースの長さや傾斜によっても異なる。わたしは真夏に四～五時間程度のコースなら、料理に使う分とは別に五〇〇ミリリットルのペットボトルを二本は用意するようにしている。ただ山仲間の水分摂取を見ていると、同じくらいの行程でペットボトル三～四本を消費している者もいる。つまり個人差が激しいので、慣れないうちは多めに持参して「自分はどのぐらいの水が必要か」を山行を重ねながら徐々に測っていくという方法が良い。

またペットボトルのぬるい水だと、休憩の時に飲んでも「ぐわーっ爽快！」という気持ちにはならない。あくまでも汗で蒸発した水分を淡々と補給している物理的な作業でしかない。そこで炎暑への気持ちを奮い立たせるためには、保温能力のある水筒を持参し、冷たい飲料を詰めていくことを勧めたい。

第4章の食事と飲み物で解説したサーモスの山専用ボトルやモンベルのアルパイン・サーモボトルは、熱湯だけでなく冷たい飲料にも対応している。冷たい飲料を運ぶのならここまで高性能である必要はないので、もう少し安価な保温水筒でもかまわない。たとえばサーモスの「真空断熱ケータイマグ」は五〇〇ミリリットルで二〇〇〇円台から購入できる。

そして保温ボトルに詰めるのはただの冷水ではなく、スポーツドリンクなどにしてみよう。ぐいっと飲めば、休憩のときの復活度合いが全然違う。わたしのお勧めは、前にも書いたが味の素から出ている「アミノバイタル　クエン酸チャージウォーター」だ。クエン酸の酸っぱさが、疲れた身体に最高に心地良い。

## 脱水対策に「塩分」

水とスポーツドリンクだけで炎暑を乗り切れるかというと、まだひとつ足りない要素がある。それは「塩」だ。脱水症状のようになると、いくら水を飲んでも渇きが癒されなくなることがある。夏山でバテて水を大量に飲んでいる人がいるが、水をいくら飲んでも渇きは癒やせない。

そういうときはたいてい塩分が足りていない。大量の汗をかいて、身体から塩分も排出してしまっているからだ。

そこで登山のときの携行品としてかならず持参してほしいのが、「塩タブレット」である。これは飴とかキャンディではなく、純粋な塩を錠剤のかたちに固めただけのものである。その分、即効性がある。わたしはアマゾンで二四〇粒入りのものを購入し、一〇〇円ショップで買った小さなプラのボトルに小分けして登山用の小物ポーチに収めている。これは第3章のパッキング術のところで書いた。

スタート地点から歩きはじめて一時間ぐらい。ほどよく汗が噴き出してきたころあいに、この塩タブレットを三錠ほど水で流し込む。決してガリガリ噛んだり舌の上で溶かしてはならない。ただの塩なので思いきりしょっぱい。溶けないうちに水でさっさと流し込んでしまう。この儀式を最初にやっておくと、汗を大量にかいても（水さえ定期的に飲んでおけば）脱水症状にならないですむ。

## 虫よけ対策にはハッカ油

炎暑の夏でもうひとつ大事なこととして、刺したり噛んだりしてくる厄介な虫への対処がある。虫よけスプレーでも構わないが、わたしはハッカ油を少し水で薄めたものを小さなスプレー容器に移し替えて持参している。容器が虫よけスプレーよりもコンパクトにできるし、暑い夏にハッカのにおいは清涼剤としても非常に気持ち良い。

ただハッカ油は、たいへんな目に遭うこともあるので気をつけたほうがいい。うっかりハッカ油が指についたまま目をこすったり、最悪なのは顔に噴射してしまったりすると……。わたしは以前、夏の終わりにひとりで北八ヶ岳をテント泊縦走していて、夕方の誰もいない稜線上で誤って目にハッカ油を噴射してしまったことがあった。悶絶しそうになるわ、目が開かないわ、で三〇分近く呻いていたことがある。正直ちょびっとは「このままここで、オレは死ぬのか……？」と思った。ハッカ油は気持ち良いけれど、扱いには本当にご注意を。

# アフター登山のサウナという至高の快楽

登山のあとの温泉が最高に気持ち良い、ということに異を唱える人はほとんどいないだろう。だから本書でわざわざ言及するほどのことでもない。しかし、近年ブームになっているサウナが実はフラット登山とものすごく相性が良く、哲学的な親和性もあるということは案外知られていない。

二〇二〇年代にサウナブームになって現れてきた新しいタイプのサウナは、フラット登山にとても近しい哲学を持っている。

新しいタイプのサウナとはどのようなものか。森の中や湖畔などに小屋を設置し、薪ストーブを使って温めるといったアウトドア系のサウナがそうだ。こうしたサウナでは、視覚だけでなく聴覚や嗅覚、触覚など五感のすべてが自然とつながっているように感じられる。

たとえば青森県の「十和田サウナ」。十和田湖のほとりのキャンプ場にあり、バレル（樽）形状のサウナは暗く穏やかである。薪の燃えるパチパチという音以外には、静寂が支配している。ストーブにロウリュ水をかけると、お茶の香りがサウナ室に立ちこめる。小窓からは、湖畔の緑とその向こうに大きな十和田湖がかいま見える。

すっかり蒸し上げられて外に出れば、わずか一〇メートルほど先に十和田の水がある。冷たい湖に身体を浸し、木材をロープで組み立てたフィンランド製のチェアに身体を横たえると、全身が緑に染まっていく。サウナ室の中から湖での水浴び、外気浴にいたるまでの動線が実になめらかである。ひとつひとつの行動のすべてが、自然と一体に感じられるように設計されているのだ。東北の深遠な森の中にいたら、気がついたらサウナを楽しんでいた、というぐらいに自然とサウナがシームレスである。

新潟県出雲崎にある「イン・ジ・アース」というサウナ。日本海に沿って何もない海岸の道を走り、「本当にこんなところにサウナがあるのか?」と思わせるような小径を曲がってわずかに登ると、二階建ての古い小さな校舎がある。かつて臨海学校に使われていたという。

校舎の前に、アースバック工法で建てられたサウナ室がある。丸みを帯びて、まるでおとぎ話に出てくるホビットの家にようなたたずまい。中央に電気ストーブが設置され、サウナストーンに水をかけると狭い室内は蒸気が立ちこめるが、しっくいでできた壁はまったく熱さを感じない。ひんやりとした壁に身体をもたせかけながら、熱い蒸気を浴びる対比が最高というしかない。

摂氏一〇度の冷たい水風呂をくぐり抜けて外に出ると、下り坂の先に海が広がっている。長椅子に横たわって晴れた海を眺めていると、臨海学校の子どもたちが歓声を上げていた昔の風景が甦ってくるように感じる。自然とサウナと自分が一体になる感覚があるのだ。

これらの感覚は、まさにフラット登山が目指している境地そのものだ。

北欧フィンランドのサウナについて書かれた書籍『究極の「サウナフルネス」』（カリタ・ハルユ、邦訳は東洋経済新報社、二〇二三年）によると、かの国のサウナ体験には五感のすべてが備わっているという。

薄暗いサウナ室の中で、メラメラと炎を出して燃える薪という視覚。パチパチと音を立てる薪や、シューッというロウリュの聴覚。薪が焼けていく香ばしい香りや、外気浴の雨のにおい、そして夏の草いきれ。冷たい水、熱い蒸気、肌にまとわりつく湿度と温度という触覚。外に出て飲み干す一杯の水やお茶が、五臓六腑に染みわたる味覚。

この「五感のサウナ」は、日本の昭和風な伝統的サウナとはだいぶ異なっている。昭和サウナは、テレビを見ながら時間の経過をひたすら我慢し、熱さに耐えることが楽しみである。しかし「五感のサウナ」は、サウナ室にいるときでも全身の感覚をフルに開くことができる。

フラット登山も同じである。快晴の高峰の稜線でも、しとしとと雨の降る森林の山道でも、しんと静まり返った降る雪の中を歩く時でも、登山者はつねに全身で「山」を感じている。フラット登山は、五感のすべてをフルに駆使した遊びなのだ。

## 五感×五感の相乗効果

フラット登山とサウナはとても相性がいい。歩き続けるフラット登山で五感で自然を感じ、その後にサウナに入って、再び五感で感じる。五感と五感の二乗なのだから、気持ち良くないはずがない。

先ほど紹介した『究極の「サウナフルネス」』にも、サウナの前に森林浴をしようというアドバイスがある。サウナに入る前に、森の中を二〇分ぐらい何も考えずに歩き、嗅覚に意識を集中し、苔や針葉樹や白樺の香りを楽しむのだという。

自然と自分との「回路」をオープンに開いておこうということだ。森林浴で自分の身体や心の中に自然がしみじみと入り込んできて、その状態のままでサウナ室に足を運べば、サウナと自分と自然のすべてがひとつになっていくような感覚を味わえるのだ。

歩き終えてあらかじめ決めておいたゴールに到達し、足の疲れに満足しながらサウナに向かう。さっきまで壮大な針葉樹の森の中にいて、苔のにおいを身体いっぱいに吸い込んでいた自分が、いまはサウナ室で薫り高いアロマのロウリュの蒸気を浴びている。山とサウナはダイレクトにつながっている。

そしてもうひとつ、登山のあとのサウナには素敵なオマケもある。

『究極の「サウナフルネス」』は書いている。「サウナは、運動した後の疲労回復にも効果がある。サウナの熱が筋肉の緊張を解きほぐし、身体がリラックスするのを助ける」

そう、疲れ切った足の緊張がサウナ室の高温と水風呂の冷温で繰り返しもみほぐされ、足の疲れは急速に治まっていく感があるのだ。もし今度機会があればぜひ試してみてほしい。疲れてむくんだ足をサウナが癒すというのが、どれほどの悦楽かを味わっていただけると信じている。

五感の二乗で全身の感覚を駆使し、そして足の疲れもとれる。こんな最高の体験は、人生の中で他にはない。

# 第7章

# フラット登山コースガイド30

ここからは、フラット登山に最適なモデルコースを紹介していこう。第1章「まったく新しい歩く旅『フラット登山』を提唱する」で、フラット登山における官能的な山道の要素として、次の五つの要素を提示した。

「異世界に迷い込んでいる」
「広大で開放感がある」
「変化に富み、足に快感がある」
「冒険心が満たされる」
「霊性に畏怖を感じる」

これらの官能的な魅力を、これから紹介するコースは存分に満たしている。それぞれの官能度に分けてコースを紹介しているので、ぜひ歩いてみてそれらの魅力を堪能してほしい。

＊難易度は、「レベル1＝初心者でも誰でも〜レベル4＝そこそこ難易度高し」で表しています。
＊地図は簡略化してあります。スマホに地図を落とす際の参考にしてください。
＊最新情報を確認のうえ、お出掛けください。

# 〈異世界に迷い込んでいる〉

春

## 日本最強の異世界
## 富士樹海をくぐり抜ける

富士山の山麓に広がる青木ヶ原樹海。「自殺の名所」とか「入り込むと方位磁石さえ機能しなくなり、迷って出られなくなる」とおどろおどろしいイメージばかりが流布されてきた。しかしこの樹海のまっただ中を、日本の伝統的な山道である東海自然歩道が貫いて整備されていることはあまり知られていない。ほとんどアップダウンもなくて平坦で歩きやすく、そして樹海特有の奇怪な光景が存分に楽しめる。

東海自然歩道で青木ヶ原樹海を歩けるのは、観光地として有名な富岳風穴と本栖湖のあいだである。富士急行の富士山駅から新富士駅行きの富士急バスに乗れば、どちらのバス停でも下車することができる。この日のわたしたちは、本栖湖から入るルートを選んだ。本栖湖観光案内所というバス停で下車し、道路を北に少したどると、右に折れるわかりやすい未舗装道がある。ここが東海自然歩道の入口だ。しばらく行くと、唐突に広い草地に出て道が途切れているように感じるが、右奥のほうに目をやれば、道は続いている。緑の濃い森の中を、さらに進んでいく。

広い草地を抜けて、青木ヶ原樹海を目指す。

環境省が整備している東海自然歩道は国費が投じられているだけあって、道は徹底的にきれいに整備されている。あまり歩いている人がいないのが本当にもったいないが、だからこそわれわれは何ものにも邪魔されず静寂のフラット登山を堪能できるのだ。

さっきまでバスで走ってきた国道一三九号を、小さな歩行者用トンネルでくぐり抜けてさらに道は続く。スタートから一時間ほど歩くと、唐突に広々と開けた住宅街のような場所に出る。初めての人は、この広大な森の中になぜ住宅街!? と皆が驚く。それほどまでに落差が激しい。

ここは知る人ぞ知る、精進湖民宿村だ。もともとは樹海のただ中だったが、台風災害で大きな被害を受けた近くの集落が丸ごと引っ越してきて、ゼロから開拓してできた。グーグルマップの航空写真で上空から見てみるとわかるが、見事に人工的に樹海が四角く切り抜かれている。

一九七〇年代には現在のJRである日本国有鉄道が「ディスカバージャパン」というキャンペーンを展開し、それに伴って国内旅行のブームが起き、各地に民宿やペンションが林立した。この集落でも民宿を開業する人が続出して、それで民宿村と呼ばれるようになった。

しかしあれから長い年月が流れ、民宿は少なくなり、人口も減り、子どもたちが通っていた小学校や保育所も廃止され、草の中に埋もれている。それでも精進湖民宿村は整然と美しく、樹海の中で生きつづけている。

民宿村の端から端まで歩き、ちょうど反対側に東海自然歩道への入口がある。このあたりから、本格的な樹海の森らしくなってくる。青木ヶ原樹海の発祥は、平安時代にさかのぼる。富士山の貞観大噴火で膨大な量の溶岩が流れ込み、樹木も何

深い森から唐突に住宅街に飛び出す。精進湖民宿村。

もかもが焼き付くされた。冷えた溶岩は地面のそこらじゅうに空洞をつくり、やがてその上に針葉樹や広葉樹が生え、千年以上もかけて今のような奇怪な景観を作りだした。

デコボコの岩と、その上をくねるように這い回る樹木の根、さらにその上に苔がびっしりと生えて、いったいどこに地面がありどこに穴が開いているのかは容易にわからない。いったん道から外れて入り込むと、歩くのも非常に厄介である。方位磁石の効きはどうなのかはわからないが、自殺志願者が樹海の奥に入り込んでしまうと捜索さえ難しいというのは、この複雑怪奇な地形に理由がある。

森の中の開けた場所に出た。別の登山道と十字に交差している。富士山の精進湖口登山道だ。ここから富士五合目まではコースタイム七時間。さらに頂上までは五時間あまり。ものすごく長大な富士登山ルートである。五合目までクルマで行ける時代に一合目から歩いて頂上を目指す人はほとんどいないだろう。十字路に佇んでいる古びた社が、その長い歴史を感じさせてくれる。

樹海の道をさらに進む。併走している国道一三

溶岩のうえに樹木の根がくねくねと這い、それを苔が覆い尽くす。青木ヶ原樹海の森の異形な風景。

九号と距離が近くなり、ときおりクルマの音が聞こえるようになる。ちょっとうるさい。

十字路から一時間三〇分ほど歩けば、富岳風穴の道しるべが現れる。まっすぐ進んで風穴を観光するのもいいし、駐車場の道しるべ通りに進んでそのままバス停に出ても良い。バス停の横には売店があって、外国人観光客がソフトクリームを舐めている。いままでの異世界とは打って変わって、平和で賑やかな下界に引き戻された。

青木ヶ原樹海をひたすら歩いていく。

【歩行タイム】

三時間ぐらい。

【難易度】

レベル1＝誰でも楽しめる初心者向けコース。

【高低差】

登り下りはほとんどなく平坦。

【足まわり】

精進湖民宿村の中を除けば舗装道はなく、すべて登山道なので、登山靴で。

【お勧めの季節】

春から夏、秋まで。冬は積雪がある。樹海の道は標高一〇〇〇メートルぐらいあり、真夏でもそこそこ涼しい。

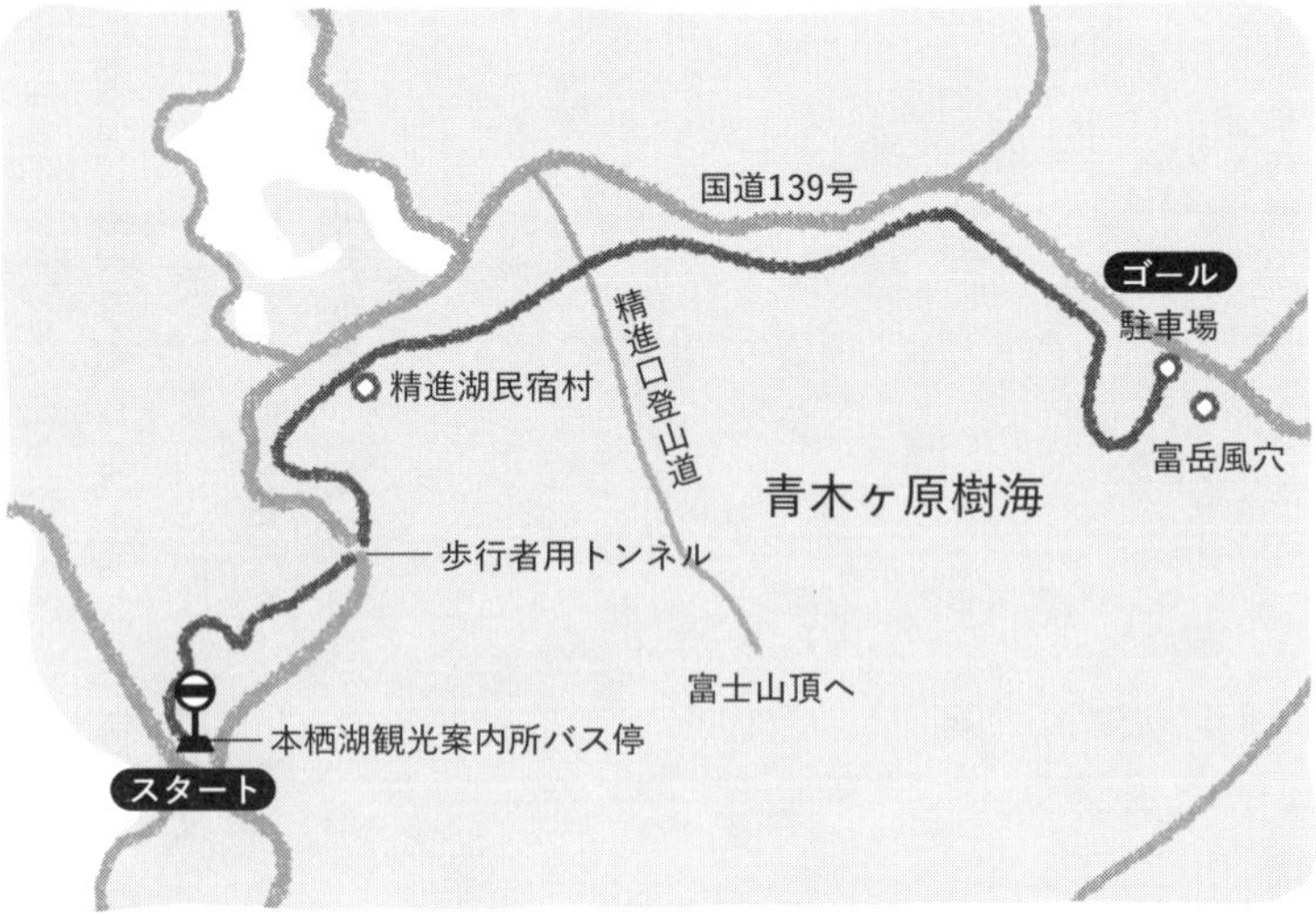

春

## 軍事要塞と岬めぐり

# 房総半島大房岬をぐるり一周

春が本番になってきて、「岬をめぐりたい」と思った。四月の後半は新緑が萌えはじめる季節だが、二〇〇〇メートル以上の高い山ではまだ春先。新緑を期待して歩いてみたら、まだ枯れ野だった。寒くて震えるばかりだったというのは、よくある失敗だ。だからこの季節は山ではなく、海辺で一足早く初夏の気分を味わいたい。

東京から日帰りできる距離で、鉄道駅から歩いていける岬はどのぐらいあるだろうか。三浦半島の三崎は近い印象があるが、鉄道で行こうとすると京浜急行終点の三崎口駅からバスで二〇分以上もかかる。わたしの歩いた経験で言えば、同じ三浦半島の観音崎が浦賀駅から徒歩四〇分。伊豆の真鶴半島も駅から歩けて素晴らしい（本コースガイドで紹介している）。そして房総半島の大房岬《たいぶさ》。

この日、わたしは新宿から特急さざなみでJR内房線の富浦駅に向かった。この特急は週末だけ運行されていて、午前八時前に新宿を出て富浦には午前一〇時ちょうどに着く。帰路には同じさざなみで富浦を午後四時過ぎに出発し、新宿に午後六時過ぎに到着。つまり朝一〇時から夕方四時までの六時間たっぷり、バスの時間なども気にせず富浦駅からのフラット登山に使えるという計算になる。そして行きも帰りも指定席で熟睡できるという贅沢ぶりだ。

富浦駅で仲間たちと待ち合わせた。こじゃれた中華料理屋が一軒あるだけで、それ以外は見事に何もない閑散とした、しかしきれいな駅前である。突き当たりの内房なぎさライン（国道一二七号）を越えると、すぐに海岸に出る。四月末のこの時期はさわやかな海風が吹いていて、最高の快適さだ。

富浦駅から住宅街を抜けると、突き当たりは海だ。

海岸に沿って進んでいくと、海に向かって長く突き出している岡本桟橋がある。ちょっとした名所になっているようで、突端で写真を撮っている人たちがちらほらといる。桟橋から海面を眺めていると、シーカヤックの人やSUPを漕いでいる人、釣り人、さらに少し先の海岸キャンプ場ではテントを張ってご飯を作っている人たちも見えて、ああ何て平和な光景なのだろうとなごむ。

前方に大房岬の森が見えてくるが、海岸沿いに進む道はまもなく行き止まりになった。岬に出るにはいったん車道に出て、目の前にある深緑の盛り上がりを登らなければならない。ほんの一五分ほどだが、けっこうな大汗をかいた。海辺のこの土地にはもう初夏が来ている。丘の上に出ると、そこが大房岬自然公園の入口になっている。

広い芝生があり、展望台があり、しかし人の姿はなく、静かすぎるほどに静かだ。平凡なたたずまいに見えるが、この公園にはあまり知られていないすごい遺物がある。太平洋戦争中の要塞の跡がそのまま遺されており、中まで見学できるようになっているのだ。「要塞跡」という道しるべにしたがって進むと、小さなキャンプ場を越えた岬の先端近くにそれはある。

森の中を見渡すと、コンクリートで固められた非常口のような構造物が隠れているのがわかるだろう。「ここから先は立ち入り禁止」と札が出ていて一瞬ひるむが、よく見ればその横に立ち入り可能な通路が口を開けている。

通り抜けると、コンクリートに四方を固められ

かつての要塞の底から、青い空を見上げる。

た不思議な空間があった。さらに下り坂のコンクリトンネルが続いていて、その先に縦穴のような空間があるのがうっすらと見えている。まっくらなトンネルを恐る恐る歩いて縦穴に到達。台座のようなものがあり、周囲には電線を留めていた器具の跡やレールのようなものや、古びたさまざまな設備の痕跡がある。それらが何の役割を果たしていたのかは素人には判然としなかったが、「ザ・大日本帝国」というものものしい重厚な雰囲気だけはたっぷり味わえた。

後から調べてみたところ、縦穴はサーチライトの基部だったという。周囲には弾薬庫や発電所などさまざまな要塞跡が点在し、それらが緑の中に埋もれていて、「国破れて山河あり」という古い漢詩の一節が頭をよぎっていく。

要塞跡を堪能したら、このまま富浦駅に戻ってもいい。だがわたしたちは「今日は初夏の暑さだし、歩き終えてビール飲むのはどうだろう?」という欲望に突き動かされ、駅から二〇分ほどの距離にある「道の駅と

崖観音の偉容を間近に仰ぎ見る。

みうら」を目指すことにした。コースを設定しようと地図を眺めていると、さらにその向こうには「崖観音」という不思議な寺があることを発見。帰りの特急まではまだかなり時間があるので、足を伸ばすことにしよう。

崖観音に着くと、その光景に非常に驚かされる。本当に崖に寺がへばりついている。おまけに崖はオーバーハング気味にせり出していて、まるで寺がぶらさがっているように見える。急な石段を延々と登って本殿にたどり着き、後ろを振り返れば海が広がっていて絶景。最高の気持ち良さだ。

崖観音から歩いてきた道のりを望む。広大だ。

さらに足を伸ばし、崖観音の山の後ろにまわってみる。ちょうど田植えが終わったばかりの水田にはたっぷりと水が溜められ、周囲の緑を映している。名産ビワのビニールハウス群を眺めつつ、道の駅に到着した。信じられないぐらいの人混みで、一気に都会の空気へと引き戻されるが、クラフトビールで乾杯し、ゆるやかに身体がほぐれる。

富浦駅に帰着した。しん、と静まりかえった古びた待合室に荷物をおろした。外はすっかり初夏の陽気だけれど、いまはほの暗い待合室の空気が嬉しい。たくさん汗をかいて歩いた後に、くつろげる場所で心を静める。フラット登山の最高のエンディングってこれだよなあ、としみじみと堪能して旅を終えた。


【歩行タイム】

大房岬を往復するだけなら三時間ぐらい。崖観音もまわるコースだとトータルで五時間あまり。

【難易度】

レベル2＝コースの道しるべなどはないので、グーグルマップを見ながら自分でコースを作っていく必要がある。

【高低差】

大房岬へは短い急登がある。それ以外は平坦。

【足まわり】
ほとんどが整備された舗装道や遊歩道なので、運動靴でも大丈夫。
【お勧めの季節】
真夏は暑い。それ以外の季節をオススメ。

春

## まるでテキサス
# 伊豆大島の火山と砂漠を歩く

歩くために離島に向かうというのは、憧れの響きがある。海に囲まれた陸地を歩いて旅をする。クルマや自転車で回るのではなく、ひたすら歩く。そういう欲求に応えてくれるのが、伊豆大島だ。伊豆大島には三原山という火山があり、山頂まで登山できるのだ。
東京・竹芝港。離岸していく客船から夜の東京を眺めるという豪華なスタートを切った。大島へはわずか一時間四五分で着くジェットフォイル船も出ているが、わたしたちが選んだのは夜一〇時に出港して朝六時に大島に着く大型客船だ。なぜわざわざこの長旅を選んだかというと、この船に乗ると、三原山の登山口にある大島温泉ホテルの朝食休憩プランというのを利用できるからだ。事前に予約しておけば、大島港までバスで迎えに来てくれて、朝めしを食べて、朝風呂にも入れる。そして登山に出発！という最高のプランである。

大島温泉ホテルの風呂からは、目の前に三原山がドーンと見えて、否が応でも気分が高揚してくる。

登山道は森の中を進んでいく。植物相がもう本土とは全然違う熱帯っぽさがあり、ますます気分は高揚してくる。森を抜け、灌木がまばらに生える草原に出て、景色は一気に広がった。細かい火山岩の砂が敷きつめられ、歩きやすい道をひたすらたどる。何もない荒涼とした土地にたたずんでいると、まるで火星の砂漠に取り残されているような異世界感がある。

ホテルから一時間ほどで到着する三原山の山頂

夜10時に竹芝から出港する伊豆大島行きフェリー。東京の夜景よさらば。

には、噴火口がぽっかりと口を開けている。お鉢めぐりでぐるりと火口をまわることができる。ところどころに解説のパネルが設置してあり、一九八六年の大噴火は写真を見るだけでも恐ろしい。この大噴火で溶岩が大島の街へと迫り、全島民と観光客の一万人あまりが全島避難。約一か月にわたって本土での避難生活を強いられることになった。三原山は過去にも何度となく噴火している。激しい活火山なのだ。

荒涼とした火山の大地を、三原山へと向かう。

テキサスコースの砂漠の道をひたすら海へ。

頂上からは「テキサスコース」という長い山道を下っていく。米国テキサス州のチワワ砂漠に似た光景だからと、こういう名前になったのだという。たしかにとても荒涼としている。この道のあたりから広がっている「裏砂漠」は、黒い火山岩の砂に地面が覆われて草木もほとんど生えていない。国土地理院が発行する地図に、日本でただひとつ「砂漠」と表記されている場所なのだという。

テキサスコースは途中から暗く湿った森の中へと突入し、ますます異世界に没入していく。やがて樹々のあいだから海が見えてくる。車道に出ると、もうそこは大島公園だった。ここから港へは路線バスが出ている。元町港に向かい、興味津々で地元スーパーに入ってみると、とても旨そうな海鮮丼を売っていた。これとビールを片手に海岸に出て、みんなで騒ぎながら海鮮を堪能して、なんだか遠足のような一日だった。

帰路はジェットフォイル。往路の長旅が嘘のようにあっというまに都心の竹芝港に着いた。

**【歩行タイム】**
大島温泉ホテルから三原山の山頂をお鉢めぐりするだけなら二時間ぐらい。頂上からテキサスコースを経て大島公園までは三時間。

**【難易度】**

レベル２＝テキサスコースは道がわかりにくい地点がいくつかあるので要注意。
【高低差】
頂上まではゆっくりとした登り。
【足まわり】
登山靴が必要。
【お勧めの季節】
秋から冬、春までが良い。陽射しをさえぎるものがなく、夏は暑い。

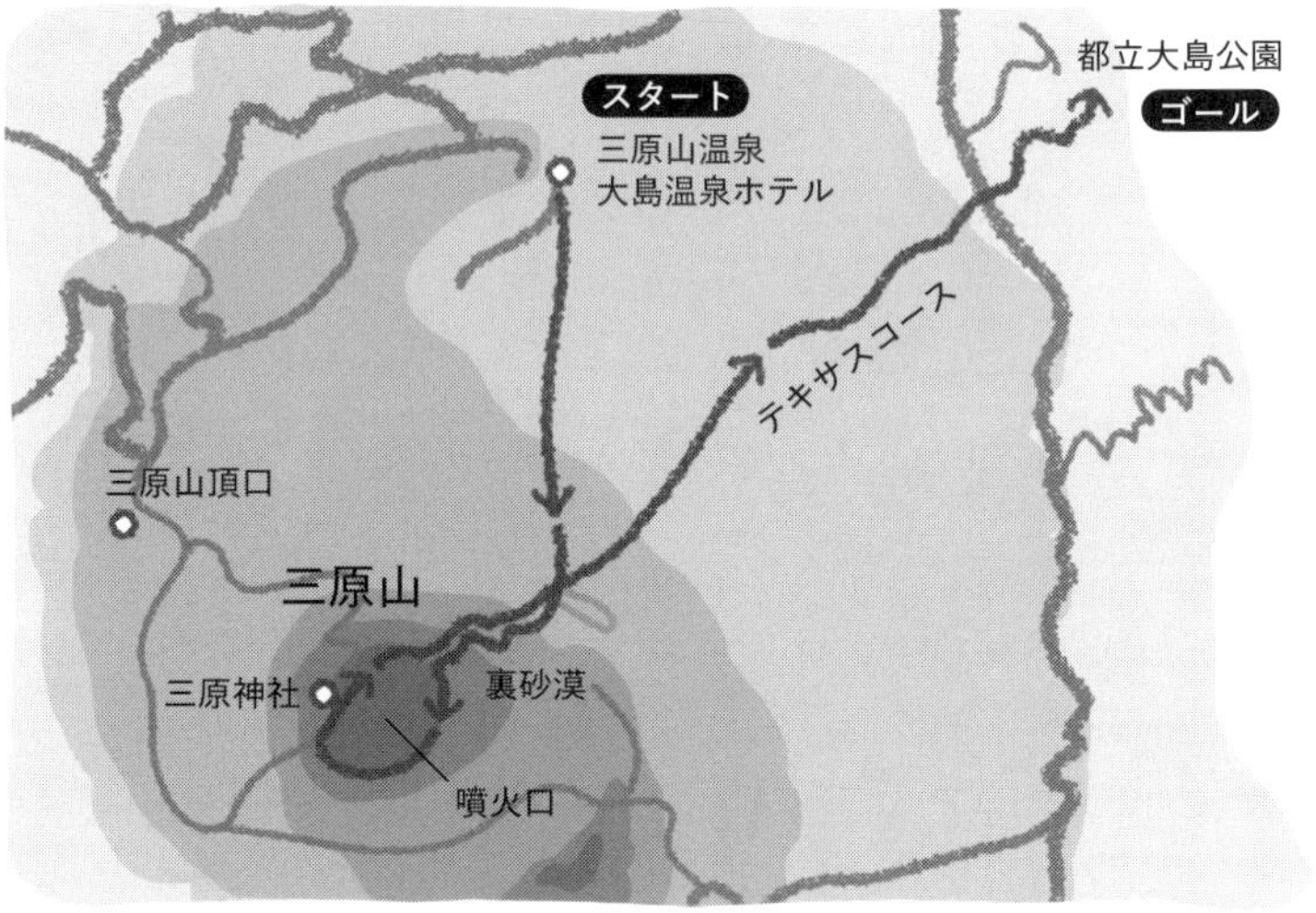

秋

## 浅間山と八ヶ岳にはさまれたトレイル
# 変化に富む千曲川をひたすら楽しむ

長野県の東部は東信州、略して「東信」と呼ばれている。東信は浅間山と八ヶ岳という二つの名峰にはさまれた盆地で、晴れの日数が日本でもトップクラスという最高の土地である。

この東信に、最近になってロングトレイルのコースが拓かれた。その名も「浅間・八ヶ岳パノラマトレイル」。今日はこのトレイルの中から千曲川コースをたどろうというプランだ。わたしたちは、しなの鉄道・小諸駅前で待ち合わせた。小諸市は北陸新幹線の駅ができなかったため、となりの佐久市とくらべると寂れてしまったとさんざん言われてきた街である。しかし佐久はクルマ中心の街になり、街道沿いにはチェーン店の巨大店舗が立ち並んでいるものの、歩ける街路があまりない。それに対し、小諸は近年になって移住者が増えたことなどもあり、駅周辺には小さなレストランや店舗がたくさん増えている。歩いて楽しい街に変身しつつあって、フラット登山と相性がとても良い。個人的にも非常に好きな街である。

小諸の繁華街から駅をはさんだ反対側には、もとはお城だった懐古園という広い公園がある。浅間・八ヶ岳パノラマトレイルは、懐古園の南側にある急な坂を千曲川に向かって下っていくところから始まる。このあたりでは千曲川が深く土地をえぐっており、懐古園の後ろは急な崖になって千曲川へと落ちこんでいる。

川に近づくと、水色の丸っこいオウムガイの化石みたいな遺物があった。昔の水力発電

懐古園のそばの急な坂を千曲川に下っていくところからスタート。

オウムガイのような不思議な形状をしたフランシス水車の遺物。

で使われた「フランシス水車」というものらしい。そういえば隣町の軽井沢を舞台にした大好きな小説『火山のふもとで』を書いた松家仁之さんには、『沈むフランシス』という作品がある。この小説がフランシス水車を題材にしていたのを思い出した。フランシスというのはこれを発明したアメリカ人の名前だという。

千曲川を上流へと向かう。川の両側はみごとに崖になっている。秋の陽射しが気持ち良い。内陸である東信はいつも天気が良いので太平洋側の印象があるが、千曲川は新潟では信濃川に名前を変えて、日本海に流れ込む。つまり日本列島の分水嶺よりも北にあるため、日本海側に位置している。

橋を渡り、崖の上にある集落を目指す。ススキの穂が揺れている。寒い季節が近づき、ところどころの地面にはもう霜が降りている。さらに山の奥へと進んでいくと、突如として灰褐色の巨大な断崖が目に入ってきた。「岩根の断崖」と呼ばれているところで、道は断崖の横の森を急登して向こう側へと続いている。ハアハア言いながら登って、かえって身体が温まって気持ち良い。

複雑な地形が続き、集落と畑と山が交雑するような地形のなかをゆるゆると進んでいく。まるでファンタジー小説に出てくるホビットの村の森を歩いているようだ。

ファンタジー感をさらに抱かせる氷風穴《こおりふうけつ》というふしぎな遺物まで登場してきた。昔から貯蔵庫として使われ、明治時代にはカイコの卵を保存するのにも使われていたらしい。

千曲川から離れて大きくぐるりとまわってきたコースは、またも川へと戻り、赤くきれいな大久保橋をわたり返して懐古園への急登で終わる。またも汗をかきながら懐古園にたどりついた。

今日はクルマで来たので、佐久の高台にある「平尾温泉　みはらしの湯」へと向かう。ここは秋から冬にかけての晴れた日に周囲を見渡すと、浅間山と八ヶ岳だけでなく、霧ヶ峰高原や美ヶ原高原、さらには遠く北アルプスや中央アルプスまですべて見える。北アルプスのふもとの松本からは決して見えない槍ヶ岳まで見えてしまう。山好きの人間にとっ

美しい千曲川の流れがこのコースの真骨頂だ。

峨々とした「岩根の断崖」が行く手をさえぎる。

広々とした晩秋の田園風景を行く。

ては天国のような温泉なのだ。


【歩行タイム】

四時間三〇分
【難易度】

レベル2＝コースの道しるべは少なく、グーグルマップを見ながらルートファインディングする必要がある。

【高低差】

急登が二か所ある。それ以外はおおむね平坦。

【足まわり】

舗装道を多く歩くが、一部は山道。登山靴のほうが良い。

【お勧めの季節】

真夏は暑い。それ以外の季節をオススメ。

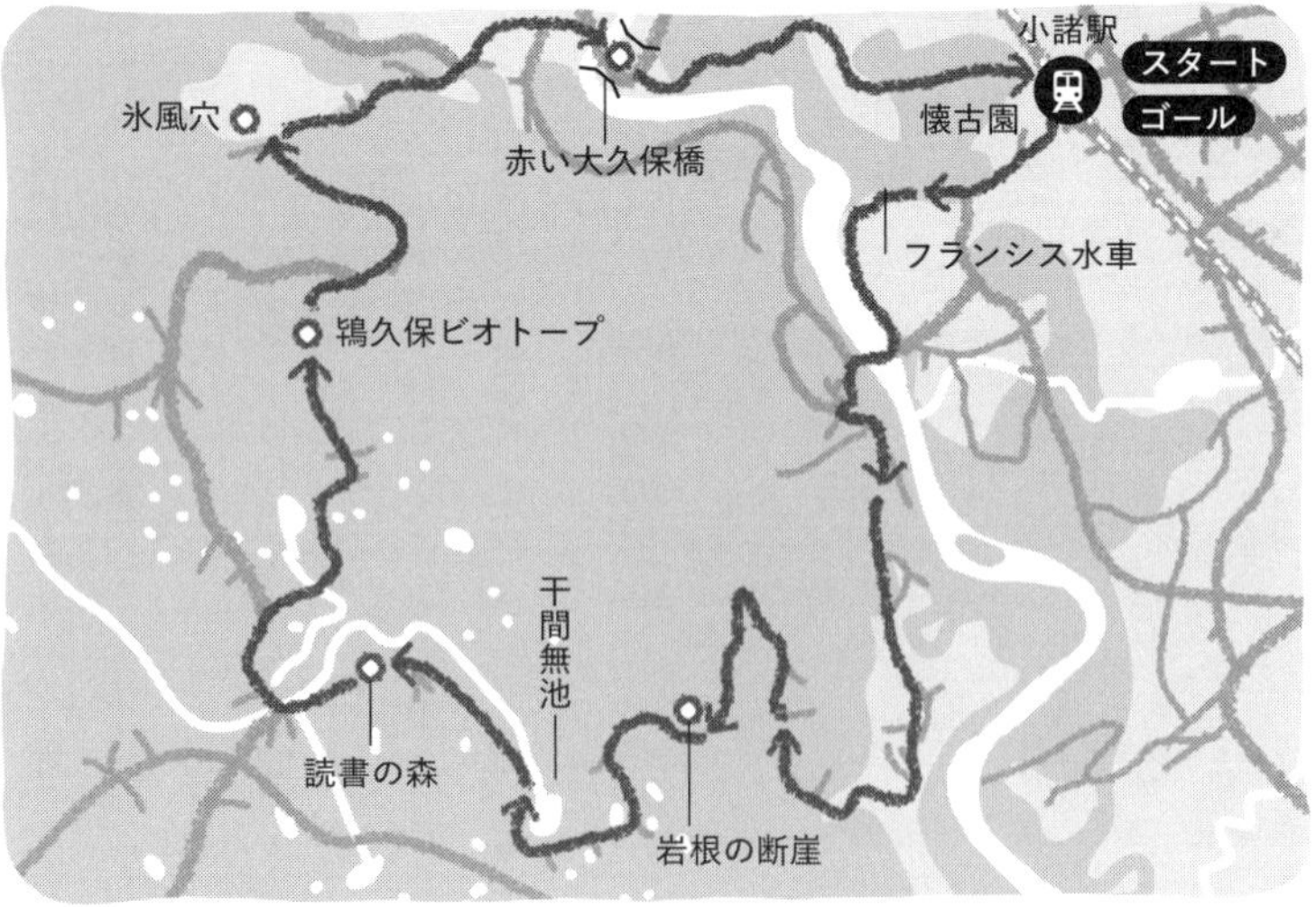

秋

## 廃バスと廃墟の峠道をたどり

# 軽井沢から群馬へ

東京からだだっぴろい関東平野を抜けて北西へ向かい、群馬県に入る。群馬は北方をぐるりと高い山に囲まれ、どん詰まりのような地形になっている。冬になるとピューピューと上州名物のからっ風が吹くのは、この地形のためだ。シベリアからの季節風が山々にぶつかって日本海側に大雪を降らせ、水分を落としてただ冷たいだけの乾燥した風が、県境の険しい山々を越えて群馬に吹き下りてくるのである。

この群馬の地形が、歴史的に東京から新潟や長野に向かう交通を困難にしてきた。たとえば東京から新潟に向かう交通を考えてみたい。現代ならルートは容易である。鉄道なら上越新幹線、クルマなら関越自動車道をまっすぐ走るだけでいい。新幹線なら東京から新潟までは二時間もかからない。あっという間だ。

新幹線も在来線も高速道路も、県境の谷川岳直下を貫くトンネルを通っている。最初の在来線トンネルが開通したのは昭和の初めのことだ。それ以前はトンネルはなく、三国峠という難所を越えて行き来するしかなかった。しかし冬は豪雪、それ以外の季節も豪雨や土砂崩れが多く、気軽に越えられる場所ではなかった。

では東京と新潟のあいだを、どのようにして行き来していたのだろうか。答えは「長野経由」である。群馬から新潟へまっすぐ北に向かうのではなく、いったん西に向かって碓氷峠を越えて軽井沢に出て、そこから長野経由で大回りして新潟へと向かっていたのだ。

この碓氷峠越えも、決して楽なコースではなかった。現代の北陸新幹線で高崎から軽井沢のあいだの車窓を見ればわかるが、高崎の街を過ぎると急に前方から山々が迫ってきて、すぐにトンネルだらけの山中に突入してしまう。

旧軽井沢から、別荘地の中の気持ちの良い道を碓氷峠へ。

逆に軽井沢からクルマで高崎方面に戻ってみると、その落差はもっとダイナミックに理解できる。軽井沢駅前の繁華街を過ぎたとたんに、プツンと途切れたように店も家もなくなり、さらに進めばまっさかさまに下るように急な斜面へと道が降下していく。

たいへんな難所なのだ。それでも古来、碓氷峠越えは中山道《なかせんどう》という主要街道の一部として人々に歩かれていた。その古くからの峠越えを歩いてみようというのが、今回のコースである。

碓氷峠に向かったのは、秋も深まりつつある日曜日の朝。軽井沢駅に降りるとあいにくの雨が降っている。「雨でも晴れでも山は楽しい」というモットーをつねづね言い合っているわたしたちは、気にせず雨具を着用し、傘を差して歩き始めた。軽井沢駅から旧軽銀座を通り、由緒あるつるや旅館を眺めつつさらに進む。

公衆トイレのあるところから数十メートルほど行くと、見晴茶屋への遊歩道を指し示す小さな道しるべが道路の右側にある。

ここを入って別荘地の砂利道を歩き、吊り橋を渡り、細い登山道へと変わり、だんだんと高度を上げていく。旧軽井沢が標高約九五〇メートルなのに対し、碓氷峠は一二〇〇メートルあまり。高度差は二五〇メートルあるが、きつさをあまり感じない。ゆるやかに山腹を巻くように道は続いていて、少しずつ高度を上げていっ

古い中山道の道には、不思議な話がひそんでいるらしい。

ているからだ。人にとても優しく気持ちよい道である。

鉄製の小さな歩道橋で車道をまたぐ不思議なところがあり、やがて「見晴台」の道しるべのある分岐点に出る。すぐそこが眺めの良いはずの広場だが、今日は雨で何も見えない。立派な東屋《あずまや》があり、雨をよけて昼食をとった。

この広い一帯が碓氷峠である。車道を少し戻り、長野・群馬のちょうど県境の上に建っている熊野神社に参詣する。お茶屋などの店が並んでいるが、すぐ先で唐突に集落は終わる。ここからがいよいよ旧中山道だ。この先は登り道はほとんどなく、群馬県に向かってただ下っていくだけである。

唐突に現れた廃バスに驚かされる。かつて別荘地を開発しようとした痕跡。

途中に分岐はいくつかあるが、道標はしっかりしている。道は舗装されていないが、クルマが走れるほどに広い。そして何より面白いのは、道中に変なものがたくさんあることだ。
案内板に「一つ家跡」とあり、こう書かれている。「ここには老婆がいて　旅人を苦しめたと言われている」

いつの時代の話なのか、いったいどのように苦しめたのかもわからない。なんという情報量の少なさだろう。しかし情報量の少なさが、かえって不気味さを際だたせている。おまけに森には雨が降り、霧がたちこめていて暗い。

唐突に巨大な廃墟が現れた。ホテルの跡だろうか……と近づくと、廃墟の横には廃バスが鎮座していた。「見晴台別荘分譲地」という朽ち果てた看板もあった。かつて別荘地として造成しようとした跡のようだ。それにしても軽井沢からも群馬からもかなり遠く、稜線上の急傾斜な土地である。さすがに別荘地としては無理があったのだろう。周囲には別荘の建物は見当たらず、壊れかけた石垣や放置された土管、造成予定の区画の跡などが点在している。道もこのあたりではかなり崩れかけている。

終末的な光景だ。

さらに下ると、茶屋を中心とした古い集落の跡もあった。そして驚いたのは「ここには小学校があった」と書かれた案内板だ。こんな山中にも

峠の湯からは、歩きやすいトロッコ道をたどった。

学校があったとは。いつの時代かは不明だが、若者や子どもが多かった日本の爆発的な右肩上がりの時代を思い起こさせる。

栗ヶ原という少し開けた土地に出た。さらに一時間ほど進むと、群馬県側の宿場町である坂本に無事に到着する。碓氷峠の森公園の中に「峠の湯」という日帰り温泉があり、サウナも楽しめる。ここからＪＲ横川駅まで車道も通じているが、峠の湯の建物の裏側にぜひ回り込んでみてほしい。

小さな駅のホームがあり、線路が横川の方角へと続いている。北陸新幹線ができる以前に碓氷峠を越えていた、信越本線の跡である。ここに週末だけの運行だが、一日四本のトロッコ列車が走っている。

そしてこの線路沿いに遊歩道が横川駅近くまで続いている。舗装はされているが、この道がとても素晴らしい。途中には、明治時代に建設されたレンガづくりの旧丸山変電所もある。碓氷峠越えの信越本線を敷設した際に、電気機関車に電力を送り込むためにつくられた施設だ。レンガのトンネルを歩いて通り抜ける場所もあり、アドベンチャー感が満点で楽しい。

峠の湯で汗を流し、風呂上がりの身体にそよ風が心地良い。のんびり四〇分ほど歩くと、横川駅に着いた。駅前には、峠の釜めしで有名な「おぎのや」の創業店もあり、「こんなに小さくかわいい店だったんだ！」と驚かされた。

【歩行タイム】

五～六時間ぐらい。

【難易度】

レベル3＝あまり一般的ではない道で、歩いている人も少ない。崩れかけているところもある。途中で下山できるエスケープルートもほとんどない。ただ道は広く道しるべもしっかりしているので、迷う心配はさほどない。

【足まわり】

碓氷峠を越えてからは土の道で、ところどころ崩壊しているので登山靴が良い。

【お勧めの季節】

五月ごろから一〇月いっぱいまで。冬は積雪がある。

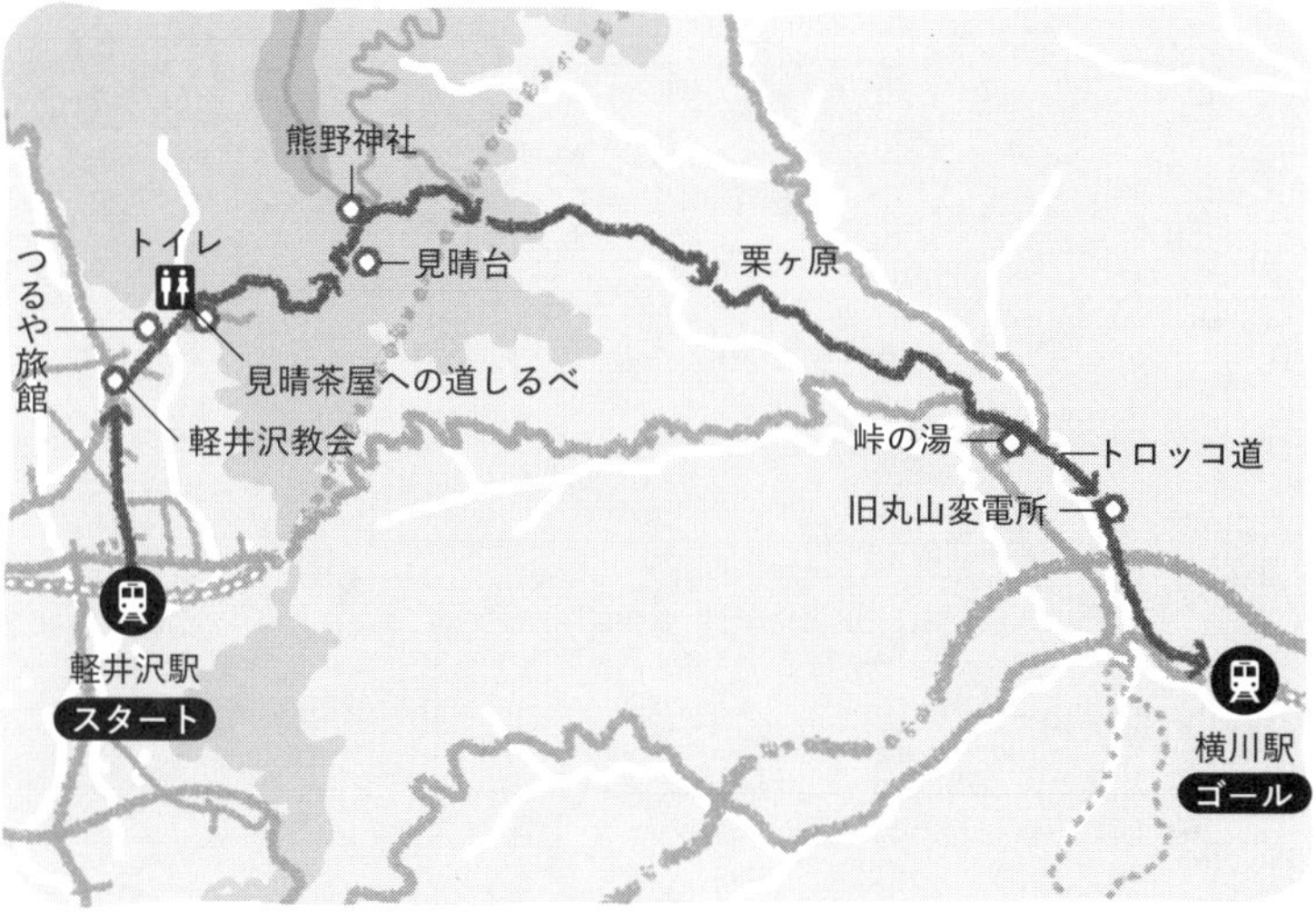

冬

# 鎌倉と横浜をまたぐ不思議な山道
# ビートルズトレイル

鎌倉の市街地をぐるりと取り囲むように連なっている標高百メートル台の低山は、鎌倉アルプスと呼ばれていて気軽な登山コースとして人気が高い。山道がよく整備されているので、トレイルランナーの姿も多い。

あまり知られていないのが、鎌倉アルプスから横浜市へと抜けられる道があることだ。しかもその大半は、歩きやすい土の道。途中で、横浜市と鎌倉市の最高峰も通る。地元の人しか知らない穴場のフラット登山コースである。

このコースの途中からは、ビートルズトレイルという名前も付けられている。音楽のビートルズとは何の関係もなく「カブトムシの通る道」という意味らしい。

JR鎌倉駅東口で待ち合わせて、鶴岡八幡宮へと向かった。食べ歩きの名所として週末にはものすごい人出になる小町通りも、平日の朝九時には閑散としている。冬のからりと冷たい空気が気持ち良い。八幡宮を右に進み、古い街並みを縫うように適当な小径を選んで鎌倉宮へと進む。鎌倉宮の正面を右に折れてすぐの突き当たりを左に曲がり、「瑞泉寺」

の道しるべを目指して歩く。瑞泉寺の山門のすぐ手前右側に「天園ハイキングコース」と書かれている。ここが鎌倉アルプスの登山道入口だ。

天園という楽園的な響きの名前は、天国の楽園のように楽しいところだからということらしい。道沿いには石仏や地蔵、やぐらと呼ばれる横穴式の墳墓などが点在していて、中世鎌倉時代からの古い巡礼路という長い歴史を感じさせる。

瑞泉寺の山門の手前にある天園ハイキングコースの入口。ここから山道が始まる。

この道のもうひとつの特色が、まったくクルマなどの騒音が聞こえないことだ。静かオブ静か。風の音と鳥の声しか聞こえない。地図で見るとわかるけれども、近くに道路がなく、深い森と谷がそのままで保全されているのだ。鎌倉の人たちが支えてきた自然保護の歴史も感じさせる。鎌倉の本質は小町通りの食べ歩きなんかじゃなく、この静かな森にあるのだ。

瑞泉寺山門から一時間ほど歩くと、「金沢八景・文庫」と書かれた道しるべのある三叉路に着く。ここが横浜方面への分かれ道なので、見落とさないように。右に曲がり、さらに進む。

土の道は相変わらずしっかりしていて、幅も広く歩きやすい。散歩姿の地元の人と何度もすれ違う。小さな切り通しが魅力的なスポットを通り抜けると、やがて左側が開けてくる。見下ろせば、そこは広大すぎるほど広大な墓地。一キロ四方もの盆地に二万五〇〇〇の墓が建っているという横浜霊園だ。「墓地に壮大さを感じるってなかなかないよなあ。高野山以来かも」などと語り合いながら歩みを進めていく。

道がふたたび大きな森の中に入っていくと、左に自然観察センターという道しるべが現れる。横浜自然観察の森というところに入ってきたのだ。

道しるべに従って左に坂を下っていくと、立派な建物とその前にいくつかのベンチ、少し離れたところには屋根のついた東屋もある。センターの中にはトイレもある（月曜日は休館だ。わたしたちは月曜日に歩いたのでトイレが使えなかった）。昼食に恰好の場所だが、火気厳禁なのでお湯を使いたいときには保温ボトルを持っていったほうがいい。

ここからビートルズトレイルに入っていくのだが、入口が少しわかりにくい。自然観察センターから東屋のある広場を右に見つつ小径を進んでいき、広場の向こう側へ回り込むように右に入る道がある。道はすぐに左に曲がり、さらに行くと左にホタル池がある。この道がビートルズトレイルだ。見つけられなかったら、自然観察センターで道を教えてもらったほうがいいだろう。

遠く横浜の住宅街を見下ろす稜線の道を歩いていく。平坦で歩きやすい。やがて尾根が少し細くなったところで、「横浜市最高峰」「大丸山」と書かれた道しるべのある分岐がある。無視してまっすぐ進んでも構わないが、大丸山は眺望が絶景なのでぜひ立ち寄りたい。一五分ほどの急な階段の登りで、頂上に立つことができる。冬の青い空、東京湾をはさんで遠く房総の山並みまでくっきりと見渡すことができて、最高に晴れ晴れとしている。

さて、ここから先はちょっとアドベンチャーなので不安を感じる人はさっきの分岐まで戻ったほうがいいかもしれない。不思議な面白い道をたどりたい人は、頂上から先を目指そう。急な階段をぐいぐいと下っていく。かなりの急降下である。「横浜最高峰に一度登りたい」というブームでもあるのか、平日だというのに登ってくる人たちもけっこう多い。そしてみんな一様に、急登で死にそうな顔になっている。

横浜霊園の近くには、なんとも魅力的な切り通しがある。

一気に下ってじめじめした沢沿いに入り、ひょうたん池という小さな湿地のような池の脇を通ると、その先はなぜか唐突にコンクリートの壁があり、道が行き止まりになっている。いや、行き止まりになっているわけではなく、コンクリ壁の横を這うようにしてコンクリ道は続いている。ここはいったい何なのかと言えば、横浜横須賀道路の施設の一部らしい。遠くからクルマの走る音が聞こえてきている。

コンクリ道の途中にT字路があり、「清戸の広場」という貼り紙がしてあるトンネルがあるのを見落としてはならない。ここがビートルズトレイルに戻る分岐だ。トンネルをくぐると草がぼうぼうの廃墟のような階段が山の上へと続いている。これを登り切り、広場というのにはあまりに狭い「清戸の広場」を抜けて下ると、ビートルズトレイルにふたたび合流できる。

「清戸の広場」へ向かう廃墟のような草ぼうぼうの階段。

ここからまたも気持ち良い稜線の道を歩き、やがて「いっしんどう広場」という眺めが良くベンチがいくつも設置されている公園に出る。公園の先にはトイレもある。ここがビートルズトレイルの終点だ。

トイレの先の道路を下っていって、

そのままJR根岸線・港南台の駅まで歩いていってもいいが、舗装道をダラダラ歩くのがつまらなければ、近くの「港南環境センター前」というところから港南台行きのバスも出ている。港南台からさらに一五分ほど歩くと（路線バスもある）「おふろの王様港南台店」という健康ランドもあって、暖まることができる。サウナもある。フラット登山の最高のエンディングである。


【歩行タイム】

おおむね四時間ぐらい。

【難易度】

レベル3＝危険なところはないが、ところどころ分岐がわかりにくく、地図を見ながらルートファインディングが必要。

【高低差】

登り下りは少ない。

【足まわり】

コースを通じてずっと山道なので、登山靴が良い。

【お勧めの季節】

秋から冬、春まで。都市郊外の公園なので、真夏は非常に暑い。

# 〈広大で畏怖がある〉

## 夏

## 宝永山火口の壮絶に息を呑む
## 富士山腹を横切る

「富士山は登る山なんかじゃなく、見るための山だ」

富士山は登らないんですか？　と聞かれるたびに、そう言っている。

「富士の秀麗な姿を堪能したいのなら、まわりにある三ツ峠山とか愛鷹山とか竜ヶ岳とかの低山に登ってそこから眺めたほうがずっといい。富士山の五合目から上なんて緑もなくて岩だらけで単調で、登ってても何も楽しくない」

とはいえ、こういう自分の発言は「ちょっと天邪鬼《あまのじゃく》すぎるかな」と内心思っているのも事実だ。富士の驚くほど広大な斜面や、そこから見下ろす雲海は間違いなく魅力的だから。

ただ、この雄大な光景を見るために一泊二日を費やし、急登なうえにものすごく混んでいる五時間以上もの登山道を歩かなければならない。この苦行が、果たしてコスパに見合っているのかということだ。

　そこである年に考えたのが、雄大な光景をつまみ食いだけして楽に歩くというコースの設定である。

富士登山はたいへんだが、富士山を横に移動していくのは実に楽である。

　五合目をスタートし、しかし六合目までしか登らず、あとは水平移動して別のコースを下山するという行程を考えてみた。山頂に行かない富士登山というのは奇妙な響きがあるが、富士下山（本コースガイドで紹介している）と並ぶ新たな富士の楽しみ方として検討してみてほしい。お楽しみは、広大な宝永山の火口の斜面と、そして「大砂走り」体験の二つである。

　スタート地点は、静岡県側の富士宮口五合目だ。新富士駅や富士宮駅からバスが出ている。夏のシーズンは自家用車が規制されており、クルマの場合はふもとの水ヶ塚公園駐車場から路線バスに乗り換える。

富士宮口五合目はけっこう狭く、夏山シーズンだったこの日は人でごった返していた。雑踏を避けたくて早々にパッキングを済ませ、宝永山荘と雲海荘という二つの山小屋がある六合目を目指す（なお六合目まで上がらず、駐車場から車道を少し戻って宝永山に向かうもっと楽なルートもある）。

富士宮口登山道から回り込んでいくと、圧倒的な宝永山火口が姿を現した。

登りはきついが、あっという間に六合目に着く。頂上を目指す登山道とは別に「宝永山」と書かれた道しるべを探そう。小屋の奥のほうに続いている道がある。そちらに足を踏みいれると、急に登山者は激減して静寂が広がった。

道は富士山の山腹を巻くようにまっすぐに続く。一〇分ほど歩くと、唐突に広いところに出た。そしてだれもが「ウワーッ」と声を上げてしまう光景が目の前に。

宝永山の火口だ。江戸時代、富士山の最後の大噴火のときにできた巨大な火口が眼前に広がっているのだ。おまけに登山道をたどっていくと、火口の底にまで歩いて下りることができるのである。なんという壮大、なんという感動。火口に降り立って「ここがドカーンと噴火したのか……」と自分が熱いマグマに吹き上げられるところをイメージしてみた。まったく想像の上限を超えている。火山というものの奥深さ、すさまじさに圧倒されるばかりだ。

ここから元の富士宮五合目に戻って下山しても良いのだが、足を伸ばして大砂走りへと向かう。ただしこのコースをこなすには、宝永山の火口を底から縁まで一気に登る必要がある。非常にキツイ急登、おまけに砂が深いので足を取られて消耗した。一時間足らずだが、本日のコースではここがいちばんつらい。

大砂走りをひたすら下っていく。みんなが走り下りている。

砂地獄をがんばって登り切ると、宝永山の「山頂」というのがある。山頂という割には、富士山の山腹なので他の場所よりも低い。「これが山頂……？」と不思議な気分になる。

さらに山腹を巻いていくと、ご褒美の「大砂走り」が見えてくる。広大な砂の斜面につけられたひたすら真っ直ぐな下山道である。深い砂だけで、石も岩も草も何もないので、足をとられて転んでもケガをする心配はほとんどない。みんな滑るようにして走り、砂とたわむれながら駆け下りていっている。眼下には、富士のすそ野がバーンと視界いっぱいに広がっている。

一時間半ぐらいで、御殿場口・新五合目に到着。ここからバスで御殿場駅、もしくはクルマのある水ケ塚公園に向かう。バスの本数は少ないので必ず事前に時刻表チェックを。

**【歩行タイム】**
三時間三〇分ぐらい。
**【難易度】**
レベル3＝富士山頂を目指さないと言って

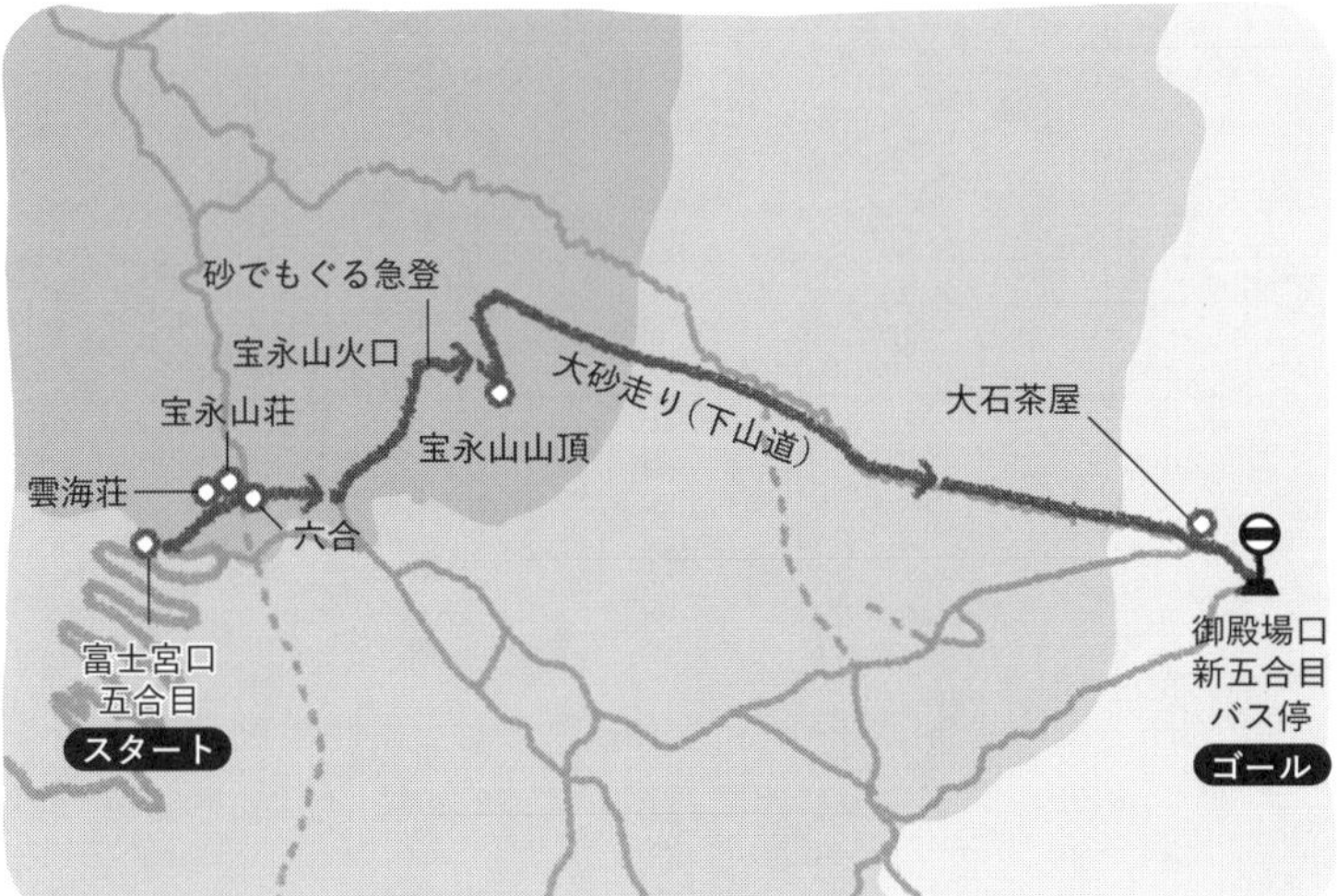

も、宝永山の山頂は標高二六九三メートルとかなり高い。高山の気候なので急な天気の変化への備えや防寒は夏でも備えを。

【高低差】

五合目から六合目まで、そして宝永山火口は急登。大砂走りは急降下。

【足まわり】

とにかく砂に足を取られるコースなので、ミドルカットかハイカットの登山靴。スパッツやゲイターを着用したほうがいい。

【お勧めの季節】

春から夏、秋にかけての富士山が開いている時期（毎年六月頃に発表される）しか登れない。五合目までのバスが運行されている期間にも注意。

夏

# 絶景の裏磐梯

## 森と湖が迷路のように混ざりあう異形ワールド

会津磐梯山《ばんだいさん》は、山好きなら誰もが知っている東北の名峰だ。東北新幹線で白川の関を越えて福島に入ると、左奥におおらかに自然があふれ出るような巨大な山が見えてくる。わたしは東北新幹線に乗るたびに、この光景にいつもワクワクする。

今回目指すのは、磐梯山頂ではない。磐梯山の奥にある「裏磐梯」を歩くのである。ここは有名な猫魔スキー場（現星野リゾート ネコマ マウンテン）などもあり地元ではよく知られたリゾート地だが、首都圏の人にはあまりピンとこないだろう。そして裏磐梯はリゾート地であるだけでなく、素敵な山道もあって素晴らしいフラットな登山のフィールドなのだ。

なだらかに見えた磐梯山は、北東に回り込むと突然に恐ろしげな姿に変化する。

裏磐梯へのアプローチは、クルマなら郡山の街から一時間ぐらい。会津の宝石・猪苗代湖を目指して磐越自動車道を走り、猪苗代磐梯高原インターを降りて三〇分弱。電車なら、東北新幹線郡山駅でＪＲ磐越西線に乗り換え、猪苗代駅から「裏磐梯高原駅」というところまでバスが出ている。「駅」という名称だが、電車の駅ではなく単なるバス停だ。

夏の終わりに歩く今回の裏磐梯は、郡山から山仲間のクルマで向かった。磐越道を走ると、だんだんと近づいてくる磐梯山。見る方角によって、これほどまったく違う姿になる山はほかにない。東側の東北新幹線や東北自動車道から遠く望むときは、とても優美でなだらかで、東北らしい山容だ。

猪苗代湖インターを降りて北東側に回り込むと、優美に見えた山容は一変し、鋭利に尖った岩稜が天を突き刺すようにそびえ立っている。頂上直下の足場の悪さが想像できてしまう。

そして北側の裏磐梯に回ると、また異なった姿に変わる。山体崩壊した跡も生々しく、驚くほどに荒ぶった面影に変容する。

この山体崩壊は、明治時代の大噴火のときのものだ。山体が北に崩れ落ち、岩なだれや火砕流がふもとの村を襲った。集落を埋めつくし、五〇〇人近い人が亡くなった。ウィキペディアは「この噴火は明治になってからの近代日本初の大災害であり、大日本帝国政府が国を挙げて調査、救済、復旧を実施した」と記述している。

岩なだれは地面を覆い、天高く吹き上がった噴煙からは、水混じりの火山灰が豪雨のように降り注いだ。世界の終わりのような恐ろしい光景だっただろう。川は土石流でせき止められ、そこかしこに水が溜まり、地形は一変した。もう人など永久に住めないだろうと、誰もが感じるほどだったという。

ここにひとりの人物が立ち上がる。磐梯山からほど近い会津若松の遠藤現夢《げんむ》という人が、醸造業で築いていた私財を投げ打って、荒れ果てた裏磐梯に植林をはじめたのだ。一〇年以上もかけ、アカマツなど一〇万本を植樹したというからたいへんな偉業である。そうして裏磐梯は生まれ変わり、現在のような森と湖が混ざり合う美しい光景ができあがった。

わたしたちは裏磐梯高原駅の無料駐車場にクルマを駐め、裏磐梯物産館という土産物の店の裏手から「五色沼自然探勝路」に入った。この探勝路は片道の行程がわずか一時間ほどで、観光客もそこそこ見かける「俗」な道だ。しかしこの道を外すことはできない。信じられないほどに景色が美しいのである。

巨大な火山岩に彫られた遠藤現夢の墓碑。

この景色を堪能する前に、ちょっと寄り道をしよう。探勝路に入って一〇分ほど歩くと、左に「遠藤現夢塚」と書かれた道しるべがある。裏磐梯を復興させたかの人の墓がここにあるのだ。人の気配のない道を蚊

五色沼の道をたどっていくと、青そのものの池が現れてみんな大興奮。

に刺されながらたどると、森の中にぽっかりと開けた小さな広場に出る。目の前には古びた碑があり、現夢の人生が彫られている。しかしお目当てはそれではない。よく周りを見わたしてみよう。碑の奥の高台に鎮座している巨大な岩の上のほうに、現夢の墓碑が高々とそびえているのだ。

墓石は、磐梯山の火口から飛んできた火山岩なのだろう。地元の人たちは彼を偲んでここに墓を彫ったのではないかと思われる。深々と一礼し、そしてきびすを返して元の探勝路へと戻った。

探勝路を進む。しばらく歩いたところで、前方の景色が真っ青になってくる。

いったいなんだろうと思いながら歩を進めると、青すぎるほど青い色の沼が現れる。そのまんまの名前の「青沼」だ。北海道の美瑛町に、パソコンの壁紙になったことで有名な「青い池」があるが、あれと同じぐらいに真っ青な沼である。

ここから五色沼自然探勝路という名前の通り、さまざまな沼が次々と現れる。弁天沼では、真っ青で広い沼の向こうに、山体崩壊して荒々しい双耳峰になってしまった磐梯山を望むことができる。

最後の毘沙門沼をすぎると、山側に少し登って国道四五九号へ。土産物店やホテルが立ち並んでいる。ここからしばらくは、地味な舗装道歩きだ。裏磐梯という大きな交差点を右に折れて国道から外れ、北へと向かう。だらだらと続く坂道を一時間ほど登ってうんざりしてきたころ、休暇村裏磐梯キャンプ場の入口を越えたあたりの右側に「中瀬沼探勝路」の道しるべを見つけよう。

中瀬沼探勝路の穴場スポットから見る磐梯山の壮絶な絶景。

この探勝路は本当に誰もいない。しかし絶景としか言いようがないスポットが待ち受けている、穴場中の穴場である。

よし、と歩みを進めようとすると入口にいきなり、今まで見た中でも最も大きいのではないかと思われる巨大な「クマに注意！」の看板が出現した。若干の不安を感じながら探勝路に踏み込んだ。

道はくねくねとカーブしながら奥へと続いていく。森は深く、人の姿はない。そしてわれわれが歩いた九月上旬の週末に待ち受けていたのは、クマではなく、信じられないほどの蚊の大群だった。

手を振り回しながら歩き、全身に虫よけスプレーをまとい、それでも一〇か所以上も刺されてしまう。痒い、痒い、痒い。道が上りにさしかかり、その先に小さな東屋が見えてきた。ここが先ほども書いた、飛びきりの穴場スポットだ。蚊さえいなければ。

東屋に上がり、後ろを振り返れば、どこまでも続く森と湖の混じりあう異世界と、その向こうにそびえ立つ荒れ果てた磐梯山の絶景。これほどの風景が見える場所は、日本国内でもそうはないだろう。

もはや蚊に刺されることは気にならなくなり（いや、そんなことはないが）、たっぷりと風景を楽しむ。

未練たっぷりに穴場を後にし、さらに歩を進め、未舗装の車道と合流し、ビースタイルというキャンプ場の案内も見えてくる。やがて桧原《ひばら》湖の水が見えてきた。ここまで来るともう蚊はいない。湖畔にはたくさんのボートが並び、カヤックの講習をしていた。ほっとするような平和な光景である。

キャンプ場を抜けるとすぐに「桧原湖畔探勝路」に入る。探勝路入口にはまたもクマ注意の古びた看板。湖の景色を楽しみながら、一時間ほど歩けば国道四五九号に抜け、そこからわずかで裏磐梯高原駅の駐車場だ。

帰りには、びっくりするぐらい壮大で立派なホテル裏磐梯レイクリゾートに寄って日帰り温泉。汗を流してさっぱりとし、帰路についた。

【歩行タイム】

五色沼自然探勝路は、端から端まで歩いて一時間ぐらい。そこから車道を一時間あまり歩けば中瀬沼探勝路の入口。中瀬沼探勝路そのものはわずか三〇分ほど。桧原湖の湖畔探勝路は全部で一時間三〇分ぐらい。そしてトータルで四時間あまり。

【難易度】

レベル2＝危ないところはないが、探勝路の入口などわかりにくいところも少々ある。地図を見ながら歩こう。

【高低差】

小さな登り下りだけで、高低差はほとんどない。

【足まわり】

雨の後はぬかるんでいることもあるので登山靴で。

【お勧めの季節】

春から夏、秋の終わりまで。冬は積雪がある。ただし夏から秋のはじめにかけては非常に蚊が多い。

夏

## 広大な草原に純白の花が咲き乱れる
# 日光・戦場ヶ原の果てしなさ

日本の誇る巨大観光地・日光。東照宮に華厳の滝、中禅寺湖、戦場ヶ原、そして男体山や女峰山。日本の素晴らしい自然景観を圧縮し、一か所にまとめたテーマパークのような観光地だ。東京からも近く、新宿から東武線直通の特急も出ている。座ったままで新宿から二時間で東武日光に着いてしまうのは、本当に楽ちんだ。

とはいえ、日光ならではの面倒くささもある。日光の中心部に行こうとすると、東武日光駅からはカーブが連続する長大ないろは坂を登らなければならず、クルマでもバスでもかなり遠い。人気のスポットは信じられないぐらいに人が多い。駐車場はどこも満杯で、観光客がゾロゾロ歩いていて、オーバーツーリズムの影響が甚大だ。

しかし観光スポットを一歩外れれば、静謐な自然が待ち受けている。わたしたちがこの日に向かったのもそういうコース。戦場ヶ原をぐるりと回るという趣向を考えたのである。

ズミの花が咲き乱れ、まるで天国のよう。

台風が過ぎ去り、速いスピードで大きな白雲が青空を流れていく初夏の朝。山仲間のクルマで、戦場ヶ原の南端にある赤沼駐車場に降り立った。赤沼には東武日光駅から路線バスも出ている。

赤沼から目指すのは、戦場ヶ原の

北端に位置する湯滝。赤沼と湯滝のあいだは国道一二〇号でつながっているが、国道とは違うルートで山道も整備されている。

立派なトイレなどがある駐車場から国道を渡り、戦場ヶ原の山道へと入っていく。いきなり美しい小川が道沿いに流れていて、「戦場ヶ原に来た！」という快感がこみ上げてくる。ほんの五分ほどで分岐があり、右から行っても左から行っても、戦場ヶ原北の湯滝に向かうことができる。つまり周回コースになっているという意味だ。この日は右からのコースをとった。

戦場ヶ原のど真ん中に至ると、どーんと広大な景色が広がった。

入口から流れていた小さな川は合流して湯川になり、透明度が驚くほど高い。ゆるやかに大きな流れとなり、灌木の向こうでは釣り人たちがニジマスのフライ釣りに熱中している。

立派な木道が続く。気がつけば周囲はサクラのような純白の花で溢れていて、天国に来たかのようだ。バラ科のズミという樹木と聞いた。ズミって不思議な語感……と思って調べてみると、ウィキペディアにはこうあった。

「和名『ズミ』の語源は、染料となることから『染み』、あるいは、実が酸っぱいことから『酢実』ともよばれる」

花が終わると小さな丸い果実をつけるのだという。

山道沿いには、何か所か展望スポットがある。周囲を覆っていた灌木がそこだけ開けて、目の前には男体山や女峰山の雄大な山並み、そしてその手前に広大な戦場ヶ原の全容が展開する。歩いてきた人たちのほとんどがここで「おお！」と声を上げるのだ。

やがて山道は、深い森の中へと吸い込まれていく。湧水が大きな水たまりをつくっている泉門池の広場に出た。ここからは背の高い木々のあいだを縫うようにしてたどっていく。

クマザサがびっしりと生えた大地に、森の奥が見通せそうなまばらな木々の群れが続く。

クマザサがびっしりと生えた大地に、まばらな木々の群れがどこまでも続いているのが見えて、森だというのに驚くほど見通しが良い。山仲間のひとりが「森の奥のほうで、見知らぬ獣とかが動いたら全部見えそう。なんか怖いですね」とぽつり。見えないから怖くない、でも見えすぎるから逆に見ちゃいけないものまで見えそうで怖い、って不思議な感覚だ。そんな話をしながら歩いていく。

見上げると、さっきまで流れていた白い雲に陰りが出ていた。西のほうには真っ黒な雲が湧いてきている。雨雲だ。この地の登山天気予報では「午後三時ごろからは雨」となっていた。現時点は午前一一時半でまだ余裕があるはずだが、予想より早く雨雲がやってくることも覚悟する必要もありそうだ。

木の階段を沢に降りると、目の前に小さな滝があった。滝壺では釣り人がフライを出している。ぼんやりと眺めていたら、目の前で見事にニジマスを釣り上げた。おもわず拍手。

壮大な湯滝の勇姿にしばし眺め入る。

やがて人工的な建物が見えてきて、観光客の雑踏の音も聞こえてくる。クルマの音もする。湯滝レストハウスを向こうに回り込むと、目の前には巨大な滑り台のような圧巻の滝が出現！

湯滝である。しばらく眺めを堪能

し、滝の落口も見てみようとジグザグの遊歩道を登ってみる。わずか一五分ほどだが、本日のコースでここがいちばん急登だ。湯滝の上に出てみると、そこはひろびろとした湯ノ湖。湖岸で大休止して昼食とした。

先ほどから気になっている黒い雨雲が、また近づいている。湖岸を一周する予定は切り上げ、帰路につくことにした。泉門池の分岐から小田代原をまわる別のコースへと踏みいれた。ここはさらに人影が少ない。一時間ほどで元の山道に合流し、駐車場に着いた途端に雨がひとしきり降り出した。

本降りになってきた雨の中、クルマで日光の街へ。東武日光駅からクルマで五分ほどのところの山の上にある「日帰り温泉ほの香」に立ち寄る。ここは知る人ぞ知る日帰り温泉で、めちゃめちゃ小さい浴場なのだが、こぢんまりとかわいい露天風呂までついている。番台などはなく、自販機で紙の入浴券を買って置いてある箱に入れるだけという、無人野菜販売所方式。観光客の姿は滅多に見ない穴場である。

汗を流して、東武日光駅でビールを喉から流し込み、この日のコースは気持ち良く終了。

【歩行タイム】

赤沼から湯滝まで戦場ヶ原をぐるりとまわるだけなら、三時間ぐらい。湯ノ湖を一周すると、プラス一時間。小田代原の一周も加えると、さらにプラス三〇分。

【難易度】

レベル2＝分岐が多く、山道が縦横に走っているので道を間違えないように。

【高低差】

小さなアップダウンはあるが、戦場ヶ原自体には大きな登りなどは皆無。湯滝を観賞したあとに滝口を観るために湯ノ湖まで上がるところが、一五分ほどのジグザグの急登。

【足まわり】

コースの大半が木道。運動靴でもいけるが、木道は濡れると案外滑りやすくなり、木道のないところもあるので登山靴のほうが安心。

【お勧めの季節】

春から夏、秋まで。一一月から二月ぐらいまでは雪に閉ざされる。冬のスノートレッキングも楽しいが、それはまたそれで別のノウハウが必要なのでご注意を。

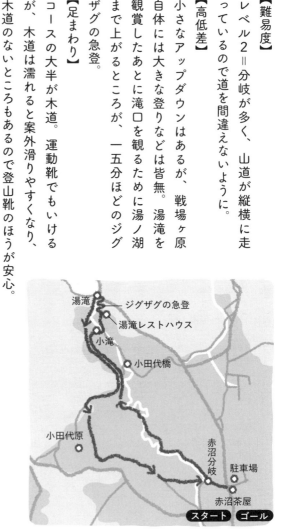

## 夏

# 浅間池の平湿原の天空に遊ぶ

### 標高2000メートルの高層湿原

わたしは東京に加えて長野県軽井沢町と福井県敦賀市にも家を借りていて、数週間の間隔で三か所の拠点を移動しながら生活している。そういう移動生活を始めて、もう一〇年になる。

軽井沢の町のどこからでも見えるのが、名峰・浅間山。過去に何度も大噴火し、現在でも噴煙が上がって活発な火山活動が続いている。このため頂上直下は立ち入り禁止で、頂上の一角に近づけるのも火山アラートが引き下げられる数年に一度のタイミングしかない。それでも過去、二度ほどこの山に登り、景色の雄大さに圧倒され深く感動した。ただし登山道は恐ろしく傾斜のきつい急登の連続である。

この浅間山域で、登り下りの少ないフラット登山をできないだろうか？　と登山地図を見ながら考えて思いついたのが、このコースである。どのようにコースを設計したのかは、第5章「フラット登山の計画を立てる」にくわしく書いているので、そちらも読んでいただきたい。

わたしたちが集合したのは、北陸新幹線の佐久平駅。ここから高峰高原まで直行バスが出ている。佐久平駅の蓼科口を出て、ロータリーのいちばん向こう側にあるバス乗り場に向かう。高峰高原行きのＪＲバスとまったく同じ時間に同じ乗り場から、八ヶ岳・麦草峠に行く千曲バスも出ている。間違える人がいそうだ。

バスは小諸駅を経由して、つづら折りの舗装道を高峰高原へと向かって行く。これで一気に高度を稼いでしまい、高峰温泉でバスを降りた時点ですでに標高は二〇〇〇メートル近く。佐久平駅前はウンザリするような暑さだったのに、別天地のように涼しくて快適だ。

荒れ果てたガレ場の稜線を眺めながら、林道をたどっていく。

ここから未舗装の林道を歩いて、池の平湿原へと向かう。林道を歩かず、目の前にそびえている水ノ塔山、篭ノ塔山を縦走していっても池の平湿原にたどり着ける。

ただこの縦走ルートはガレ場（岩や砂が混在している崩れやすい斜面）があり、登山地図にも「滑落注意」と記されている。今日のメンバーは初心者も含まれるので縦走には挑まず、

見晴岳の山頂。夏の積乱雲がもくもくと湧き、視界いっぱいに青空と混じっていく。

おとなしく林道を歩くことにした。

未舗装の林道は砂利まじりで、登山靴の足にも気持ち良い。気温は摂氏二〇度。見上げれば、稜線の赤茶けたガレ場が荒々しく壮観だ。ゆるやかに登っていく林道を歩いて行くと、高齢の人が運転するセダンがわれわれを追い越していった。セダンはすぐ先の道ばたに駐車し、高齢の人はステテコ姿であたりを歩きまわっている。

「なぜステテコ」

「何してるんでしょう。まさか死に場所を求めて……？」

いくらなんでも不謹慎な会話だろうと反省しながら近づいていくと、高齢の人は背中のバックパックからカメラをさっと取り出し、道路脇の茂みに目を凝らしている。

「こんちわ。何を撮影してるんですか？」

「蝶」

「蝶！　珍しい蝶とかがいるんですか」

「まあまあ珍しいんじゃないかな」

蝶の名前は聞くのを忘れた。高原の平和な風景である。

林道はいくつもの尾根を回り込みながら、続いていく。カーブを回るのに飽きてきたころに、人工的な赤い屋根が見え、兎平《うさぎだいら》の駐車場についた。ここが池の平湿原の入口だ。天気の良い夏の週末だったが、予想していたほどにはクルマも人も多くはない。

駐車場脇の東屋から伸びる山道へと入り、見晴らしの良さそうな稜線を目指すことにする。クマザサに埋もれかかった登山道をたどり、森の中を軽く登って約三〇分。雲上の丘という素敵な名前の小ピークに到着した。眼下には池の平湿原が、まるでゴルフ場のグリーンのように広がっている。全員でしばらく見惚れた。

広大で気持ちの良い池の平湿原。

雲上の丘からさらに少し登って見晴岳というピークを踏むと、佐久平の広大な盆地がはるかに望まれる。佐久市は八ヶ岳や浅間山に囲まれ、「晴れている日が日本一多い街」と呼ばれている。晴れ晴れとした土地である。

佐久平の向こうには八ヶ岳、そして霧ヶ峰や美ヶ原のなだらかな高原も見える。夏の積乱雲がもくもくと湧き、視界いっぱいに青空と混じっていく。山頂では何かの合宿の子どもたちが絶景に大騒ぎしていて、ここも平和な光景だった。

見晴岳頂上で軽い昼食を終え、そこからは池の平の湿原へと一気に下っていく。たどりついた湿原は広々と、そしてぽっかりと山の中に浮かんでいるようで、楽園感がハンパない。山の奥深くにひっそりと存在するこういう気持ち良い場所に入り込んだ時にわたしがいつも感じるのは、「自分はもう死んでいるのでは」という不思議な感覚だ。「死んだ自分はいま涅槃《ねはん》の景色を見ているのかもしれない」という幻惑である。まさに池の平湿原もそんな場所だった。

湿原をぐるりとめぐる木道を歩き、湿原と別れを惜しみながら兎平に戻り、歩いてきた林道を高峰温泉まで戻る。高峰温泉は秘湯として有名でいつも混雑している。素通りして高峰高原ホテルのお風呂に一直線に向かう。近くに新しくできたカフェで地元のクラフトビールを楽しみ、再びバスで帰路についた。

【歩行タイム】
高峰温泉から林道を歩いて兎平の駐車場を経由し、池の平湿原をぐるりと回ってくるだけなら、三時間ちょっと。

【難易度】

レベル2。ただし水ノ塔山、篭ノ塔山の縦走路は避けること。

【高低差】

高峰温泉から兎平までの林道は、ゆるやかな登りがだらだらと続く。雲上ノ丘や見晴岳などに登らなければ、池の平湿原は真っ平ら。

【足まわり】

林道と木道。山に登るところは登山道。林道も砂利混じりなので、登山靴のほうが安心。

【お勧めの季節】

春から夏、秋まで。冬場は積雪がある。

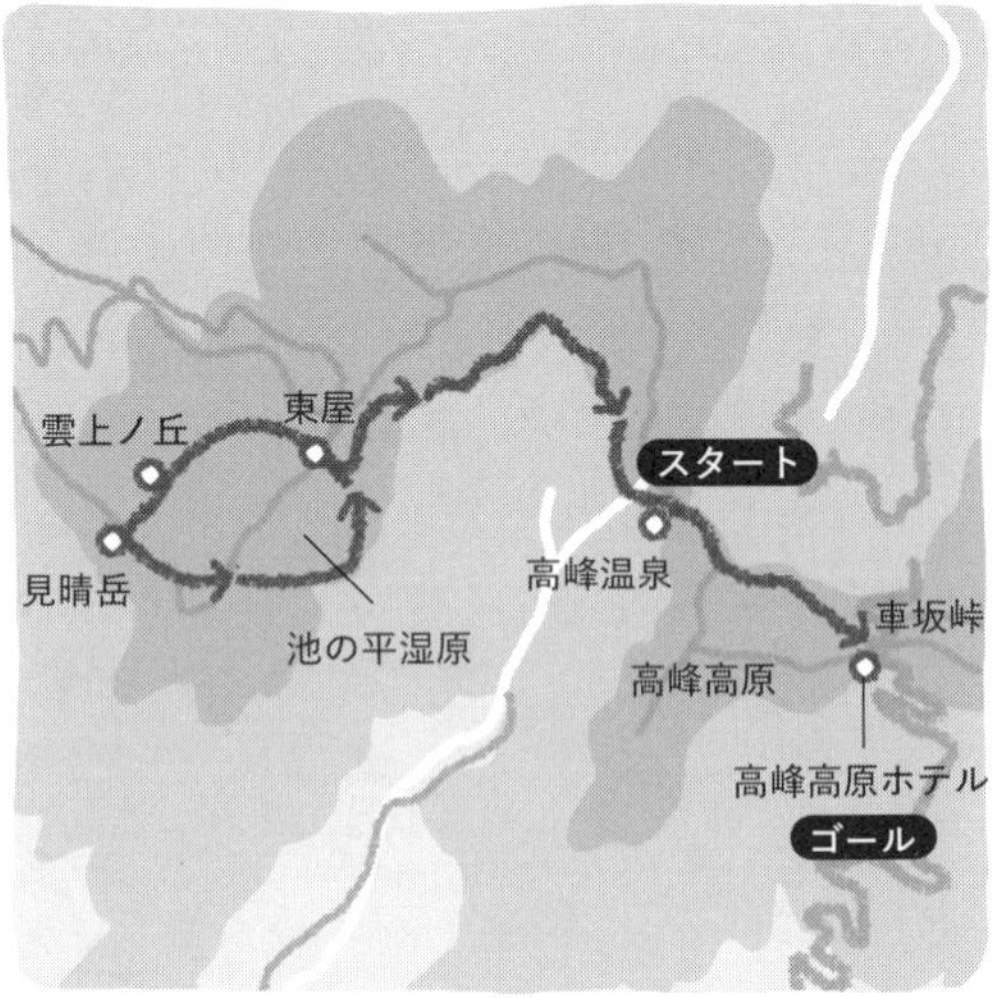

秋

# 栃木のウユニ湖
# 渡良瀬遊水地のはるかな地平線

まっすぐな道。水平線。遠い山。完璧な渡良瀬遊水地の光景。

渡良瀬《わたらせ》遊水地とはそもそも何か。水害対策に関心がなくても、台風など水害のときにニュースで名前を聞いたことはあるだろう。栃木県の南端にあり、利根川水系があふれそうになったら膨大な量の水を溜め込んでくれる。恐ろしく広大で、面積は羽田空港の倍以上。溜められる水はなんと二億立方メートルにもなる。近年での目だった活躍といえば、甚大な被害をもたらした二〇一九年の台風一九号で、八ッ場ダムとともに大量の水をせき止め、利根川水系の氾濫を防いで首都を守ったことが有名だ。

しかしこの渡良瀬遊水地に、実際に足を運んだことのある東京人はあまりいないのではないだろうか。名称だけが有名で、実態が謎に包まれている渡良瀬遊水地。そもそも治水のための施設に、一般人が近寄ったり内部に立ち入ったりできるのかどうかも、あまり知られていない。

実は渡良瀬遊水地は、公園として整備されている。歩くコースも完備されている。中央の池はハート型をしているので、最近は地元が「恋人の聖地」として売り出そうとして躍起になっている（あまり成功しているようには見えない）。

中の島ではイノシシの子どものウリボウが数頭、夢中で地面を掘り返していた。

恋人の聖地はどうでも良く、そんなことよりこの広大な遊水地の風景の凄さを堪能すべきである。巨大な湖、地平線まで続く葦原。「栃木のウユニ湖」という異名もあり、水を湛えた姿は実に美しい。

東京からこんなに近いところにこんなすごい土地があるなんて、と足を運べば驚くことばかりである。

鉄道で行くなら、東武日光線の板倉東洋大前駅が近いうえに、駅前にスーパーもあり利便性が高い。渡良瀬遊水地に入るには二つのゲートがあり、北エントランスと中央エントランスと呼ばれている。クルマで行くなら、どちらのエントランスにも広い駐車場がある。

わたしたちが渡良瀬遊水地に足を運んだのは、一〇月の秋晴れの一日だった。

この日は中央エントランスの駐車場にクルマを駐めた。歩行者用のゲートを通り、遊水地の施設内へと足を踏みいれる。すぐに目の前に広がるのが、先ほど触れたハート型の谷中湖。

湖岸をしばらく歩くと、長大な橋が目に入ってくる。橋から見渡せば、どこまでも続く青い湖面に、はるか遠くに見える建物群。このあたりは関東平野の北の端にあたるので、南の関東平野方面はどこまでもどこまでもフラットに、大地が続いている。そして振り返って北面を見れば、遠くには日光の峨々とした山々。感動の一瞬だ。

ロードレーサーが何台も、橋の上を走り抜けて行く。クルマが通らず道幅は広く、自転車には絶好の練習コースとなっているようだ。蒼い空、青い湖面、キラキラと光る自転車の車体。ああ気持

気持ち良い草原に、広葉樹。バックパックを下ろし、寝っ転がって空を見上げればどこまでも広い青。

ちいい。

やがて中の島が見えてくる。橋はここでT字路になっており、左に折れてさらに橋をたどって北へと向かう。いたるところに「イノシシに注意」の看板があり、たしかにイノシシの姿がやたらと目につく。中の島ではイノシシの子どものウリボウが数頭、夢中で地面を掘り返していた。恐れる様子もなく、人間の姿をまったく気にしていない。

渡良瀬川へと向かう。堤防の上には犬を散歩する人の姿が小さく見えた。

秋の草原の中をひたすら歩く。地平線に向かって。

橋をわたり終えて北エントランスに続くエリアに足を踏みいれると、今度は気持ち良い草原に、広葉樹が点々と生い茂っている。売店やトイレもあった。バックパックを下ろし、寝っ転がって空を見上げればどこまでも広い青。

さらに北に歩くと、びっくりするぐらい大きな展望台がある。階段を上がれば三六〇度の眺望があり、東の空に筑波山が浮かんでいる。渡良瀬遊水地の全貌が見える……と言いたいところだが、この土地は広大すぎて展望台の上からでも全容はわからない。それぐらい広い。

展望台にはさまざまな説明表示もあり、たいへん学びが多いので、熟読すると楽しめるだろう。たとえば渡良瀬川と接するところは対岸とくらべてこちら側の堤防がわざと低く作ってあり、水位が上がったらこちらの遊水地側に自然と水が流れ込んでくる仕組みになっているとか。なるほど。

展望台の前からは東に折れて、渡良瀬川を目指す。車道を歩いてもいいが、わたしたちは葦原の中の遊歩道を進んだ。展望台の正面の「危ない！」という黄色の注意看板のそばに、遊歩道の入口がある。背の高い葦原の中に入ってしまうと、見えるのは一面の緑と青い空、それに遠くに見える日光の高峰だけ。風が流れていくと緑がさわさわと歌い出し、遠くの異国の地に来ている気分になる。

細い川に突き当たったら左に折れて車道に出て、さらに進み、やがて渡良瀬川の堤防が見えてきた。堤防の上を犬を連れて散歩している人が、小さく小さく見える。

堤防に上がると、またも展望が開けた。遠く南には、古河の街だろうか背の高いマンション群がある。下流に向かって歩き、右に谷中湖が見えてきたところで堤防から下る道を見つけ、湖に戻る。再び中の島から中央エントランスへ向かって、出発地にゴールした。


【歩行タイム】

四時間ぐらい。

【難易度】

レベル1＝危ないところは何もない。途中で道に迷うかもしれないが、山中ではないのでグーグルマップなどで適当に歩けば問題ない。

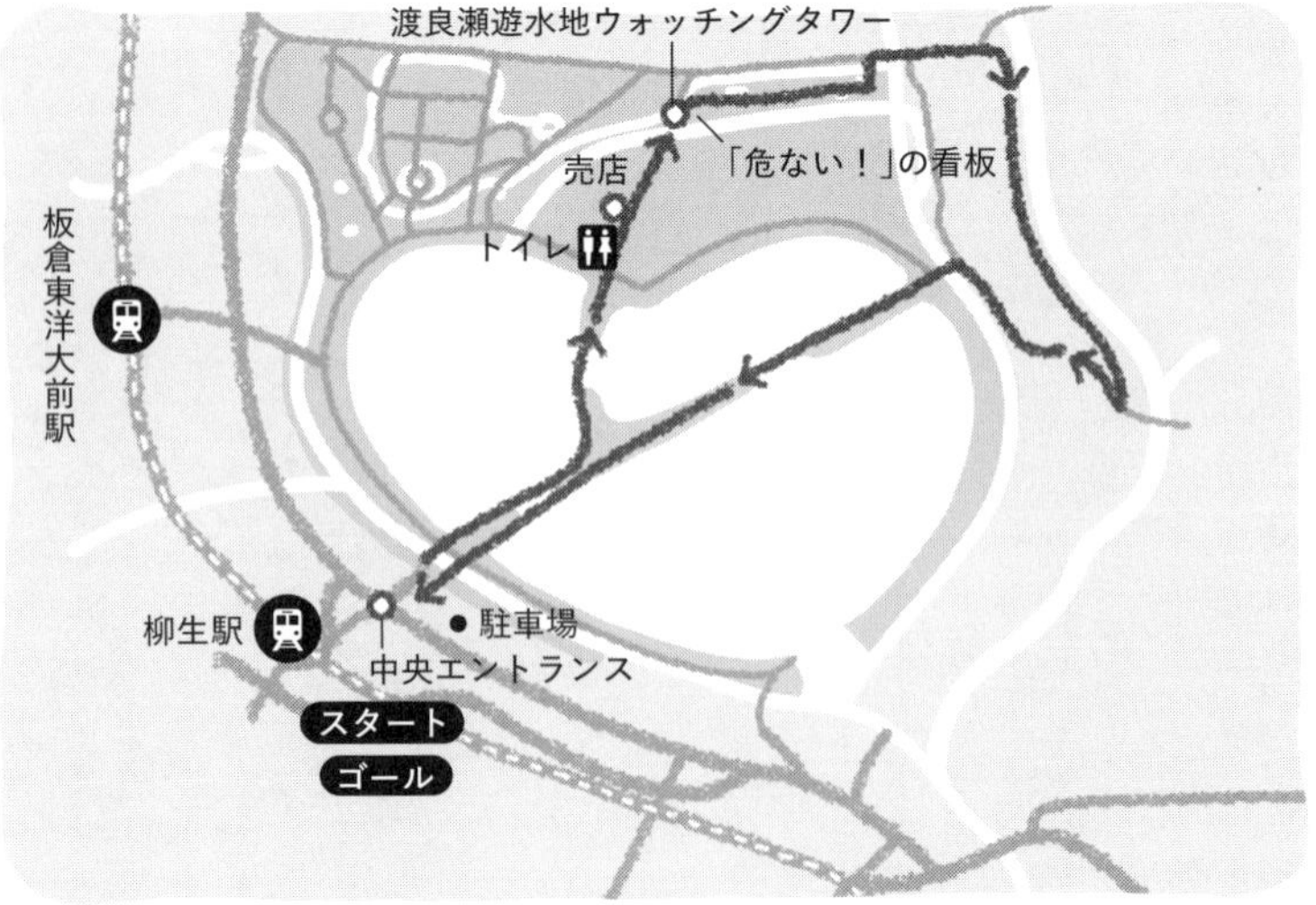

【足まわり】

ほとんどが舗装道で、運動靴で問題ない。

【お勧めの季節】

冬から初夏までと、秋から冬まで。太陽を遮るものが何もないコースで標高も低く、真夏は暑い。

【注意点】

風を避ける場所も、陽光を避ける樹木もほとんどない。日焼けにはご注意、そして冬場の風の強い日もけっこうつらいかもしれない。

秋

## 日本最長級の砂浜
# 九十九里浜をひたすら北に向かって

九十九里浜という地名を聞くと「遠大」「どこまでも続く海岸」というはるかなるイメ

ージが浮かぶ。実際、九十九里浜は日本最大級の砂浜であり、全長は六六キロもある。そしてこの浜は、本書で何度となく取りあげている「関東ふれあいの道」にも選定されている。千葉県の「九十九里の砂浜をふみしめて歩くみち」という名前だ。「ぜひ長大な砂浜をふみしめてみたい！」とわたしたちは千葉へと向かった。

待ち合わせたのは、ＪＲ外房線の長者町駅。何もない静かな田舎の駅である。街中を抜け、夷隅《いすみ》川をわたる橋のたもとへ出ると、ひろびろと視界は開けて気持ちも晴れてきた。川沿いに河口へと向かい、やがて太平洋が目に入ってくる。太東海浜植物群落とガイドマップに記されている場所があり、秋の終わりのこの時期には黄色くかわいいイソギクがたくさん咲いていた。

太東海浜植物群落のあたりから海に出た。曇天の下に太平洋を望む。

太東埼灯台のあたりは観光地っぽい仕立てもあるが、週末でも人はたいしていない。灯台にまで上がると長大な九十九里浜が地平線の向こうにまで伸びているさまが見えてきて、仲間たちから嘆声が出る。気持ちが上がってくる。

灯台を出て、海沿いに北へと出発する。海岸にまで山が迫っていて、起伏のある地形の中を海に近づいたり離れたり、トンネルを歩いたり、と変化に富んだ道が楽しい。

そしてついに、九十九里の浜に出た。カーブを大きく描いて、無限に遠くまで続いている砂浜。景色はひたすら感動だが、足もとはたいへんだった。砂浜に出てしまうと、足が潜ってしまい歩きにくい。しかし浜から距離を置いて歩こうとすると、今度はさまざまな

小さなトンネルを抜けて、北へ北へ。

足を砂にとられながら、長大な九十九里浜をどこまでも歩いた。

障害物やブロックなどがあってこれも歩きにくい。場所を選びながら細かくルートを選定して、ひたすら北へと向かった。

関東ふれあいの道のコースは東浪見《ひがしとらみ》海岸からJR外房線の東浪見駅へと上がるように設定されているが、仲間たちから「もう少し歩いてもいいかなあ」という声が上がる。景色が気持ち良すぎて、海からまだ離れたくないのだ。グーグルマップを眺めてみると、海岸をもうしばらく歩いた先にホテル一宮シーサイドオーツカがあり、ここは日帰りで入浴できるようだった。東浪見駅は通りすぎてしまうけど、いっそその先の上総一ノ宮駅まで行ってしまうほうが特急などにも乗りやすいかも。

気がつけば海岸沿いの道にはサーフショップやおしゃれなカフェが増えてきている。九十九里らしいサーフィン文化の雰囲気を楽しみながら、ホテルに到着した。小さなサウナもあり広々とした気持ち良い温泉で汗を流す。

そして嬉しいことに、このホテルからは上総一ノ宮駅まで無料の送迎バスが出ていたのだった。

【歩行タイム】
五時間ぐらい。
【難易度】

レベル1＝山中を通るところは少なく、危険なところは何もない。海岸沿いなので道にも迷いにくい。

【足まわり】

山道はほとんどないので登山靴でもなくて良いが、砂浜を歩くのには足首まである靴のほうがお勧め。

【お勧めの季節】

冬から初夏までと、秋から冬まで。太陽を遮るものが何もないコースで、真夏は暑い。

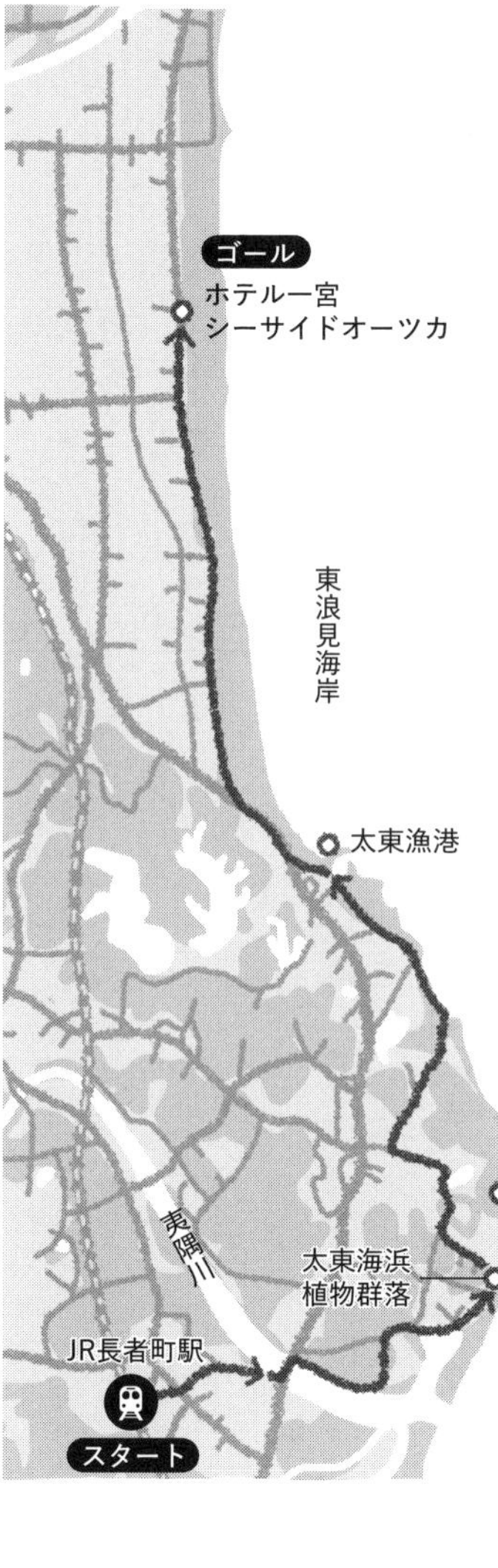

## 〈変化に富み、足に快感がある〉

### 春

## 「国破れて山河あり」の青梅丘陵

### 丘陵をひたすらたどっていくという面白さ

グーグルマップで首都圏の西側を表示してみよう。都心から西に向かうと、奥多摩や奥秩父、奥武蔵、丹沢などの山々が立ち並んでいる。そうした山々は、平べったい関東平野からいきなり立ち上がっているわけではない。関東平野と西の山々のあいだには、山というほど高くはないけれども、平野でもない丘陵地帯がサンドイッチされている。地質学では武蔵野台地と呼ばれる一帯だ。

この武蔵野台地には、歩くのにたいへんほどよい丘陵がたくさん連なっている。青梅丘陵、滝山丘陵、狭山丘陵、加治丘陵、霞丘陵、七生丘陵、多摩丘陵、生田丘陵。名前を挙げ出すと切りがないほどだ。どの丘陵も古くから人の往来があり、古道が残っていたり、神社や寺院も点在していたりする。現在は東京のベッドタウンに埋め込まれてしまって、単なる住宅街になっているところも多いが、それも多彩な道のりとして歩いていておもしろい。

この中から青梅丘陵を紹介しよう。なお本コースガイドでは多摩丘陵も紹介しているの

雷電山から辛垣山、鷹ノ巣山への稜線は、明るい木立の中を歩いていく山道。

青梅丘陵に入ると、道は広く歩きやすくなり、あちこちに休憩できる東屋も。

で、そちらも参照してほしい。

立川からＪＲ青梅線で北西に向かうと、だんだんと奥多摩の山々に近づいてくる。青梅丘陵は奥多摩の山のいちばん手前に位置していて、奥多摩の玄関口のようなところにある。青梅丘陵だけだと二時間に満たずに歩き終えてしまうので、今日は稜線歩きも組み合わせてみた。わたしたちが待ち合わせたのは、ＪＲ青梅線の軍畑駅。見事に何もない、典型的な山あいの駅だが、駅前に一軒だけ商店がある。過疎化が進んで山間部での買い物がどんどん難しくなってきている中で、これだけでも十分にありがたい。

青梅鉄道公園をくだって青梅の街へと向かう。

商店の横を線路沿いに歩き、道路に出る。奥多摩らしいのんびりした里の風景が、とても良い。坂を上り、榎《えのき》峠というところから縦走路に入る。たどっていく山頂は雷電山、辛垣《からかい》山、物見山、三方山、鷹ノ巣山。どれも標高五〇〇メートルに満たない小さな山々だが、この稜線は実は砦の跡で、戦国時代には地元の豪族が立てこもって戦ったらしい。しかし最後は落城し、城主は落ちのびた先で自害して一族は滅亡したのだという。

登山道は細かいアップダウンを繰り返しながら伸びていく。三時間ほど歩くと、青梅線宮ノ平駅に下りられる道の分岐・矢倉台に着いた。ここからが青梅丘陵のコースだ。道は広く歩きやすくなり、さっきまでのアップダウンとは打って変わって、ゆるやかに下り続ける道になる。休憩所もいくつもある。四月の初々しい新緑が眩しいばかりに目に入ってきた。

矢倉台から一時間ほども歩くと、青梅鉄道公園（二〇二五年度末まで休園中）に着いた。直角に折れて下っていくと、青梅の街に出た。昭和レトロを売りにしているだけあって、古い建物や商店が残り、細い路地などのたたずまいも魅力的。時間があればのんびり散策してみたいところだが、この日は温泉に寄ろうと考えていたのだった。

ＪＲ青梅駅から青梅線を立川方面に二駅戻り、河辺駅。ここは駅の真ん前にイオンのショッピングモールがあり、その向いに「河辺温泉　梅の湯」という日帰り温泉があるのだ。汗を流し、ついでにサウナも入って足の疲れもとれ、大満足の帰路だった。

【歩行タイム】

軍畑駅から青梅駅まで四時間。青梅丘陵ハイキングコースだけなら、宮ノ平駅から青梅駅まで一時間三〇分程度。

【難易度】

レベル2＝青梅丘陵ハイキングコースだけならレベル1だが、榎峠から矢倉台までの稜線はけっこう本気の山道。

【高低差】

榎峠から矢倉台までは細かいアップダウンが多い。

【足まわり】

登山靴がお勧め。

【お勧めの季節】

秋から冬、春にかけて。夏は暑い。冬は基本的には雪はないが、東京で降雪のあった後は要注意。

秋

# 秋の渓谷美を楽しみ、焚き火へといたる
# 大多摩ウォーキングトレイル

奥多摩には、鬱蒼とした丸っこい山が延々と連なっている印象がある。「東京の奥座敷」とも呼ばれ、日帰りで気軽に登れる低山として東京の登山者には人気が高い。しかしどの山も案外と傾斜が強く、登ってみると想像以上にハードなところは多い。スギの植林で覆われている山も少なくなく、少々暗いイメージさえある。

あまり書くと奥多摩ファンに怒られそうだが、そういう理由でわたしは奥多摩の山にはさほど惹かれてこなかった。ところが奥多摩の山頂ではなく山麓に目を向けると、フラット登山に最適なおもしろいコースがさまざまに設定できる。本コースガイドで紹介している青梅丘陵はそのひとつだが、ここでは多摩川の源流にそって渓谷美を楽しむルートを紹介してみたい。

その道を大多摩ウォーキングトレイルという。ＪＲ青梅線の古里駅から奥多摩駅をむすんだ全長八キロの山道で、ずっと多摩川沿いなのでまあまあ平坦だ。さらに良いのが、終点の奥多摩には焚き火のできる氷川キャンプ場があることだ。秋から冬の気温の低い季節

に八キロの山道を歩き、終点で焚き火を楽しむ。最高のプランではないだろうか。

わたしたちは古里駅で待ち合わせた。ここから奥多摩へと向かう国道四一一号をひたすら歩く。観光わさび田やトイレがある寸庭橋というところで多摩川をわたると、山道になった。松の木尾根という登りになり、高度を少しずつ上げて展望台にいたる。秋の終わりで広葉樹はすでに落葉し、とても眺めが良い。

松の木尾根から望む奥多摩の山々。秋の澄んだ空気が気持ち良い。

鳩ノ巣駅のそばをかすめて、道は白丸ダムへと続いている。ダムを魚がのぼれるようにと設定された魚道の景観がおもしろい。大多摩ウォーキングトレイルはここから数馬峡遊歩道という道に接続されて、これを抜けると舗装道路に出る。集落のあいだを縫うようにして奥多摩駅の方角へと向かった。

奥多摩駅の手前、右側に立派な氷川キャンプ場が見えてきた。ここはひとり一五〇〇円の料金で河原でデイキャンプ、つまり焚き火ができるのだ。ただし利用二日前までにウェブサイトで予約が必要だ。

キャンプ場なので、薪などもちゃんと売っている。河原で場所を見つけてバックパックを下ろし、持参した軽量の焚き火台を広げてさっそく薪に着火する。大きな鍋も持って来た。今日は芋煮会を兼ねているのである。

すっかりくつろいで、お腹もいっぱいになった。氷川キャンプ場の対岸には、温泉「もえぎの湯」というお楽しみまである。ただこのエリアでは唯一といっていい日帰り温泉なので、気候の良い週末などは整理券が配布されるほどの混雑になるので注意したい。

落葉して見通しが良くなった秋の山道をしみじみ歩いていく。

なんでもそろっている氷川キャンプ場。もちろん薪もここで購入。

【歩行タイム】

古里駅から奥多摩駅まで三時間ほど。

【難易度】

レベル2＝歩きやすい良い道だが、道しるべを見落とさないように注意。奥多摩観光協会が「大多摩ウォーキングトレイル」のPDFのマップを公開しているので参照するといい。

【高低差】

松の木尾根はそこそこの登り。それ以外は比較的平坦。

【足まわり】

登山靴がお勧め。

【お勧めの季節】

秋から冬、春にかけて。夏は暑い。冬は基本的には雪はないが、東京で降雪のあ

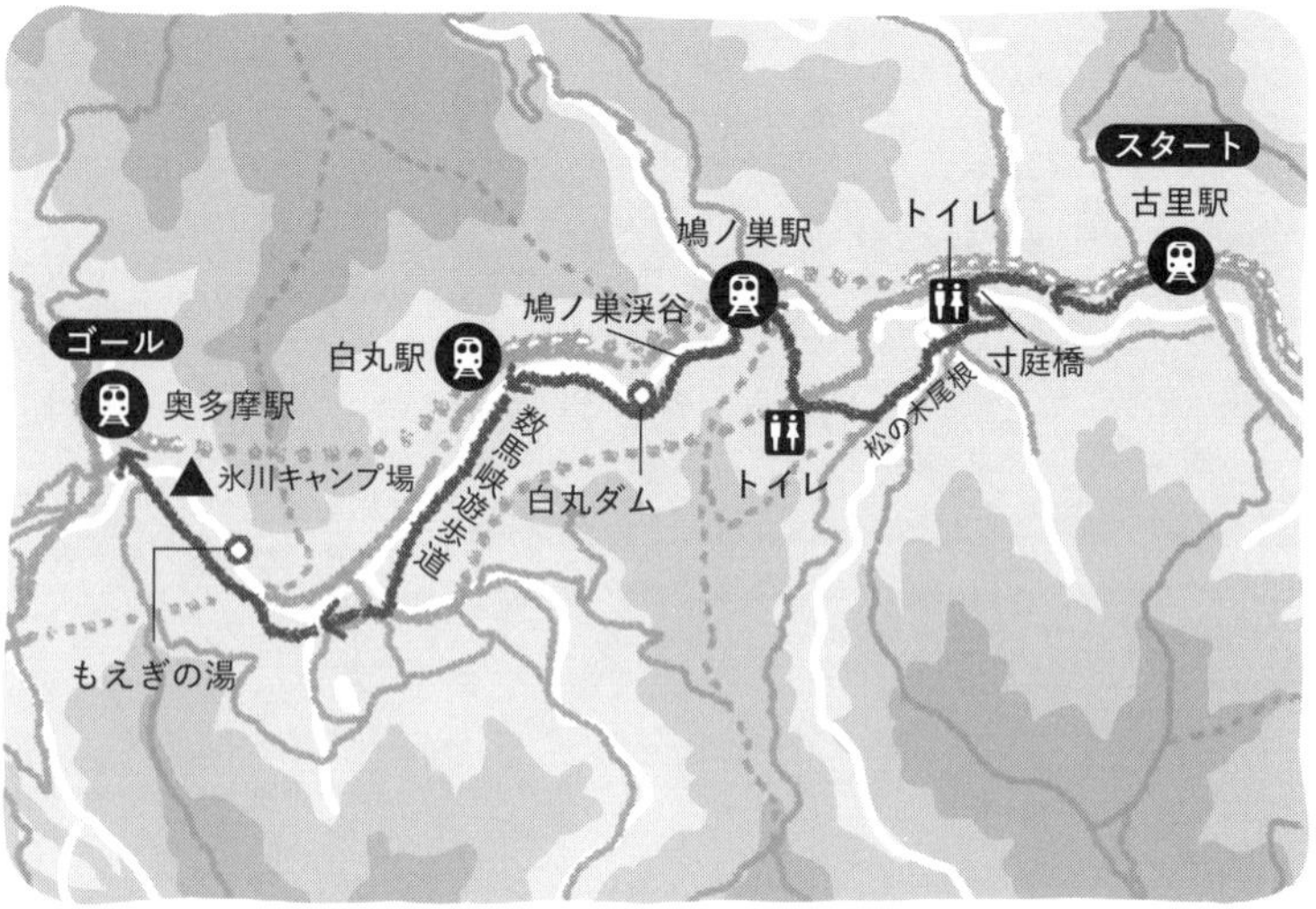

った後は要注意。

冬

## まるで高峰を登ってるような低山
# 三浦富士は満足度高い

三浦半島の先端に近いところに、ちんまりとたたずんでいる三浦富士という山がある。富士という豪壮な名前がついているが、標高はわずか一八三メートル。この低山をわたしはフラット登山に最適なコースとしてこよなく愛している。理由はたくさんある。

第一に、京浜急行の津久井浜駅から歩いて登れる。路線バスもレンタカーも不要。

第二に、津久井浜駅前には商店街があり、買い出しができる。

第三に、コースタイムが短い。駅からだいたい一時間ぐらいで山頂。

第四に、気軽な割には、頂上からの眺めが最高。まるで高峰に登ってきたかのような満足感がある。

第五に、三浦富士山頂の少し先にある武山には、トイレと水道が完備した休憩所があり、のんびり食事を作って食べられる。

第六に、武山から下山すると津久井浜観光農園があり、季節によってミカン狩りやイチゴ狩りまで楽しめる。

こうやって書きだしてみると、その魅力がわかっていただけると思う。とくに三浦富士が良いのは、真冬である。同じ首都圏であっても、伊豆やここ三浦の真冬は東京とは全然違う。冬空の下を光がキラキラと降りてきて、海風は柔らかく、いつも春先のにおいがほんのりとただよっているようだ。

わたしたちは品川から京浜急行に乗って、一時間あまりで津久井浜駅に着いた。駅前には京急ストアとローソンがあり、海に向かって下ると突き当たりの国道一三四号の交差点に「溶岩窯工房 ブロートバウム」という地元で人気のパン屋さんがある。ローソンは二四時間営業、京急ストアとブロートバウムは朝九時からオ

三浦富士への道は、果樹園のあいだをトンネルのように続いていく。

ープンしており、この三つの店で、山メシなどに必要な食材はすべて揃うのが嬉しい。

駅から西に向かう。小さな川をわたり、すぐ先の郵便局の三叉路で左に進み、前方に見える小高い山に向かって川沿いに進んでいく。キャベツやダイコン、白菜などの畑が階段状に続いていて、のどかな風景だ。突き当たりを右に折れ、坂を登っていくと、左側に「三浦富士・武山」という小さな道しるべが出ている。これを見落とさないのが大事だ。ここを左に曲がり、細い舗装道をさらに登っていく。

右に墓地が現れたかと思うと急に視界が開け、大きな鳥居がある。三浦富士の参道の入口だ。柑橘の果樹園の中に分け入って、舗装道は急坂になる。舗装道だが、ここがコースの中でいちばんきついところだ。

警察犬訓練所という施設もあり、運が良ければ、ワンちゃんたちがけなげに訓練を受けているのが柵越しに見えるだろう。ここからいよいよ登山道に入るのだが、実のところあっという間に山頂に着いてしまう。訓

三浦富士の頂上まであと少し。暖かそうなかっこうのお地蔵さんがいた。

練所からほんの一五分ぐらいである。

しかし山頂は驚くべき眺望だ。三浦半島先端の城ヶ島に向かって、両側の海岸線がすうーっと伸びているのがキレイに見える。天気が良ければ富士山も見える。高峰に登ってきたかのような満足感がある。わずか一五分しか山道を歩いていないのに！

山頂でひと休みしたら、稜線づたいに縦走していこう。細い稜線の脇をたどっていくので、足を滑らせるとちょっと怖いところがいくつかある。一五分ほど歩くと山道が広くなって軽トラックが走れるぐらいになるが、そのまま進む。小さな展望台を通りすぎると、砲台山と武山の分岐になる。

砲台山。かつてここに巨大な砲塔があったとは。

ここは砲台山に寄り道するのがお勧めだ。小高い丘の上に、コンクリートに固められた巨大な穴が開いている。昭和初期、旧大日本帝国海軍が首都の防空のために砲台を設置していた跡である。

分岐に戻って、今度は武山を目指す。ほんの一五分ほどで、武山不動院というお寺の敷地に出た。大きなコンクリートの建物があり、登れば眺めの良い展望台。一階はテーブルとベンチのある休憩所になっている。裏手にはトイレと水道もあって、ゆっくり食事をつくって楽しむこともできる。最高の設備とロケーションだ。

その日につくったのは、チリコンカンだった。ベーコンとソーセージ、ぶつ切りの鶏肉などを鍋にぶち込んで軽く炒め、みじん切りにしたタマネギ、ニンニクも加えてさらに炒める。軽く火が通ったら、トマト水煮缶とキドニービーンズの水煮缶をさらに足し、水をひたひたに注いで煮込む。スープやシチューではなく煮込み料理なので、水分がほとんどなくなり煮詰まるまで火を通すのがコツだ。

水分がかなり減ってきたなあというところで、瓶詰めのチリパウダーをどさっと投入する。唐辛子粉にクミン、パプリカなどのスパイスを加えたチリコンカンになくてはならないミックス調味料である。

熱々のチリコンカンに、ふもとのブロートバウムで買ってきた旨いパン。真冬だというのに樹木の葉には陽光がキラキラと落ちてきている。青い空。最高だ。

ゆっくり食べて休憩したら、下山を開始しよう。休憩所のすぐ側にある登山道を下り、約一五分でふもとの道路に出た。道しるべにしたがって津久井浜駅に向かうと、途中に津久井浜観光農園の受付がある。ここでお金を払い、イチゴ狩りやミカン狩りをするのも楽しい。

【歩行タイム】

津久井浜駅から三浦富士までは一時間。三浦富士から武山も一時間。武山から津久井浜駅までも一時間。なんとも区切りの良い山である。

【難易度】

レベル2＝三浦富士から武山のあいだは、尾根が細くすべりやすいところがある。

【高低差】

そこそこの急登や階段が数カ所にある。

【足まわり】

すべりやすい山道が多いため、登山靴が必要。

【お勧めの季節】

秋から冬、春まで。真夏はさすがに暑い。

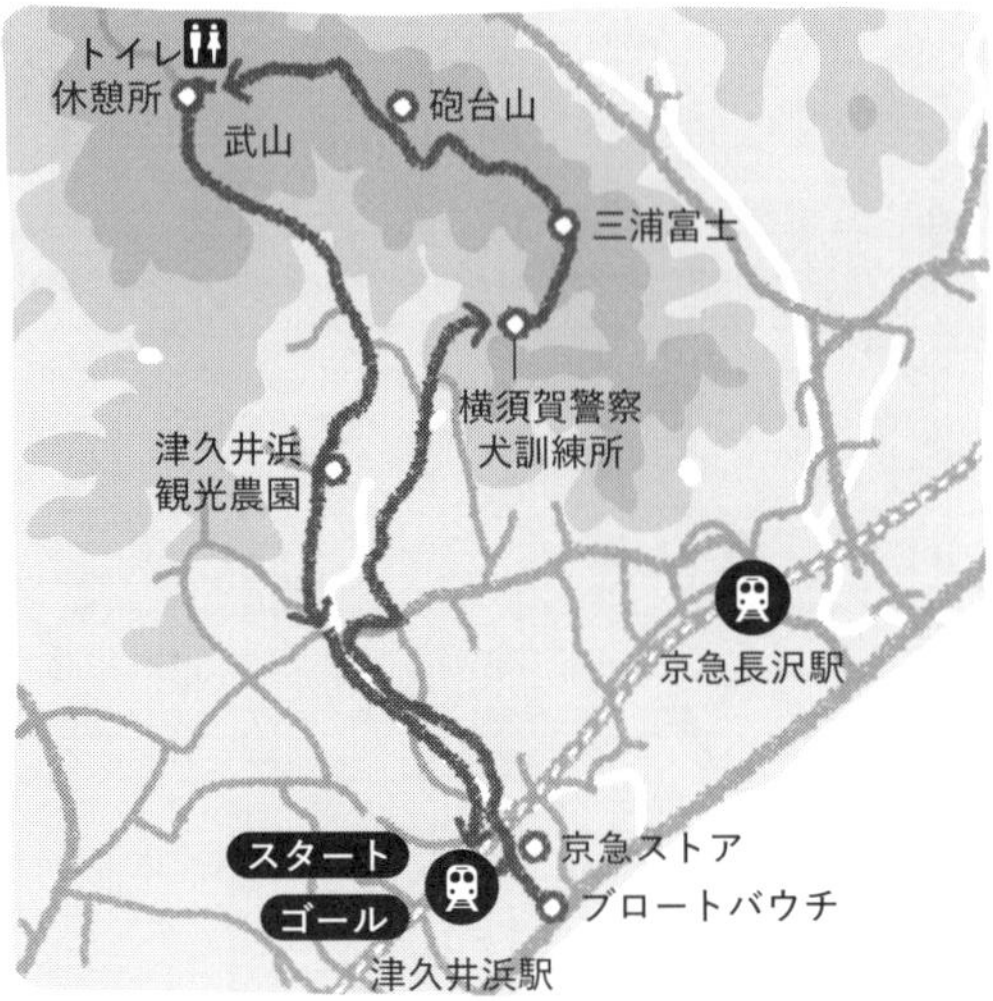

冬

## 間近に飛行機をあおぎ見ながら
# さらさらと流れる野川を歩く

新宿から甲州街道をクルマで走らせると、調布を過ぎたあたりで右側に大きな味の素スタジアムが見えてくる。通称「味スタ」と呼ばれるドーム型の巨大施設のその向こう側は、実はいくつもの公園が連なる広大な緑の大地になっている。武蔵野の森公園、野川公園、武蔵野公園、府中の森公園、平和の森公園、そして多磨霊園。

このたくさんの公園や墓地をつなげば、フラット登山に最適なコースを設計することができる。真冬のこの日、わたしたちはカーシェアを調達できたので、野川公園のバーベキュー広場に隣接した有料駐車場にクルマを置いた。

第5章でも書いているが、ここのバーベキュー広場は事前にオンライン予約しておけば、無料で焚き火のできる貴重な場所である。この日は焚き火の準備はしていなかったので、パッキング済みの小ぶりなバックパックを背負って歩き出す。

バーベキュー広場を突っ切ると、その向こうは広大な緑の草地が広がり、周囲をたくさんの大きな樹木が囲んでいる。しばらく歩くと東八道路にぶつかるので、信号のある横断歩道をわたり、そのまま少し西に移動して駐車場のあたりから武蔵野公園に入る。ちなみにすぐその先には、東京西部でクルマを運転する人には馴染みの深いであろう、府中運転免許試験場がある。思い出せばもう四〇年近く前、わたしもここで普通免許をとったのだなあと感慨を抱きながら、武蔵野公園の静かな森の中へ。

西のほうへと進んでいくと、やがて右側にこんもりと小高い芝生地が見えてくる。クジラの背中に似ているからだろう「くじら山」という名前がついている。その先で公園は終わり、いったん外に出て住宅街に入る。さらに西に進みながら、右に曲がる道を探ろう。

落ち葉の美しい野川公園。ランニングや自転車などみんな思い思いに楽しんでいる。

右に曲がると突き当たりは野川で、川沿いに道が続いている。小さな橋が見えたら北に渡り、階段を探そう。野川べりに降りることができる。ここから向きを反転して、東に向かって野川沿いに下っていく。

ここから先が、今回のコースの白眉だ。野川は河川なのでもちろん堤防はあるのだが、都心の目黒川や神田川のように川がコンクリートで固められていない。こじんまりした河川敷の緑地の真ん中を、細い川が蛇行しながら流れ、葦や水草が生い茂っている。子どものころに歌った「春の小川」の光景にそっくりで、思わず口をついて歌が出る。

「春の小川は　さらさら行くよ　えびやめだかや　こぶなのむれに　今日も一日　ひなたでおよぎ　遊べ遊べと　ささやきながら」

季節は冬だけど、「春の小川」を歌いたくなる野川のせせらぎ。

　季節は冬だから春の小川じゃないのだが、東京の冬はいつも晴れている。気温が上がる日も多い。この日も明るい陽射しがさんさんと降り注ぎ、風もほとんどなくて小春日和のような気候だった。草を踏みしめながら、キラキラと光る川面に眩しさを感じながら、ただ無心に歩いていく。いまこの瞬間の気持ち良さ、この瞬間がいつまでも続くといいと思う。そんな風に思いながら、わたしたちはただ無言で歩いていく。

　西武多摩川線の線路の下をくぐり、東八道路を歩道橋でわたり返して、ふたたび野川公園に入った。道なりにぶらぶらと歩いていくと、売店が見えてくる。団子を買って、前のベンチで休憩しながら食べる。団子はびっくりするぐらいに大きくて、これだけでお腹がいっぱいになった。

駐車場に置いたままのクルマを横目で見ながら、いったん野川公園を出る。人見街道（都道一一〇号線）を右に折れ、次の信号交差点を左に折れる。すぐそこが武蔵野の森公園の入口だ。

飛行機の離発着を間近で見られて迫力満点。

修景池という丸くて浅くてけっこう広い池があり、葦がびっしりと生えている。水鳥がいるのも見える。

ぼんやりと池を眺めていたら、突然頭上に真っ黒な影が映り、轟音がした。見上げると、びっくりするほど頭上近くを飛行機が飛び去っていく。もう目の前が調布飛行場なのだ。

調布飛行場からは、伊豆大島や三宅島などに定期便が飛んでいる。飛行機は、ドイツのドルニエ228。乗客一九名を乗せて飛ぶターボプロップ機だ。この名機が離着陸する様子を、飛行場のすぐそばの武蔵野の森公園からじっくり眺めることができる。全長はわずか一七メートル足らずの小型機だが、距離が近いのですごい迫力だ。滑走路沿いの遊歩道を散歩している人も多く、みんな嬉しそうに離着陸を眺めている。広い公園を歩いて、まるで昔の小川のような野川の草地を歩き、そして古風な雰囲気のプロペラ機を間近で眺める。遠い過去に過ぎ去った子ども時代の遠足のようで、幸せなノスタルジーに浸った冬の一日だった。

滑走路の端からサッカーや野球のグラウンドを抜け、クルマを置いてある野川公園に戻った。もし電車を使うのなら、滑走路の端から京王線の飛田給駅まで歩いて一五分ぐらい。飛田給駅から野川公園までは四〇分ほどなので、駅を起点にしてぐるりとまわるコースにするのが良い。


【歩行タイム】

コースのとりかたによっても微妙に変わってくるが、三時間三〇分から四時間三〇分ぐらいを見込んでおけばいい。

【難易度】

レベル1＝誰でも楽しめる初心者向けコース。

【高低差】

登り下りはほとんどなく平坦。

【足まわり】

運動靴でも大丈夫だが、雨後には野川の河川敷がぬかるんでいるかもしれない。気になる人は登山靴で。

【お勧めの季節】

秋から冬、春まで。都市郊外の公園なので、真夏は非常に暑い。

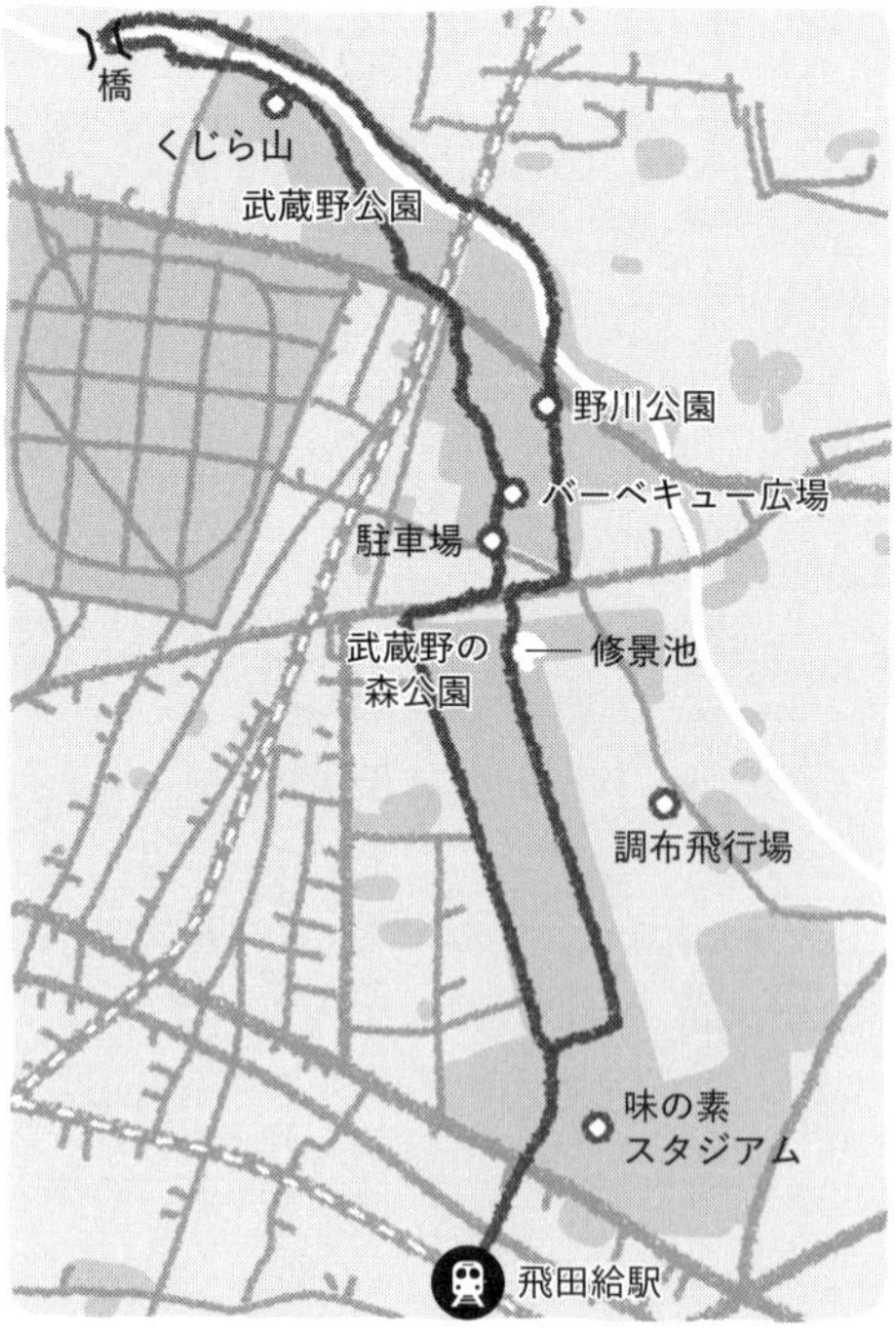

冬

## 巨大住宅団地
# 多摩ニュータウンを「縦走」する

東京の調布や府中は多摩川に沿って広がった街である。これらの街から多摩川を眺めると、川向こうの南側一帯に丘陵が連なっているのが見える。それらの丘陵には、無数の住宅やマンションや団地が並んでいるのも見える。多摩ニュータウンだ。

ニュータウンということば自体がもう古くなってしまった。戦後の高度経済成長時代に、都市に流入してきた人口を吸収するため郊外に建設された巨大住宅地を指している。多摩ニュータウンは大阪の千里ニュータウンと並ぶ代表的な存在で、多摩市や稲城市などにまたがって二〇万人以上の人口を擁している。一九七〇年代に長大な丘陵地を削り、造成して作りあげられた。

フラット登山を意識的に歩くようになってから、つらなっている丘陵などの景色を見ると「あそこは歩けないだろうか」と考える癖がついた。府中の郷土の森公園で焚き火をするため多摩川を歩いていると（本コースガイドでも紹介している）、ずっと視界に入り続ける多摩ニュータウンの丘陵が、以前からそれとなく気になっていた。あるときネットで検索してみて、ここが多摩丘陵という名称であることを知り、そして丘陵の尾根筋には「多摩よこやまの道」というトレイルが整備されていることも知った。よこやまの道という名称について、地元多摩市の公式サイトを見るとこう解説されていた。

「多摩丘陵は武蔵の国府（府中）から眺めると横に長く連なる山々でした。夕暮れ時にシルエットとして浮かぶその美しい姿は、万葉時代の人々から『多摩の横山』、『眉引き山』などとも呼ばれていました」

住宅街の中とは思えないような奥深い山道が連続していて楽しい。

これは行ってみるしかない。

多摩市公式サイトには、多摩よこやまの道のガイドマップがＰＤＦで用意されている。これをスマホにダウンロードし、グーグルマップと併用しながら歩くことにする。

冬晴れのその日、わたしたちは京王相模原線の南大沢駅で待ち合わせた。近くには東京都立大学の広いキャンパスもあり、駅前はショッピングモールが整備されていて賑わっている。駅の南側にある中郷公園を抜け、清水入緑地という深い谷になった緑の公園を目指す。細長い公園を南へ南へと進んでいき、公園が途切れた先で広い道路と交差する。この車道が都道一五八号、別名「南多摩尾根幹線道路」。つまり多摩ニュータウンの稜線に沿って走っている道路だ。よこやまの道はおおむねこの道と並行し、多摩ニュータウンの稜線をたどっていく。

山々が連なった山脈の稜線を、いくつもの山頂を踏み越えながら歩いていくことを登山用語で「縦走」という。ここからの道は、まさに多摩ニュータウンの縦走なのである。

まるで古代の神殿のようなアクアブルー多摩。

尾根幹線道路をしばらくたどり、給水塔が見えてくると右に山道に入る分岐があり、道しるべも出ている。ここから本格的によこやまの道をたどっていくが、途中で分岐もいくつかある。ほとんどの分岐は南側の町田方面に下りていく道だ。間違って入り込まないようにしよう。

大妻女子学園が見えるあたりに来ると、展望台の道しるべがある。稜線から小さな尾根が突き出したようなところに眺めの良い場所があり、小田急線の唐木田駅や車両基地が見渡せて晴れ晴れと気持ち良い。いったん道路に出て向こう側に渡り、登り、さらに森の中を進んでいくと、茶色い巨大な神殿のような建物がそびえ立っている。温水プールなどがある多摩市営のスポーツ施設、アクアブルー多摩だ。オープンは二〇〇〇年というから、かろうじてバブル期の壮大建築ブームの名残があった時代だったのかもしれない。

ゴルフ場の脇を通って、再び尾根幹線道路に接近したところに、セブン-イレブン多摩南野店がある。トイレ休憩して、水や行動食も補給した。コース上に見つかるコンビニは、フラット登山のオアシスである。

ここから尾根幹線道路をさらに進まなければならないところを、うっかりと南のほうに誤って進んでしまった。急坂をどんどん下りきってから道を間違えたことに気づき、しかしショートカットできそうな細道なども見つからず、しかたなく坂を登り返した。一二月だというのに今年はまだ秋が続いている陽気で、汗が噴き出してくる。

セブン-イレブンまで戻り、尾根幹線道路をほんの数十メートル進むと、右によこやまの道の小さな分岐があった。分岐はこんな近くだったのか！ と嘆息しながら、ただ歩き続ける。やがて道は広い別の都道一五六号に遮られるように行き止まりになり、そこから階段を下りて都道をわたり、反対側から再び稜線に戻り、そしてどこまでも道は続いていく。

一本杉公園に到着した。屋根のない小さな東屋で昼食を広げ、トイレも借りた。恵泉女学園大学の脇を通り、その先の墓地のところから再び山道へと上がる。鎌倉街道の大きな交差点を橋で渡り、その先を右に折れて、山道へと戻る。古道五差路という、古くからの街道が交わる森の中の十字路に出た。左側の国士舘大学の方向へと進めば、ラストは間近である。よこやまの道の終点は多摩東公園というところだが、わたしたちは手前の諏訪南公園から道を外れ、ニュータウンの中を通って京王・小田急線の駅がある永山を目指した。

多摩ニュータウンの中でも飛びきり新しい、ブリリア多摩ニュータウンというタワーマンション全七棟が立ち並ぶエリアが広がっている。一九七〇年代にできた多摩ニュータウンはどこも老朽化が進み、住民も高齢化してひっそりと静寂の中に埋もれていっているが、このブリリアだけは敷地内に子どもたちの歓声が溢れている。街の活気とはこのようなものか、と改めて思う。

永山駅に着いた。よこやまの道を途中で終えてここに来たのは、駅前に「竹取の湯」という健康ランドがあるからだ。週末料金二八〇〇円とちょっと高いが、その分空いていて、非常に良い。人の少ないサウナもある。汗を流して外に出れば、ほんの一分ほどで改札という利便性も素晴らしい

多摩ニュータウンの稜線からは、はるか遠くの奥多摩の山まで一望できる。

のだ。

【歩行タイム】
よこやまの道だけなら全部で三時間弱。南大沢からのアプローチ、また永山駅に戻る時間も含めればば四時間程度を見込めばいい。

【難易度】
レベル1＝危険なところはない。道しるべをしっかり確認しつつ、ガイドマップとスマホ地図を駆使して道を間違えないように進んでいこう。

【高低差】
登り下りは少ない。

【足まわり】
登山道と舗装道が半々ぐらい。雨後などぬかるんでいそうな時は、登山靴で。

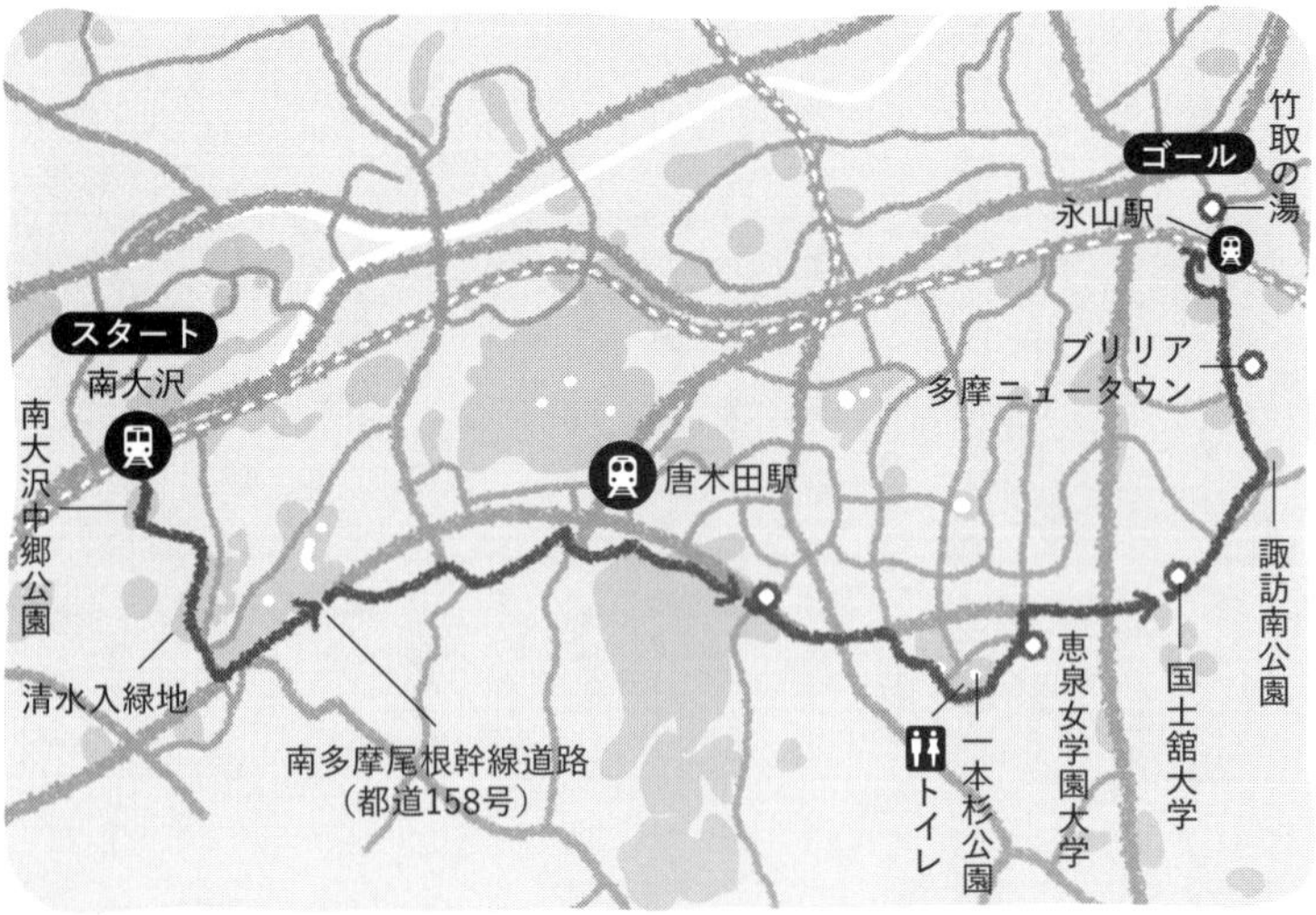

【お勧めの季節】
秋から冬、春まで。都市郊外の公園なので、真夏は非常に暑い。

冬

## 海を正面にひたすら下る
# 十国峠から熱海へ

伊豆と箱根の境にある十国峠は、名前だけはよく見聞きして「有名な観光地なのだろう」とたいして興味も持っていなかったが、実際に足を運んでみて驚いた。遠く千葉から山梨、長野まで十の国を見渡せるからと名前がついたこの峠は、びっくりするぐらいその通りにすごい眺望だったのだ。茫然と立ち尽くして、まわりをただ見渡すのみである。

東海道新幹線・熱海駅の朝。いっときは寂れるばかりと言われていたこの観光地も、近年は新しいホテルやリゾートマンションが建設ラッシュになってすっかり生き返っている。朝九時のこの時間にはまだ人影はまばらだが、昼になれば人混みでごった返すのだろう。

元箱根行きのバスに乗り、熱海の街をぐるぐるまわった後は箱根へと続く急坂をぐいぐいと登っていく。四〇分ほどで十国峠登り口バス停に。ここからケーブルカーに乗り換えると、まったく歩かないまま今日の最高地点である十国峠展望台に到着した。

　景色を存分に堪能したら、いよいよ「下山」に取りかかろう。海の方角を見ると、白い箱形の構造物が並んでいるのが目に入る。豪華なキャンプ、すなわちグランピングの施設だ。そちらに向かう細い舗装道をたどっていく。霊園もある姫の沢公園から山道に入り、地蔵がいくつも集まって並べられている不思議な一帯を抜けると、東光寺という寂しい古寺に着く。幅が広く歩きやすく気持ちの良い山道がどこまでも続く。最高だ。

十国峠から、空の広いまっすぐな道を下りていく。

　標高七三四メートルの岩戸山の手前に「岩戸山ハイキングコース」と「岩戸山近道」という分岐があり、どちらに行くか一瞬迷ったが、ハイキングコースを選んだ。これが失敗というか、山道の整備がされておらず両側の強烈な笹藪が道にまで侵入してきていて、ほとんど藪漕ぎ状態になる。

ぐるりと山頂を迂回してから急登をわずかに登ると、山頂に出た。「近道」のほうが今では正規ルートになっているようだ。まあでも藪漕ぎもたまには楽しい。

岩戸山からしばらくは注意が必要だ。稜線が痩せていて片側が切れ落ちているところがあり、その先は山道が急降下になる。慎重に三〇分ほど進むと、ふたたびなだらかで心地良い道に戻る。このコースは全体にゆるやかに少しずつ下っていく感じで、岩戸山直下を除けば、激しさがなく好感が持てる。

海も山も全部見える。最高の展望の道。

道路に出た。伊豆山《いずさん》と呼ばれるこの一帯は、個人の別荘ではなく企業の巨大保養所が立ち並んでいて壮観だ。総合商社、全国展開の家具チェーン、大手健保組合などの保養所が次々と現れる。

地図ではわかりにくいが、伊豆山の一角に「伊豆山神社本宮」がある。観光客が多い伊豆山神社の、奥社のような位置づけだ。ここは人もほとんどおらず、最高に気持ち良いのでぜひ訪れたい。簡易トイレもある。グーグルマップを見ながら、別荘地の中を進んでいく。ものすごく小さく控えめな「伊豆山神社本宮」という青い道しるべが設置されている。

もうあと少しで着きそう、というところまで来たら急にものすごい上り坂になる。ずっと下ってきた本日のコースの中では、いちばんの急登だ。舗装道なのに。

ハアハア言いながら小高い丘の頂上に達し、あたりを探し回ってようやく本宮への細い道を見つけた。

東光寺のあたりには古びたお地蔵さんがいっぱい。

境内のベンチでゆっくりと昼食をとり、下山を開始する。鳥居があり、そこから山道の参道が下へと続いている。ぐいぐいと標高を下げていく。しばらく歩くと大きな鳥居のある車道に出てしまうが、その先で道は分岐して、右側は山道になる。下り続けて本宮から一時間ほどで、伊豆山神社に着いた。

しかし下りはここで終わりではない。もう山道はないが、伊豆山神社の参道は舗装された階段となって、熱海の海まで延々と続いているのだ。グーグルマップを見ると、くねくねとした道が縦横に走る熱海の別荘地のあいまに、ひとすじの矢のように細い道が伊豆山神社から浜に向けて描かれている。

階段の両側には風情のある住宅や庭がつらなっていて、非常に良い。その向こうには青い海がある。ひたすら下る。ひたすら下る。

下りきったところには、なんと公衆浴場がある。走り湯浜浴場はひなびた激シブな銭湯だ。入湯料はなんと三五〇円。番台のおばちゃんが「靴はここ。荷物が大きいんだろう。でかいのはここに置いて、洗面具だけ持ってロッカーに行って」と親切に指導してくれる。

二つある浴槽はどちらも強烈過ぎるほどに熱かった。我慢して入っていると、足の筋肉が熱で拡張して一気に疲労がとれていく感があった。

風呂を出ると、冬のひんやりした風が気持ちい い。ここから熱海駅までは徒歩二〇分。のんびりと帰路についた。

伊豆山神社から海へと、階段をひたすら下っていく。

【歩行タイム】
十国峠から熱海駅まで三時間三〇分。
【難易度】

レベル3＝岩戸山からの痩せ尾根と急降下は慎重に。そこを除けば危険なところはないが、伊豆山の別荘地はグーグルマップでルートファインディングが必要。

【高低差】

ほとんどが下り。

【足まわり】

登山靴が必要。

【お勧めの季節】

真夏は暑い。冬も登れるが、太平洋側の平野で雨になった後は降雪の可能性があるので注意を。

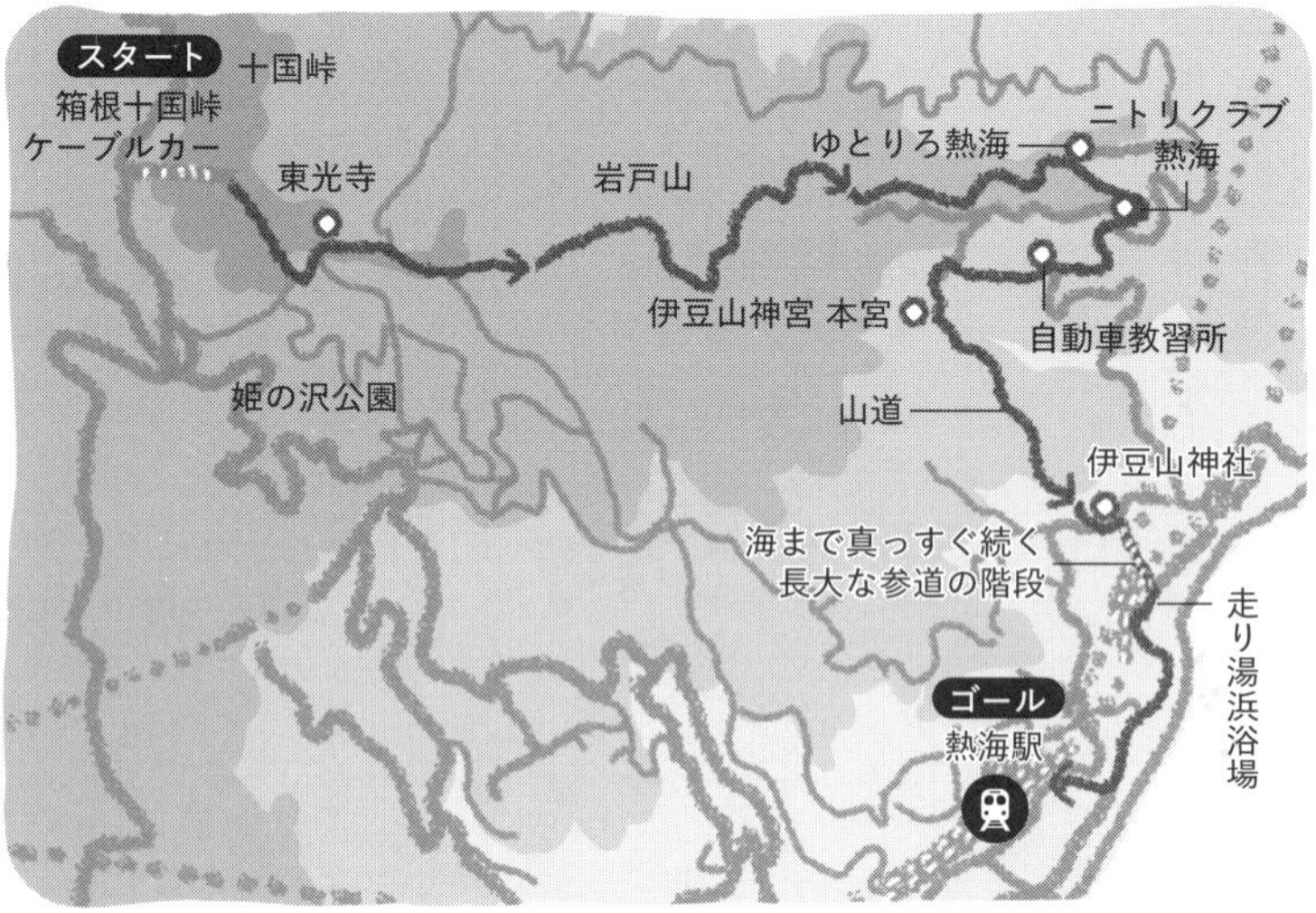

# 〈冒険心が満たされる〉

秋

## 人混みの箱根を避け、ひっそりと
## 芦ノ湖西岸を歩く

オーバーツーリズムの猛威で、京都や鎌倉には信じられないぐらいの観光客があふれかえるようになった。箱根も例外ではなく、箱根湯本の街など混雑で歩くのもままならないほどだ。こんな状況がいったいいつまで続くのかわからないが、箱根は「絶対近づいちゃいけない観光地」のひとつになってしまっている。

とはいえ、場所を選べば箱根でもひっそりと静謐なフラット登山を楽しむことができる。ここで紹介する芦ノ湖西岸歩道はそのひとつだ。

スタート地点は芦ノ湖北端の桃源台か、南端の箱根町港が良いだろう。両方とも小田原駅や箱根湯本駅からの交通の便が良い。

秋晴れの週末、わたしたちは箱根町港で待ち合わせた。小田原駅からのバスはボーイスカウトの少年たちが団体で乗っていたこともあって超満員。箱根湯本の街が近づくにつれ道路も渋滞するようになり、立ちっぱなしのままバスはいっこうに進まない。途中どこの停留所でも外国人の観光客が待っているが、「もう乗せられない」と運転手は英語で告げている。「次のバスを」と言っているが、次のバスも乗れるんだろうか？と他人《ひと》ごとながら心配になる。もうこの時点で、秋晴れの週末に箱根を選んだことをわたしは後悔しはじめている。

予定よりも三〇分以上も遅れ、人でごった返す箱根町港に着いた。ここから芦ノ湖を時計回りに進んでいくのだ。車道に出て駒形神社というところから旧国道一号を外れて湖沿いの道に入ると、とたんにクルマも人影も何もなくなった。シン、と静かである。これだよこれ、と嬉しくなる。人影が見えなくなってからが、

密集した笹藪が道を塞ぎ、アドベンチャー感満点。

フラット登山の本番なのだ。

しばらく行くと、畑引山というこんもりと半島のように突き出した山に向かう道が左に現れた。やすらぎの森という道しるべが出ている。登っていくとそこは緑の芝生の公園。ここにもだれもいない。超混雑の箱根も、人が集中しているのはごく一部の場所だけなのだ。バスなどでのアクセスさえ我慢すれば、こんなに静かな箱根を存分に楽しめる。

芦ノ湖にも砂浜がある。真田浜に出ると、急に視界が開けて爽快。

公園から湖畔に降りていくところで、立派な角を持ったオス鹿に出会った。白くかわいいお尻を見せながら跳びはね、森の中に消えて行く。

湖畔に降り立つと車止めのゲートがあり、そこから本格的に芦ノ湖西岸歩道がはじまる。これがなんとも原始的でアドベンチャーな道だった。とにかく笹がすごい。山道の部分はきちんと刈り取ってあるのだが、道の両側に笹藪が密生し、道にまで鋭く柔らかい葉を押し出してきている。笹の葉をかき分けながら進む。

この先には、二つの注目ポイントがある。一つめは豆相《ずそう》大震災の供養塔だ。豆相大震災というのは聞き慣れない人も多いだろう。わたしもこの道を歩くまでまったく知らなかった。名前のとおり、静岡・伊豆と神奈川・相模にまたがったこの地域で一九三〇年に起きた直下型地震。二七二人もの死者・行方不明者を出している。

芦ノ湖畔の供養塔があった場所には、林業にたずさわる人たちの小屋があった。早朝に起きた地震で活断層がずれて山体が湖に崩壊し、山津波を生じて小屋ごと宿泊していた八人を呑み込んだのだという。

供養塔に向かって静かに一礼し、先へと進む。やがて真田浜という古色蒼然とした大きな道しるべが現れる。ここが二つめのポイント、芦ノ湖には珍しい砂浜への入口なのだ。山道から折れて一〇メートルほど進むと、突如として眼前が開けて、目の前に芦ノ湖の広大な湖面、そして向こう側の箱根駒ヶ岳が姿を現した。笹藪漕ぎから解放されて、なんという晴れ晴れとした気持ちなのだろう。

真田浜からも笹藪の中の道は続き、小さな水門を越えると、森の中の歩きやすい道に変わる。ここまで来れば、桃源台はもうすぐだ。もうひとつ

終点近くで、だだっ広い広場に出た。歩いた満足感でいっぱい。

の水門を越えたところで、広々とした広場に出る。芦ノ湖キャンプ村の中を通り抜けると、バス停と箱根ロープウェイ乗り場がある桃源台の駐車場である。一気に観光客が増え、雑踏に引き戻された。ここから一〇分ほど坂を登ったところにある箱根高原ホテルは、日帰り入浴可能な温泉がある。汗を流して、ふたたび大混雑のバスに乗って帰路についた。

箱根のマイナートレイルを歩くのは静かで楽しいが、往復のアクセスの大混雑だけは避けがたい。箱根は神奈川側から入るにしろ、静岡側から入るにしろ、どちらも交通のボトルネックがあるので混雑を避けるのが難しいという問題はあると感じた。

とはいえ帰路のバスは桃源台始発で、問題なく座ることができた。とりあえず箱根湯本までは悠々自適だ。途中、仙石原の有名なススキの原っぱにバスが通りがかり、信じられないほどたくさんの人がススキの遊歩道に群がっているのが見える。心の中で、こっそりとほくそ笑んだ。

「こんな混んでるところでススキを見なくたって、誰もいない芦ノ湖西岸なら自然の光景をひとり占めできるんだぜ、ふっふっふ」

【歩行タイム】
三時間三〇分ぐらい。短めのコースなので、桃源台からさらに芦ノ湖東岸を歩き、箱根駒ヶ岳ロープウェイ乗り場がある箱根園まで足を伸ばすのも良い。桃源台から一時間三〇分ぐらいで到達できる。

【難易度】

レベル2＝危険な場所はないが、笹藪がけっこう邪魔で、歩いている人も少ない。

【高低差】

小さな登り下りはあるが、急登といえるようなところはない。

【足まわり】

登山靴がおすすめ。

【お勧めの季節】

春と秋が良い。冬は積雪がある。芦ノ湖は標高七〇〇メートルぐらいで、真夏はちょっと暑いかも。

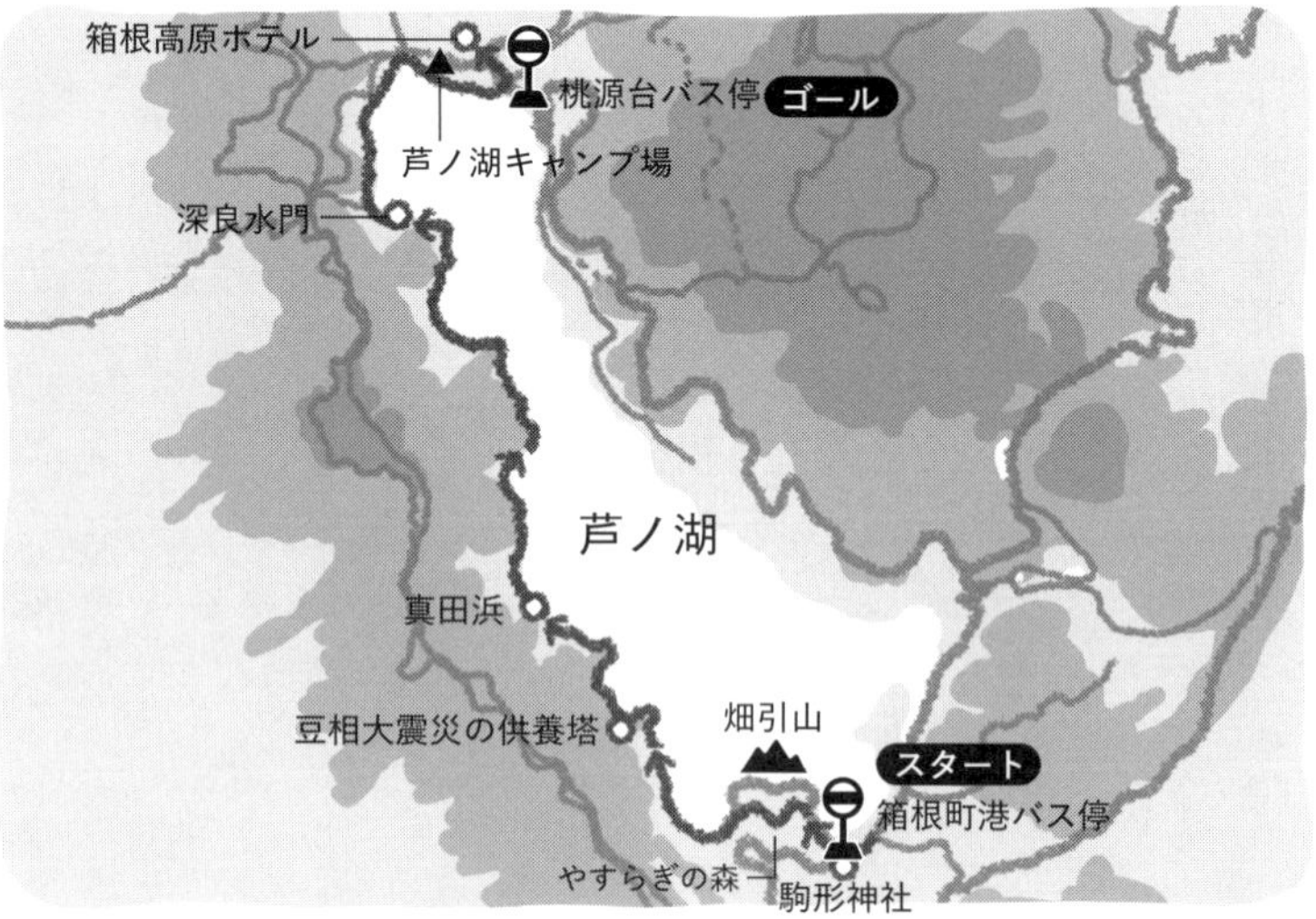

秋

## 日本第二の湖
# 霞ヶ浦の湖畔をたどる旅

琵琶湖についで日本で二番目の面積を誇る湖・霞ヶ浦。この湖畔を歩けないだろうかと考え、プランを立てた経緯は第5章「フラット登山の計画を立てる」でくわしく書いている。ぜひそちらから読んでほしい。

その日、わたしたちはJR常磐線の土浦駅で待ち合わせた。東京駅からは特急ひたちで約五〇分。意外と近い。ここから関東ふれあいの道の茨城コースのひとつ「水の恵みと水田地帯のみち」に向かうには、バスを乗り継がないといけない。

バスは土浦の街を出ると、すぐに霞ヶ浦に沿って田園地帯を走るようになる。広大な田畑の向こうに湖畔の並木。さらにその向こうに大きな水面。曇り空がときおり割れて、陽光がキラキラと落ちてくる。もうその光景だけで、気分が上がってきた。

バスを乗り継ぐ場所は吹上というところで、バスを降りてみると見事に何もない。住宅がぽつりぽつり、そして田畑。その何もないところに、バス停の標柱が四本も立っている。何台かのクルマが通りがかり、ドライバーがこぞってこっちを怪訝な目で見るのが面白い。こんなところでバックパックを背負った男女数人がいったい何をしているのか? と不思議なのだろう。

やがてきれいな青色の小さな路線バスがやってきた。その名もブルーバス。乗り込むと、運転手さんが「本当にこのバスでいいんですか?」と怪訝そうに聞いてくる。「はい、東三次というバス停で降ります」と、事前にグーグルマップで調べておいたバス停の名前を正確に「ヒガシミツギ」と発音して伝えた。

さすが日本第二の湖。霞ヶ浦は海のように広い。

東三次で降りて、グーグルマップを見ながら集落を適当に抜け、湖畔に出る。道幅は細いが良く整備された舗装道が、湖沿いに続いている。そしてやたらとロードレーサーが走っている。邪魔にならないように道の端を一列になって歩く。

関東ふれあいの道公式サイトの地図には休憩所と書いてある、西ノ洲岬というところに来た。自転車のラックと大きな地図看板ぐらいしかないシンプルな休憩所。地図には「つくば霞ヶ浦りんりんロード」と書いてある。自転車乗りには有名なコースらしい。そしてこれは後で知ったのだが、わたしたちが歩いた一一月のその日は、霞ヶ浦を自転車でめぐる「いばらきＫ１ライド」というイベントが開催されていた。道理で自転車がやけに多かったわけである。

海のように広大な霞ヶ浦。湖畔をひたすらに歩き、風で吹き寄せられてきた波を眺め、ときに現れる砂浜に驚き、猫たちがのんびりと寝ているのに癒された。ただ歩くということの気持ち良さを、全身で受け止めている感覚がある。

湿原・妙岐ノ鼻を歩いて湖畔に出た。みんなで写真を撮る。

そうこうしているうちに和田公園というところに着く。このあたりまで来ると日が高く昇ってきて、そして猛烈に暑くなってきた。観測史上最高に暑くなったと言われた二〇二四年の夏は、一一月の後半に差しかかった関東平野にまだ影響力を維持している。

晩秋のフラット登山は森の中よりも、陽光を浴びて歩く湖畔が良さそうだ……と考えて計画を立てたのに、まさかそれが裏目に出るとはと恨めしく太陽を見上げる。土浦の早朝はダウンを羽織るほどの寒さだったのが、ダウンは脱いでウィンドシェルも脱ぎ、長袖のベースレイヤー一枚になってもまだ暑い。汗だくになりながら、本日の目当てのひとつである湿原・妙岐ノ鼻に到着した。

すでに枯れ草となっている湿原に降り、遊歩道を歩く。湖畔に出て水面を眺めていると、暑さを忘れて癒される。

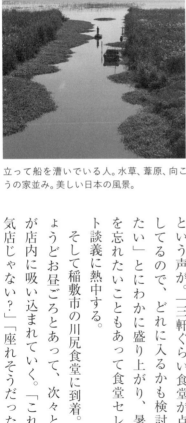

舗装道に戻ってふたたび歩きはじめた。グーグルマップを見ていると、行程の先のほうにある食堂の存在が気になってきた。写真を見ると、揚げ物中心の定食がとても旨そうである。仲間たちに「この川尻食堂、気にならない？」と水を向けてみると、「ぼくもさっきから気になってた」「わたしも！」という声が。「三軒ぐらい食堂が点在してるので、どれに入るかも検討したい」とにわかに盛り上がり、暑さを忘れたいこともあって食堂セレクト談義に熱中する。

立って船を漕いでいる人。水草、葦原、向こうの家並み。美しい日本の風景。

そして稲敷市の川尻食堂に到着。ちょうどお昼ごろとあって、次々と客が店内に吸い込まれていく。「これ人気店じゃない？」「座れそうだったら速攻で入りましょう」

アジフライ定食やカツカレー、焼き肉定食、どれも非常に旨く、そしてこういう場所の定食屋にありがちな信じられない盛りの巨大な丼飯。旨かった。

さえぎるものも何もないだだっ広い湖畔をひたすら歩いていく。

食後も関東ふれあいの道に沿ってＪＲ佐原駅の方角へと向かったが、暑い中をひたすら田畑の一直線道を歩くばかりだった。川尻食堂のそばのバス停から佐原駅に直行しても良かったかな、と頭をかすめる。

佐原駅に着いた。計画を立てるときから目をつけていた金平湯に向かう。予想通りの激シブ銭湯で、一同大満足。駅前のセブン－イレブンでビールで乾杯し、帰途についた。

【歩行タイム】
東三次バス停から佐原駅まで、四～五時間。
【難易度】
レベル1＝歩くのは舗装道ばかりで、道に迷っても遭難する心配はない。
【高低差】
ほぼ平坦。
【足まわり】
運動靴で大丈夫。
【お勧めの季節】
秋から冬、春まで。夏は暑い。遮るもののない道なので、雨の日はつらいかも。

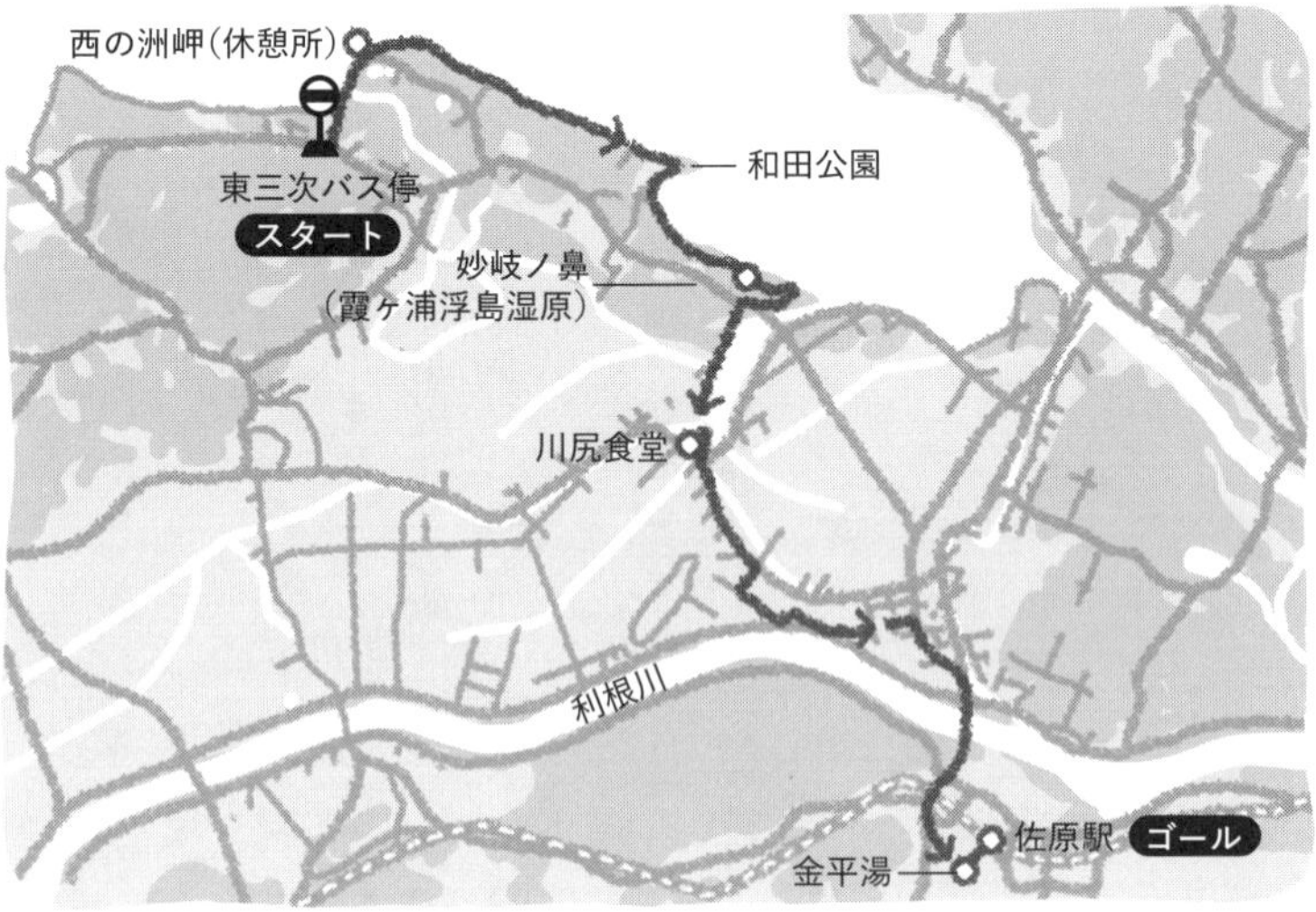

秋

## 秘密の湾に洞窟、断崖……
# 三浦半島の磯はアドベンチャー

三浦半島の海というと、先端にある城ヶ島の公園のイメージが強い。しかしあまり目立たない位置に、実はとても面白いコースがある。知っている人は少ない。海岸の磯をつたってどこまでも歩く、思いきりアドベンチャーな道だ。

わたしたちは京浜急行の三浦海岸駅で待ち合わせた。ここから三崎東岡行きのバスに乗り、松輪というバス停で降りる。歩いた季節は秋の終わりというか初冬というか、そういう季節だったのだけれど、その日の風は思いのほか柔らかかった。あたりは一面のダイコン畑で、向こうには冬の深い青の海。さらにその先には、房総半島のたおやかな山並みも望まれる。山仲間が「まるで北海道の風景みたい」という。たしかに美瑛あたりの、畑が幾重にも連なって山の向こうへと消えて行く景色にちょっと似ている。

ダイコンを満載した軽トラックがときおり走る車道は、間口漁港へと下っていく。漁港からいよいよ磯の道へと入る。関東ふれあいの道の一部なので、しっかりと道標があり道も整備されている。

道はときに水際に近寄り、ときに離れながら、磯をめぐるように続いていく。崖づたいに切ってある水平な足がかりをそろそろと歩く場所もあれば、崖が海までせり出している場所で、靴を波に濡らしながら歩くこともある。まるで子どものころの水遊びのような、冒険心たっぷりの道だ。

途中で一か所、岩溝に渡してあるコンクリート板が崩落して通れなくなっていた。しかたなく少し戻って車道に上がれるルートを探し、大きく巻く。こういうトラブルやハプニングも楽しみのうちにひっくるめて、ルートファインディングして道を探し歩くのもフラット登山の醍醐味のひとつだ。

松輪バス停から間口漁港へと向かう道。海をはさんで遠くに房総半島も見える。

車道を進んでいくと「ポツンと一軒家」的な空き別荘があり、その脇から海岸にふたたび降りられそうだった。強行突破することにし、腰まである藪を漕いで海沿いの道に戻った。

面白い光景がたくさんある。道路からは決して見えない場所にプライベートビーチ……というと聞こえは良いが、ボートやら何やらが散乱し、だれかの遊び場になっている秘密の湾を見つけた。「この家、どうやってたどり着くんだ？」という道路につながっていない別荘風の家もある。ボートで海から上陸するのだろうか。

磯伝いの道が終わり、江奈の港に出た。湾をぐるりとまわりこむとその先に川があり、干潟が見えてくる。小さいけれど大事に保護されているらしい江奈湾干潟だ。干潟沿いに急な坂道を上がると、そこはふたたび見わたす限りのダイコン畑。地平線まで続くようなダイコンの葉の緑が圧巻だ。「まるで沖縄のサトウキビ畑みたい」と山仲間。さっきは北海道！と騒いでいたのに、今度は沖縄。感動が忙しい（笑）。

波打ち際の磯をたどる道はアドベンチャー感がたっぷり。

白浜毘沙門天というとても小さな神社にお参りし、ふたたび磯へ。唐突に大きな洞窟が現れる。中は広くて、焚き火をして住めそうなくらい。なぜか洞窟の入口にはネコの群れがいて、ニャアニャアとすり寄ってきた。どうもこの場所でお昼を食べる人が多いらしく、そのおこぼれを狙って暮らしているようだ。洞窟ネコである。

「盗人狩」というところもあった。案内板にはこう書いてある。

「昔、盗賊が追われて、この山の端まで来て下を見ると、恐ろしい断崖（高さ約三〇メートル）と怒濤のさか巻きに。ぞくぞくと身震いして足がすくんで動けなくなり、たやすく捕まったという。それで『ぬすとがり』の名が残っている」

見上げれば、たしかにすごい断崖絶壁。昔のテレビの二時間ドラマで、最後に犯人が犯行を告白して身投げするシーンを思い出した。

大きな洞窟の中は暮らせそうなぐらいに広かった。

盗人狩を越えると、磯歩きは終点。キレイな公衆トイレがある。頑張って急坂を三〇〇メートルほど登ると、三浦海岸駅に戻れる宮川町のバス停がある。

われわれはバスに乗らずそのまま直進し、三崎港へと向かった。最近はこのあたりは移住者も多く、新しい店もたくさんできている。おしゃれなカフェやドーナツ店や居酒屋などが建ち並ぶ路地を、そぞろ歩きした。まぐろ料理店だらけの三崎港を越え、油壺へ。このルートは車道をひたすら歩いていくだけなので、たいして楽しくない。裏道を行きたいのだけれど、急な崖に阻まれてどの横道もたいてい行き止まりだ。

それでも車道をがんばって歩いたのは、最後の目的地・油壺に観潮荘があり、ここで日帰り温泉に入れるからだ。しかし残念ながら、観潮荘は二〇二四年春に閉館してしまった。いずれ新しい施設ができるだろうから、それまで待ってまた行きたい。

【歩行タイム】
松輪のバス停から宮川町までは四時間半。そこから三崎港を経て油壺まで歩くと、さらに一時間三〇分。

【難易度】
レベル3＝磯伝いに歩きにくい場所があり、ルートファインディングも若干は必要。

【高低差】
海岸と丘陵のあいだを往復するところは坂道だが、磯伝いの道はほぼ平坦。

【足まわり】
磯は足もとの悪いところも多いので、登山靴がお勧め。

【お勧めの季節】

秋から冬、春まで。真夏はさすがに暑い。

盗人狩の断崖絶壁は、二時間ドラマのラストシーンにぴったり。

冬

## 変化に富みすぎの道
# イタリアの坂の街のような伊豆・真鶴半島

伊豆半島のつけ根、小田原と熱海のちょうど真ん中ぐらいに角が生えたようにニョキッと出ているのが、真鶴半島だ。別荘地の印象が強いが、鉄道駅から歩いて半島をぐるりと一周でき、途中には深い森や太平洋の磯もあって変化に富んだフラット登山が楽しめる。

わたしたちが待ち合わせたのは、ＪＲ東海道線の真鶴駅。東京駅から上野東京ラインの各停熱海行きに乗れば、一時間半で着く。電車一本で行けて案外近くて、穴場感がある。

真鶴駅を出て正面右手を見上げると、緑に包まれたこんもりとした丘がある。これが荒井城趾公園だ。平安時代の終わりに、荒井実継という武将の居館があったらしい。まずはこの公園を目指して坂を登っていく。公園を越えると住宅地になってくる。真鶴半島は全体が丘陵になっていて、いたるところに細い急坂にぶら下がるようにして住宅や別荘が立ち並んでいる。むかし旅をしたイタリアのシチリア島を思い出す。シチリアも急坂だらけで、せっかちなイタリア人はそれらの細い道を、フィアットやアルファロメオの小型車で猛スピードで走り回っていた。一九七九年の宮崎駿監督作品「ルパン三世　カリオストロの城」にはそんなシーンが出てきて、これはアニメだから戯画的に描いているんだろうと思っていたら、イタリアでは本当にあんな風にクルマが走っていて驚いたのだった。

　真鶴にはそんな爆走ドライバーはおらず、別荘地の高齢化も進んでいるので、ひっそりと静まりかえっている。真鶴半島は神奈川県の県道七三九号が中央を貫いていて、真鶴公園線という名前もあるこの車道をまっすぐに歩けば半島の先端に到達することはできる。

シチリア島を思い出すような、海辺の細い道と別荘群。海が光っている。

　しかしそれでは面白くないので、別荘地の細い道を見つけては海岸に出てみたり、海岸線沿いに踏み跡沿いに歩いたりと、グーグルマップを眺めてルートファインディングを楽しみながら進んでいく。いろんな道が錯綜していて、実に面白い。

　半島の先端が近づくと住宅の姿は徐々に少なくなり、大きな森へと入っていく。森の入口あたりにある「お林《はやし》展望公園」にトイレなどがあり休憩。奥にはパークゴルフ場もあって、たくさんの高齢の人たちがチームに分かれてゴルフをやっていた。それにしても「お林」って変わった名前だなあと思っていたら、その先に「お林と魚つき保安林」

という鬱蒼とした森があった。ここは江戸時代に植林され、明治維新のあとは皇室の御料林になっていたという。それで御林《おはやし》と呼ばれるようになったようだ。

お林の中は歩きやすい遊歩道が続いていて、深い谷もあり樹木のあいだから海もはるかに見え、思いのほかにダイナミックな景観が楽しめる。

道は番場浦海岸という地点に接続され、そこから遊歩道は磯伝いになる。水平線を見な

お林の森は鬱蒼としていて、深い山奥を歩いているかのような風情がある。

番場浦海岸から海辺の道へと変わり、磯を歩いていく。

がら歩く爽快感。そして半島の先端の三ツ石海岸に到着した。気持ちの良い砂浜でのんびりとくつろぐ。近くにはレストランやトイレも完備されている観光地だが、人の姿はとても少ない。

往路は半島の南側を縫うようにして歩いたので、帰路は北側へと向かってみた。地中海の街みたいだった南側とはまったく違っていて、半島の北側はずいぶん和風で古風でこれも良い。古びた山の神社に、平安時代から続く真鶴貴船神社。絶対に読めない鵐窟。しとどのいわや、と読むらしい。源平の戦いで武将が隠れ潜んだ洞窟だという。その向かいは漁港で、魚の旨そうな店もいくつか立ち並んでいた。

漁港から一気に急坂を登って、真鶴駅へと戻っていく。古びた店、閉店してしまった店もあれば、最近の移住ブームの好影響なのか新しいカフェやレストランもできている。真鶴は控えめでこじんまりとして、本当に良い街だ。

【歩行タイム】
真鶴駅から半島の先端の三ツ石海岸までぐるりと往復し、二〜三時間ほど。
【難易度】
レベル2＝県道から外れてウロウロしたほうが楽しいが、読図は必要。海岸沿いの遊歩道は足もとに注意。

【高低差】

そこそこの急坂がけっこうある。

【足まわり】

お林の遊歩道は山道なので登山靴がお勧めだが、山道そのものは短いので運動靴でも可。

【お勧めの季節】

秋から冬、春まで。真夏はさすがに暑い。

冬

## 焚き火をゴールに設定
# 多摩川を歩く旅

東京都府中市の多摩川沿いに「郷土の森公園」という大きな公園がある。ここのバーベキュー場は、東京近郊の焚き火マニアにとっては知る人ぞ知る聖地だ。この場所を書籍で紹介するのは、実のところ少し躊躇するほどである。あまり人に知られてほしくないからだ。

焚き火のできるキャンプ場やバーベキュー場は他にもたくさんあるのだが、ここが特別なのは理由がある。

第一は、予約不要という太っ腹にもかかわらず、満員になることはほとんどないこと。多くのバーベキュー場は予約が必須だ。人口の多い東京周辺では、人気のバーベキュー場は予約困難が珍しくない。しかしこの郷土の森公園は予約不要。「先着順で週末など場所取りなどたいへんなのでは⁉」と思われるかもしれないが、面積がものすごく広いうえにサイトが区切られていたりしないので、よほどのことがない限りは満杯にはならない。ひょっとしたら夏は混雑しているのかもしれないが、わたしは夏には足を運んだことがない。冬を中心にもう一〇回以上も通っていて、満杯どころか「混雑してるなあ」と感じたことも一度もない。

そもそも夏の焚き火など、ただ暑いだけである。「夏はアウトドア！　夏はバーベキュー！」というステレオタイプなイメージに囚われている人が多いのだろうが、焚き火の本領発揮は秋や冬である。涼しい時期、寒い時期だからこそ焚き火のありがたさが身に染みるのだ。おまけに近年は猛暑が当たり前のようになり、この郷土の森公園がある地域でも三五度を超えるのが普通になってきた。そんな中で焚き火をするというのは、地獄の業火に焼かれているようなものではないか。

冬の多摩川からは、真っ白な富士山がきれいに遠望できる。

秋から冬にかけての郷土の森は、静かだ。来ている人も、キャンプや焚き火に慣れている人ばかり（使っている道具や装備、扱い方を眺めていればすぐわかる）。なので、マナーも非常に良い。地面を汚したりゴミを捨てる人など見たことがない。最後まで気持ち良く焚き火を楽しむことができる。

さて、第二に郷土の森はロケーションが良い。目の前が多摩川。後ろは公園。車道が走っていないので、クルマの騒音はまったくない。公園側にある堤防の上は、サイクリングやランニングのコースとして親しまれている。川を眺めながら焚き火をし、飽きてきたら堤防道路を走るサイクリストやランナーを眺める。景色に飽きることがない。

第三に、すぐそばに公園の大きな無料駐車場があること。そしてトイレや水場もあり、皿などの洗い物もできること。

いっぽうで気をつけなければならない点もある。いちばんの注意ポイントは、薪を公園では売っていないこと。そして薪を捨てる場所もないこと。薪は自前で用意していく必要があり、燃やした後は間違いなく消火して持ち帰らなければならない。

さて、この日のわたしたちは小田急線・和泉多摩川駅で待ち合わせた。ここから郷土の森公園までは、ゆっくり歩いて三時間。もっとたくさん歩きたいという人は、東急田園都市線・二子玉川駅から歩くのもいい。五時間のコースになる。短くしたければ、京王相模原線・京王多摩川駅からなら一時間半ほどになる。

多摩川を歩くのが良いのは、いくつもの鉄道路線が川をまたいでいるため、体力や時間の余裕に合わせてスタート・ゴールの駅を自由に組み替えられることだ。また街中なので、コンビニやスーパーにも寄りやすい。

和泉多摩川駅を出ると、もうすぐそこに多摩川の堤防が見えている。適当に道を選んで堤防を目指し、階段を探して上がる。一気に視界が開けて、爽快だ。

川の堤防の道はどこでもそうだが、高台にあるので見通しが良く気持ち良いのが特徴だ。多摩川の道からは、遠くに聖蹟桜ヶ丘や多摩ニュータウンの街並みを望める。さらにその向こうには、奥多摩の山影もうっすらと空に浮かんでいる。目を南に向ければ、富士山も見え隠れしている。視線を下ろせば、陽光にキラキラと光る川面、飛び交うシラサギやカワウたち。

郷土の森公園は、子どもたちの歓声と焚き火が名物だ。

河川敷は狭くなったり広くなったり、京王閣の競輪場のあたりまで来るとサッカー場なども現れてくる。サッカーの試合だろうか、子どもたちの奮戦ぶりと、応援するお父さんお母さんたちの声援も聞こえてくる。なんと平和で良い光景なんだろうと、しみじみと日々の大切さを感じる。

堤防道は府中市に入るあたりで大きく左に屈曲し、右から流れ込む水路を渡る。この屈曲点を越えたところが多摩川親水公園。川の外側には運動公園があり、堤防道沿いに気持ち良さそうなベンチがいくつか置かれていて、気がつけばこのあたりはサクラの並木。春になればきっと壮観だろう。そして右前方には、東京競馬場の偉容が姿を現してくる。

ここでいったん堤防道を外れ、府中の街へと進んだ。まわり道をするのは、焚き火のための薪を仕入れたいからだ。京王線・東府中駅のそばに、焚き火好きならこれも知る人ぞ知る、川島商店という薪の専門店があるのだ。

東京競馬場の外周を通って、府中の街へと向かう。ごく平凡な住宅街の通り沿いに、川島商店はある。店の前には、盛大に薪が積み上げられていて圧巻だ。お店に入り「すみませーん」と声をかけると、あるじが出てきて「どのぐらいの火持ちがいいの?」などと聞かれる。長持ちするのがいいか、短い時間で景気よく燃やしてしまうのがいいのか、時間の余裕やスケジュールなどを考えて、この日は二~三時間ぐらいで景気よく燃えてくれるケヤキの薪を六〇〇円で購入。お店の前の公園で束をバラして、山仲間で分担して運ぶことにした。

ふたたび競馬場の外周をなぞって南下し、多摩川に向かう。広大な郷土の森公園の一角にたどり着き、堤防の道に出れば、バーベキュー場が目に入ってくる。

広い河川敷に、思い思いのテントやタープが点々と張られている。焚き火の煙があちこちから上がっている。受付も何もないので、適当に空いている場所を見つけて焚き火台を出し、着火剤を使ってさっそく点火した。勢いよく燃えるケヤキの薪を眺めつつ、「今日は風が意外と春めいていて気持ちよかったねえ」などと語らいながら、さあ料理の準備を始めよう。この日の献立は、芋煮。顆粒の和風出しと水を鍋に加えて熱し、牛肉や里芋の水煮、長ネギ、キノコ類、こんにゃくなどをどんどん放りこんでいく。醤油とみりんで味つけして、みんなでハフハフとつっつく。最高だ。

お腹がいっぱいになり、焚き火にも水をかけて始末し注意深くゴミ袋に収めたら、撤収。

ここからまっすぐ帰ってもいいのだが、すぐ近くの是政橋で多摩川を稲城市側に渡ると、「稲城天然温泉 季乃彩」という人気の日帰り温泉がある。ここで焚き火のにおいを洗い流してさっぱりし、ＪＲ南武線の南多摩駅から帰路につけば、完璧なフィニッシュになるだろう。

熱々でたっぷりの料理もできあがった。

【歩行タイム】

小田急線・和泉多摩川駅から府中の川島商店を経由して郷土の森公園まで、五時間ぐらい。

【難易度】

レベル1＝ほとんどが舗装道で、危険なところも何もない。

【高低差】

ほぼ平坦。

【足まわり】

運動靴で大丈夫。

【お勧めの季節】

秋から冬、春まで。真夏は暑い。

冬

# 湘南から幾重もの山と谷を越えて
# 海から山へ丹沢を目指す

湘南と丹沢は同じ神奈川県だが、海と山で正反対のイメージがある。鉄道の路線も別なので、互いを行き来できるようなイメージもない。しかし実は、湘南から丹沢に向かって歩いて行ける気持ち良い道があるのだ。ほとんど知られていないが、実は関東ふれあいの道にも「鷹取山・里のみち」という名前でコースが設定されている。

わたしたちが待ち合わせたのは、ＪＲ東海道線の二宮駅。ここから大磯行きのバスに乗り、一〇分ほどで月京《がっきょう》というバス停で降りた。とくだん何ということもない、県道沿いの住宅街。ここから環境省や地元神奈川県が公開している関東ふれあいの道のマップを頼りに北に向かって、つまりはるか山のほうへと歩いていくのだ。

住宅街を抜け、のどかな田園地帯を小さな川沿いに進む。東海道新幹線の高架をくぐると、東の池。冬枯れのハスが広がっている。夏にはきれいな花を咲かせるのだろう。ここから山道に入り、標高二一八メートルの鷹取山へと登っていく。山頂にはささやかな神社があった。紅葉の時期が終わり、境内の地面を黄色い葉が埋めつくしていて美しい。

実はこの鷹取山のあたりの丘陵が、湘南と丹沢山麓エリアをわける障壁になっている。鷹取山から北へ下っていくと、レイクウッドゴルフクラブというゴルフ場をかすめるように道は続き、やがて左手前方に丹沢の山並みが見えてきた。昨日まで首都圏は雨だったのもあって、山は雪をかぶっている。

「すげー丹沢、見違えてるじゃん」

東の池には、冬枯れのハスが広がっていた。

山仲間が言う。丹沢連峰は標高がせいぜい一五〇〇メートルぐらいなのだが、ここから見る雪の丹沢は真っ白に蒼空を突き上げていて、たしかに冬晴れの北アルプスのようにカッコいい。

銭洗い弁財天というお寺で休憩し、東名高速道路を越えてさらに道は続いていく。権現山から弘法山へと続く山道に入り、山頂に出ると低い山なのに驚くほど眺望がいい。その先で関東ふれあいの道からは外れ、小田急小田原線・鶴巻温泉駅へと向かった。駅前にある「弘法の里湯」は、丹沢帰りに登山者がみんな立ち寄る日帰り温泉で、週末はいつも混んでいる。この日もたくさんの登山者に交じって湯に浸かり、気持ち良く帰路についた。

鷹取山山頂の神社境内は、黄色い落ち葉でいっぱい。すがすがしい空気。

雪をかぶった丹沢連峰の雄々しい姿が見えてきた。

【歩行タイム】

五時間ぐらい。

【難易度】

レベル2＝危険なところは何もないが、道しるべが少なく地図を見ながらルートファインディングする必要がある。

【高低差】

低山を二つ越えていくのでそこそこアップダウンはある。

【足まわり】

登山靴がお勧め。

【お勧めの季節】

秋から冬、春まで。真夏は暑い。

# 〈霊性に畏怖を感じる〉

春

## 古代の神様がそこらじゅうにいる
## 長野・戸隠奥社の森

長野市にある戸《と》隠《がくし》神社は、日本で最も古い神社のひとつだ。奥社・中社・宝光社・九頭龍社・火之御子社という五つの社からなりたっていて、中でもいちばん奥にある奥社は、信じられないぐらい巨大な杉並木の参道が圧巻。人生で一度は見ておく価値がある。

戸隠神社を中腹に抱える戸隠山は、登山界では難易度の高い山岳として知られている。下から見上げても、怖いほどにギザギザした稜線を持つ。「蟻の塔渡り」などの細く尖った岩稜帯は、滑落して遭難する人が後を絶たない。

フラット登山では、この稜線には近づかない。その代わりに、戸隠神社が所有している

「奥社の森」を歩くプランを考えた。この森はかつて徳川幕府が伐採を禁じたといい、四〇〇年近くもしっかりと守られてきた。開発の手がいっさい入っていない豊かな自然があるのだ。そしてこの森を、ぐるりと一周して堪能できる山道がある。地元の人以外にはほとんど知られていない。

この日、わたしたちは長野駅で待ち合わせし、バスで戸隠神社奥社の参道入口に向かった。大鳥居をくぐると奥社への参道が続くが、奥社の森への入口は大鳥居の手前にある。参道を横切っている小川のたもとに「戸隠キャンプ場へ」と書かれた小さな道しるべがあり、ここから「さかさ川歩道」に入ることができる。

奥社の森は濃く密度の高い森林。橋の欄干の古び方さえも霊性を感じさせる。

この道を伝って、奥社の社有林へと入っていく。川のせせらぎが気持ち良く、森に踏み分けていくと参道の参拝客のざわめきはあっという間に聞こえなくなって、ただ静かだ。道路が近いのでときどきはクルマの音が聞こえるが、それ以外は鳥の声と虫の鳴き声、そしてせせらぎの音ばかり。とても明るい森で、晴れていれば葉のあいだを通って陽射しが地面へと降り注ぎ、影を揺らしている。その神々しさは、歴史がものすごく古い戸隠奥社の神の御業《みわざ》か。

　森には縦横無尽に水が流れていて、登山道は何度も流れを渡る。簡易な木橋が渡してあるが、かなり古びていて踏み抜きそう。道はほぼ平坦なので登りも下りもほとんどない。

　四〇分ほど歩くと、湿地を通る木道へと変わり、すぐに駐車場に出た。戸隠キャンプ場の入口があり、そのままキャンプ場の中へと足を進める。わたしたちは宿泊の予定はなかったが、このキャンプ場には魅了された。豊かな流れの川にそって芝生の気持ち良さそうな河原があり、その向こうには広々としたキャンプ区画が広がっている。区画は斜面に段々をつけて整地してあって、立体的で居心地良さそう。

　グランピングのテントもあって、エアコンの室外機が見える。「おおーテント泊でエアコンつきかあ！」と驚きつつ、キャンプ場奥の戸隠牧場を目指す。売店などがある牧場の入口の手前、道の左側をよく注意して見

ささやきの小径の入口近くにある大きなダケカンバ。

ていくと「ささやきの小径」という小さな道しるべが出ている。これが参道に戻る山道なのだが、時間があれば牧場も見学していくといいだろう。牛も山羊も馬もいて、おまけに北信州の雄大な眺望も楽しめ、日本でいちばん美しい牧場風景のひとつだと思う。

ささやきの小径に入る。最初はキャンプ場のコテージのあいだを抜けていくので、道がわかりにくいかもしれない。気にせずまっすぐ歩いていくと、やがて森が見え、その手前に「ささやきの小径」と真っ赤なペンキで手書きの大きな道しるべがある。

この道しるべのすぐそばには、信じられないぐらい巨大で雄々しいダケカンバが立っていて、これも目印になっている。

戸隠牧場の風景の美しさは、日本でもトップクラス。

ダケカンバの幹肌に身体を埋めて、しばらく樹木の音に耳を澄ませた。声が聞こえただろうか。

なだらかに登りながら、道は元の参道へと戻っていく。やがて樹々のあいだに、戸隠山のギザギザ稜線がドーンと見えてくる。「す、すごい」と感動しつつ、さらに歩いていくとやがて参拝者のざわめきが聞こえる

鏡池からは、戸隠の山々の全貌が見えて壮観すぎる。

ようになり、大きな人工物が黒々と見えてきた。参道の山門、随神門である。ここまでキャンプ場から五〇分ほどだ。

この随神門がすごい。よくある山門だが、屋根の上にシダ類などがたくさん植えられていて、怪奇なおとぎ話の舞台にもなりそうだ。

随神門よりももっとすごいのが、その先の参道。信じられないぐらい太くて巨大な杉の木が、二〇〇本以上も立ち並んでいるのだ。日本の神社というより、「ロード・オブ・ザ・リング」のようなファンタジー映画に出てくる異形の光景のようだ。

これを見るためだけでも、戸隠神社奥社に来る価値がある。実際、随神門をくぐった参拝客のほとんどが「おおおおお」と言葉にならない言葉を上げて立ちすくんでいる。

奥社は随神門から二〇分ほど。実のところ今日のコースで、この参道の登りがいちばんキツイかもしれない。けっこうな傾斜で、意外に距離も長い。音を上げたくなるかもしれないが、運動靴やなかにはパンプスやサンダルを履いた普通の観光客の人でも一生懸命登っているのだから、ぐっと我慢して高度を上げていこう。

お参りしたら随神門に戻り、そのまま直進して元の道に戻る。余裕があれば、随神門のそばにある小径から鏡池というところに抜ける登山道もある。この鏡池は戸隠山の全容を望み、鏡のように静かな池の水面に逆さに映るという素晴らしい絶景ポイントとして有名だ。駐車場があってクルマでも行けるが、奥社からがんばって歩いていったほうが感動は格別である。


【歩行タイム】

紹介したコースどおりに森を歩くだけなら、二時間ぐらい。くわえて戸隠神社奥社の往復が一時間。

【難易度】

レベル2＝危ないところは何もないが、分岐を見落とさないように。

【高低差】

戸隠キャンプ場に向かうさかさ川歩道はほぼフラット。キャンプ場から戻るささやきの小径は、わずかな登りがあるけれど気になるほどでもない。いちばんの急登は、戸隠神社奥社への参道。

【足まわり】

森の中はふつうに登山道なので、登山靴のほうが歩きやすい。

【お勧めの季節】

春から夏、秋にかけて。冬は積雪がある。夏は東京が猛暑の時期でも、このあたりなら平均して二五度前後で気持ち良い気候が期待できる。

【注意点】

戸隠キャンプ場からささやきの小径に入るポイントが若干わかりにくいのでご注意。

夏

# 富士登山ではなく「富士下山」で裾野の豊かさを知る

富士登山はだれもが目指したがる登山だが、「富士下山」というのは聞き覚えのないことばだろう。それはそうだ、わたしが思いついたからである。自動車で行ける五合目から頂上を目指すのではなく、五合目から古い登山道をふもとにむかって下るのだ。

二〇一〇年代後半に、文筆家の松浦弥太郎さんと一緒に「SUSONO（スソノ）」というコミュニティを運営していたことがある。多いときでは若い人を中心に二〇〇人近くも集まり、毎月のように集まってはゲストを呼んでトークセッションを行ったり、さまざまなイベントを開いたりしていた。

コミュニティを立ち上げる前に、運営スタッフで集まって名称を検討した。だれかが「裾野はどうでしょう?」と発案し、わたしは一発でその名前を気に入った。そのミーティングでこんなふうに話したのを覚えている。

「登山といえばみんなが頂上を目指したがる。でも富士山が典型だけど、五合目から上は岩と砂礫《されき》の荒れた土地で、穏やかさも豊かさも何もない。頂上に登るという達成を目指すしかない土地なんだよね。実は富士山の豊かさって、五合目から下の裾野にある。青木ヶ原樹海が有名だけど、裾野の緑は本当に豊かで美しいんだ。わたしたちの目的も、高みを目指さずに裾野を楽しめるコミュニティを作るってことを考えるのがよいと思う」

そうして名前はあっさりと裾野に決まった。漢字はちょっと硬いというので、ローマ字のＳＵＳＯＮＯに。

スバルライン五合目から、佐藤小屋を目指す。幅が広くフラットで歩きやすい道。

コミュニティは五年ほども続いたが、残念ながらコロナ禍で集まるのが難しくなり、解散してしまった。いろんな出会いがあり、さまざまな面白い人たちが集まっていて、わたし個人としてもＳＵＳＯＮＯは良い思い出だ。ある年の夏には、ＳＵＳＯＮＯのメンバーで富士下山を歩いたこともあった。

富士下山の入口は、富士スバルライン五合目だ。富士急行・富士山駅からバスで上がると、夏山シーズンの今日はものすごい混雑である。

富士登山で最もポピュラーな吉田ルートの登山道入口を目指して、スバルライン五合目から歩きはじめた。舗装はされていないが幅が広く平坦な巻き道で、やがて富士の広大な斜面や壮大な裾野の景色が広がり、仲間たちから歓声が上がる。

吉田ルート登山道には入らず、そのまま巻き道を佐藤小屋へと進む。佐藤小屋を通りすぎたほんの少し先、ガードレールに切れ目があり吉田口への道しるべが出ている。ここから富士下山の山道が始まる。

吉田口の下山道に入る。ひたすら下っていくが、道は良く整備されていて歩きやすい。

富士下山なので、ただひたすら下っていくだけだ。豊かな樹相の森の中を、くぐり抜けるように登山道は続いていく。五合目から四合目、三合目、二合目、そして一合目。途中に山小屋の跡や茶屋の廃墟などが点在していて、とても面白い。登山というより、歴史散歩のような趣がある。五合目まで自動車道ができていなかった昔は、ふもとからこの山道をずっと登ってきたんだなあと改めて感じる。

二合目まで下ると、御室浅間神社という大きな神社があり、社殿の前がかっこうの休憩場所になっていて、昼食をとった。

一合目を過ぎて、馬返《うまがえし》という広場に到着。名前からして、昔は富士吉田の街から馬でここまでやってきて、歩いて登山を開始した場所だったのだろう。この馬返から、定期運行のマイクロバスが富士山駅まで出ている。ただ本数が少ないので、もし時間に余裕があるようだったら、さらに下った中ノ茶屋まで歩いてみるのもお勧めだ。馬返から中の茶屋までの道のりも、舗装していない静かな山道でとても気持ちいいのである。

ところどころにこんな廃墟もあるのも、趣深い富士下山。

一合目の鈴原社まで来ると、バス停のある馬返はもうすぐ。

【歩行タイム】

富士スバルライン五合目の駐車場から佐藤小屋を経て馬返まで、二時間三〇分ぐらい。馬返から中の茶屋は一時間ぐらい。

【難易度】

レベル2＝登山道なので岩が露出したり木の根が這っていたりと転びやすい場所もたくさんある。膝への負担も気をつけて。

【高低差】

すべて下り。

【足まわり】

登山靴が良い。

【お勧めの季節】

春から夏、秋にかけて、富士スバルラインが開通している時期。

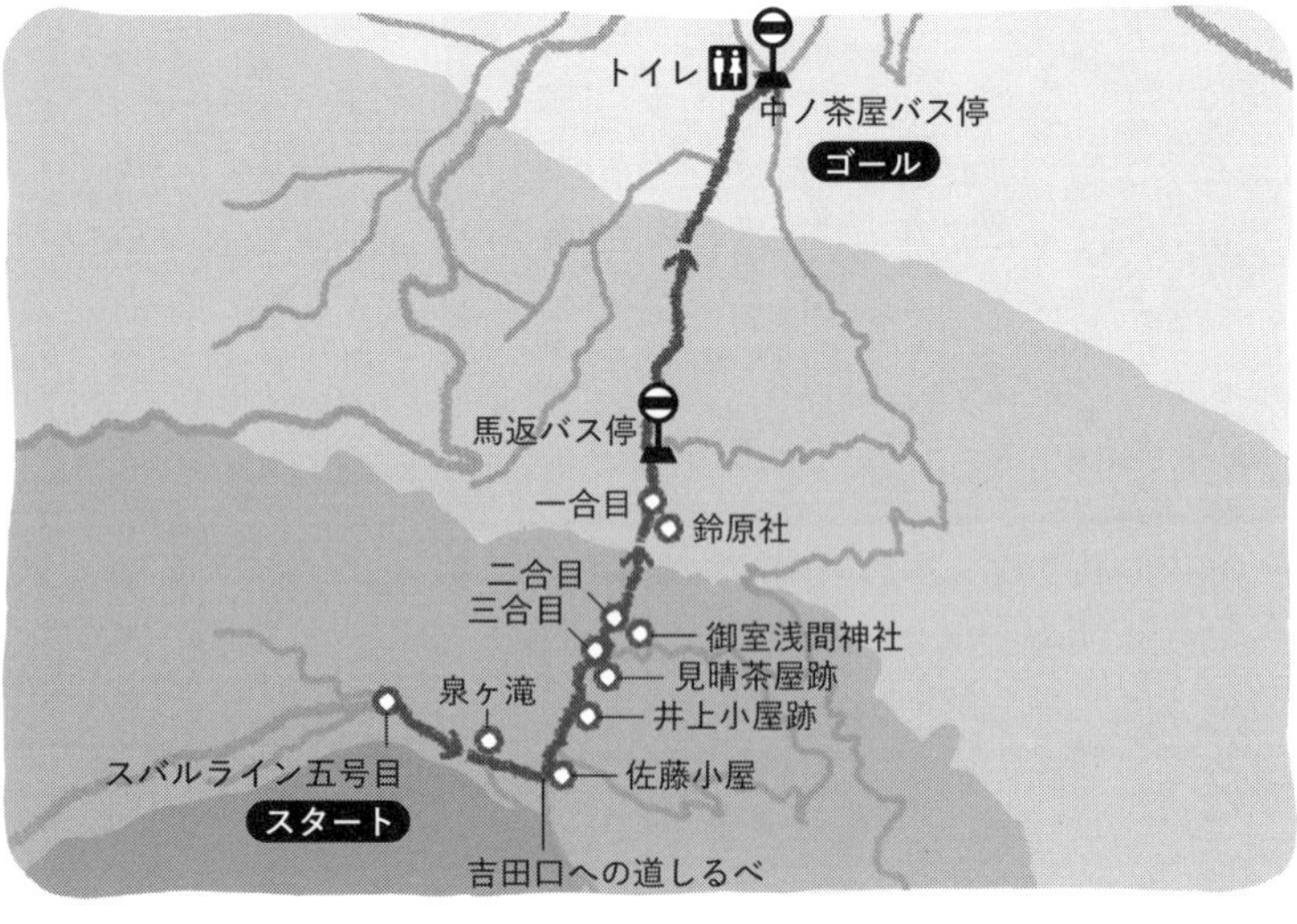

夏

## 豪勢すぎる開放感が魅力
# エアコンじゃない本物の霧ヶ峰

霧ヶ峰というと、三菱電機のエアコンの名前としか知らない人も多いだろう。しかし霧ヶ峰は架空の山の名前ではない。長野県に、実際に霧ヶ峰という山岳地帯がある。

霧ヶ峰の最大の特徴は、シンプルすぎるほどにシンプルである。

「とにかく草原！　とにかく広大！　とにかく気持ちいい！」

小学生並みの感想だが、そんな感想しか出てこないシンプルさが霧ヶ峰の真骨頂だ。

霧ヶ峰の正体は実は火山なのだが、いわゆる山のかたちはしていない。数十万年前に噴火して山体が吹き飛び、いまのように平たい形になったのだとされている。山というよりは、丘の上に高原が連なっているような地形だ。

霧ヶ峰を歩くスタート地点は、車山《くるまやま》山頂。ふもとから展望リフトで上がれる。リフトで一気に標高を稼いでしまえば、あとはちょっとした登り下りがあるだけで、広大な緑の草原をひたすら楽しめる。自動車道や舗装道がなく、建築物もほとんどないので、信じられないほどの大自然だ。ここを歩いてる人があんまりいないのは本当にもったいない。

展望リフト乗り場のある車山高原は、中央自動車道の茅野インターからクルマで四〇分ぐらい。ＪＲ中央本線の上諏訪駅や茅野駅から路線バスも出ている。

リフトに乗って上がれるのは楽で良いが、そのかわり車山山頂は完全な観光地になっていて、観光客がものすごく多い。眺めは後からでも存分に楽しめるので、山頂はさっさと脱出してしまおう。

車山山頂から階段を下りて車山乗越を目指す。すでに景色が素晴らしくて高揚。

車山の山頂から北側を見ると、下っていく階段状の登山道が見える。その先には、広い草原を縦横に山道が刻まれているのがわかる。そのあたりが「車山乗越《のっこし》」と呼ばれる地点だ。まず車山乗越を目指して、登山道をひたすら下る。階段が切ってあるが、かなり急なので転ばないように慎重に。

車山乗越からは、真西へと進む。ここから霧ヶ峰の草原をわたっていく道は、三つに分かれる。山彦尾根沿いに行く北ルート、蝶々《ちょうちょう》深《み》山を経由する中央ルート、沢を経由する南ルートの三本。ここは中央ルートを選ぼう。広大な草原のど真ん中を突っ切る最高の道だからだ。

道はゆるやかに登ったり下ったりしつつ、蝶々深山というちょっとしたピークを越えていく。夏は入道雲と緑の草原のコントラストが美しく、秋はススキの原が出現し、周囲の峰々が真っ赤に紅葉する。とにかく空が広い！　日本にはたくさん山があるが、これほどの開放感を味わえる場所はそうはない。

物見石という小高い丘にまでやってくると、草原の道はそろそろ終わり。ここからは道

霧ヶ峰のど真ん中にいると、茫然となるほどに広大さに畏怖を感じる。

八島ケ池はまるで夢の中に浮遊しているような美しさ。

はだんだんと樹林帯に入っていく。しかし霧ヶ峰の魅力はここで終わりではない。その先にはもう一つの宝石が待っているのだ。

美しいミズナラの林を抜けると、奥霧小屋（休業中）という山小屋があり、小屋の前の分岐を右折して八島ケ池を目指す。

やがて見えてくる八島ケ池！

素晴らしく美しい湖と、周囲に広がる湿原。楽園である。ぜひこの光景をたっぷり堪能してほしい。

八島ケ池からは、南ルート経由で車山に歩いて戻ると、帰路でも大草原を堪能できる。

なお八島ケ池のそばの八島山荘にはバス停もあり、茅野駅や上諏訪駅に下ることができる。上諏訪駅に降りたら、日帰り入浴できる「片倉館」がオススメだ。映画「テルマエ・ロマエ」のロケ地になったことでも有名で、レトロな風情が最高の温泉なのだ。

【歩行タイム】
車山から八島山荘までなら、わずか二時間。八島山荘から車山乗越まで歩いて戻ると、プラス二時間三〇分ぐらい。

【難易度】
レベル2＝登山道が縦横に走っていて天気の悪いときには道迷いしやすい。スマホの地図アプリを見ながら歩こう。

【高低差】
蝶々深山の登りは、登山に慣れていないとそこそこきつい。

【足まわり】
雨の後はぬかるんでいることもあるので、登山靴のほうが良い。

【お勧めの季節】
春から夏、秋の終わりまで。冬は積雪がある。

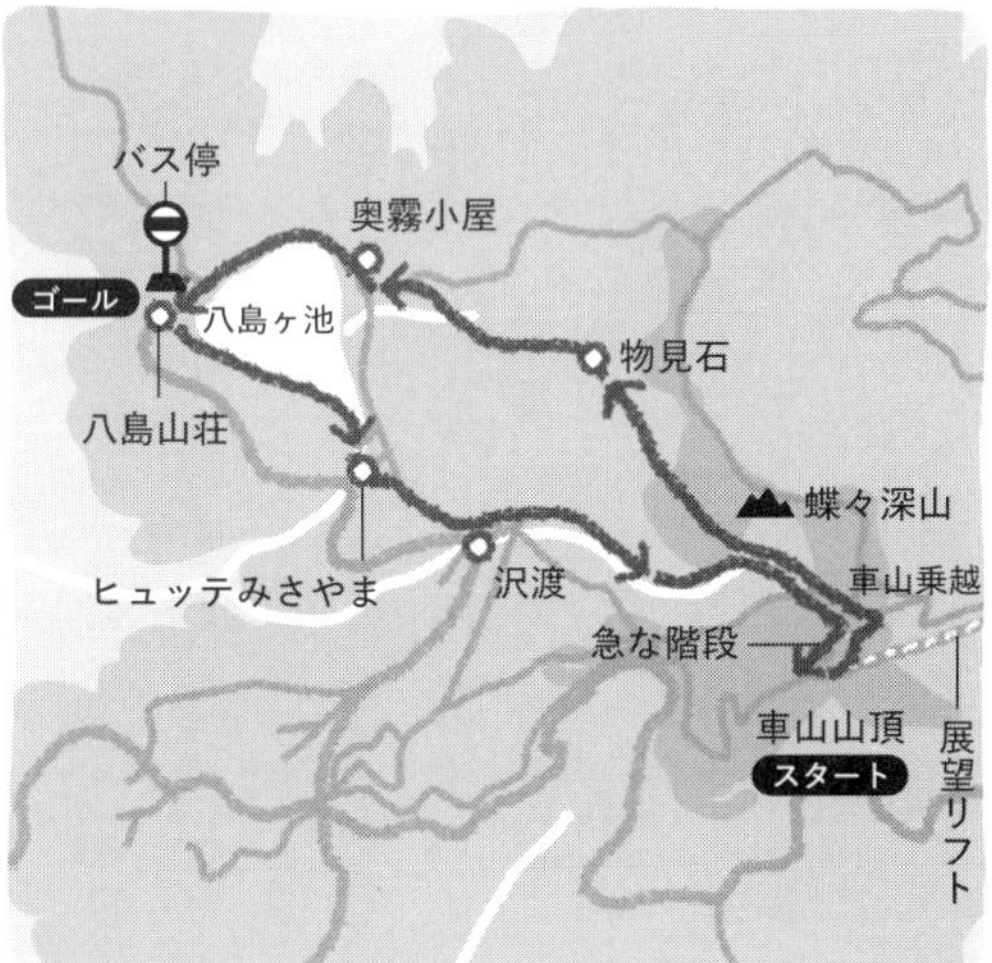

夏

# 日本じゃないみたいな 福島・吾妻山の森と湖へ

福島市から西を見上げると、そこに悠々とそびえているのが吾妻山。東北新幹線・福島駅からクルマでわずか一時間、路線バスも出ていて交通の便が良いのが非常に魅力的だ。そして都会からこんなに近いのに、山域に入ってみると禍々しくも荒々しい火の山の姿がすさまじく、圧倒される。

吾妻山は単体の独立峰ではなくたくさんの峰々が連なった山域で、最高峰は二〇三五メートルの西吾妻山。ただ西吾妻山は山形県との県境にあって、山形側から登るのが一般的。では福島側から入ったらどうするのかというと、浄土平という大きな駐車場のあるところまでクルマやバスで行き、そこから一切経山という一九四九メートルの山に登るのが普通の登山コースである。一切経山は頂上までたどり着くと、突如として五色沼という夢のように美しい湖が視界に入り、絶景である。しかし本書はフラット登山の本なので、今回は一切経山には登らない。

目指すのは、人がほとんどいない美しい高原である。この日のわたしたちは福島駅でレンタカーを借り、浄土平へと向かった。福島の街をあっという間に抜けて、森の中の道を走り高度を上げていく。唐突に視界が開けて、荒々しい火山の山肌が目に飛び込んできて驚かされた。

浄土平はだだっ広い駐車場があり、土産物店の入ったレストハウスやビジターセンター、天文台などが建ち並んでいてとても賑やか。つまりはただの観光地だ。早々にパッキングを済ませて、バックパックを背負って歩きはじめた。ビジターセンターの脇に、浄土平湿原と書いた道しるべがあり、ここが入口。

福島市街からクルマで向かうと、浄土平の荒々しい光景が突如として現れ息を呑んだ。

湿原も広くて良いが、すぐそこに駐車場があるため観光客もけっこう散策していて、あまり落ち着かない。湿原の木道には周遊路などいくつか分岐があるが、酸ケ平避難小屋や蓬莱山の道しるべに従って西へと向かう。すぐに登山道となり、峠のように見えるところを目指してそこそこの急登を上がっていく。登山道に入ってしまえば、もう観光客はやってこない。

峠を越えると視界が開け、そして駐車場から距離を置いたこともあって、ようやく「山に来た」という気分に浸れた。静かな別天地である。前方に酸ヶ平のきれいな避難小屋の屋根が見える。この避難小屋の奥に一切経山があるのだが、今回は小屋を右手に見ながらまっすぐ進む。やがて左手に、三日月のような形をした湖が見えてくる。鎌沼である。これからここを一周するのだ。

広々とした盆地、その向こうに連なる稜線。鎌沼の周囲は平坦な笹原に覆われ、ところ

木道と湿原と湖。もうそれだけで十分だと思わせてくれる鏡池の道。

鏡池から振り返れば、酸ヶ平避難小屋と一切経山の山体が。

どころコバイケイソウやシャクナゲなどの高山植物の花が咲いている。北欧の果てのどこかに来たような景色にも見える。

木道を外れて、湖のほとりにも下りることができる。ずっとここにたたずんでいたい、そういう情緒に浸らされる光景だ。

鎌沼のまわりをぐるりと歩き、やがて道は森の中へと続き、少しずつ下りに変わって、浄土平へと下りていく。森と湖と湿原のエッセンスを存分に堪能できる最高の道だ。

紹介したコースそのものはごく短いが、さまざまなオプションを加えられる。酸ケ平避難小屋から一時間ちょっとかけて一切経山山頂を往復してきてもいいし、浄土平湿原から桶沼というところをまわってきてもいい。また浄土平の駐車場のよこにそびえている吾妻小富士はしっかりした階段が付けられていて、頂上がすぐそこに見えることから観光客もたくさん登っている。往復一時間。ただし登りはかなりの急登で、バテている人も多い。

【歩行タイム】
浄土平から鎌沼を周遊し、浄土平まで戻ってトータル二時間。
【難易度】
レベル2＝浄土平湿原から酸ヶ平避難小屋の分岐までは、本格的な登山道。
【高低差】

酸ヶ平避難小屋の分岐の直前は、けっこうな急登だ。
【足まわり】
登山靴が必要。
【お勧めの季節】
春から夏、秋の終わりまで。冬は積雪があるので、春の残雪にも注意。

秋

## ナウマンゾウの幻を見た
# 霧に煙る長野・野尻湖

長野県の北部は北信と呼ばれ、妙高山や戸隠山、黒姫山、飯縄《いいづな》山など姿形の良いすっきりとした独立峰が立ち並んでいる。山好きにはとろけそうに魅惑的な土地だ。さらにそれら山々のあいだに、深い森や高原が点在し、登山者の姿も意外と少ない。分水嶺の向こう側、つまり日本海側に位置することもあって、森閑として深々と山々が眠っているような趣がある。

この北信を代表する巨大湖が、野尻湖だ。

昭和の発掘調査で、湖畔からナウマンゾウの化石が大量に見つかったことでも知られている。北国街道から湖に入るところには巨大なナウマンゾウの像があり、湖畔にはナウマンゾウ博物館もあり、「ゾウ推し」が強めの観光地になっている。しかしこの野尻湖の魅力はゾウだけではない。湖の周囲はひっそりとしていて交通量が少なく、それ以上に人も少なく、そしてあまり知られていないが、ぐるりと湖を一周する歩きやすい道がある。

公共交通機関でのアプローチも意外とシンプルだ。しなの鉄道北しなの線が近くを通っており、黒姫駅から歩いて四〇分ほどで湖畔に出られる。東京からだと北陸新幹線で長野駅まで出て、しなの鉄道に乗り換え四〇分で黒姫駅に着く。

わたしたちはこの日、長野駅前でカーシェアを借りて、野尻湖へと向かった。長野駅から北信方面にクルマで向かうときは、いつも心が躍る。長野市は人口が三七万人もある県庁所在地なのだが、市街地のすぐそばに急傾斜の崖のように山腹が迫り、北に向かうときにはこの崖を一気に登っていくことになる。崖の上に出れば、もうそこは魅惑的な北信の山々の土地なのである。

ナウマンゾウのモチーフ向こうに、野尻湖がひっそりと沈む。

しばらく走ると北国街道（国道一八号）と合流し、飯縄山や黒姫山が視界に入ってきたところでナウマンゾウ像が見えてくる。右に折れて湖畔に入り、無料の町営駐車場にクルマを置いた。

降りてみるとうっすらと霧のような雨が降っているが、遠くには雲が切れて晴れ間も見えている。「雨が降ってるような曇ってるような晴れてるような」という、わたしが拠点を借りている北陸の福井でも見慣れた天候だ。日本海側はこれが一般的なのだ。

今日はコースが短く、登山道もわずかしかないので、ローカットのトレッキングシューズを履いてきた。霧雨が降っているが、雨粒を感じるほどでもない。薄く軽く丈夫で防風性能が高く、撥水性もあるパタゴニアのフーディニを羽織る。雨よけにもなるキャップをかぶり、バックパックを背負って出発。

湖を一周する道路はひとつしかないので、道を間違いようがない。町営駐車場から湖に沿って時計回りに、ゲストハウスやレストランが立ち並ぶ一帯を抜けると、あっという間に人影もクルマの影もなくなり、誰もいない静かな湖畔になっていく。ただ無心で歩く。

象の小径に入ると山道に変わり、歩きやすく気持ち良くなる。

やがて道路は湖畔から外れ、山へとつづら折りに上がっていく。息が切れるほどの急登ではない。一〇月中旬だったが紅葉は始まっておらず、みっしりと緑が密集し、荒々しさも感じる広葉樹林を縫うように道は続いていく。

やがて道は平坦に戻り、ぽっかりと開けた入り江と少しばかりの住宅が建ち並ぶ菅川の集落に出た。釣りボートの出る桟橋もあったが、今日はだれもいないようだ。桟橋のそばには「フレンドリー」という名前の小さなレストラン。「たまにはこういうお店もいいな」と立ち寄り、地元の野菜を揚げた具材が美味しいカレーを食べた。大きな窓から、灰色に沈む野尻湖が望まれる。

食事を終えて、さらに一時間ほど歩く。コンクリートの東屋を二つ通りすぎる。二つめの東屋を通りすぎたら、注意しよう。この先の右側、道路から一段下がったところに見えにくい分岐がある。注意して見れば「象の小径」という道しるべが見つかるはずだ。

象の小径は、舗装されておらず歩きやすい山道である。見え隠れする野尻湖を見ながら歩みを進めると、砂間ケ崎という岬を越えたところの入り江に、突如として不思議な遺物が

砂間ケ崎の近くの山腹にそびえていた不思議な遺物。

山側にそびえている。何かの碑にも見え、あるいは何かの祭壇のようでもあるコンクリートの塔のまわりを、てっぺんから鉄骨がむき出しになったコンクリートの門柱が囲んでいる。銘文も表示も何もなく、謎めいている。この遺物の意味は、いまだによくわからない。

まもなく象の小径は終了し、車道に戻る。別荘群と湖のあいだにいくつもの桟橋が並び、まるで公園のような美しい景色の中を通り抜けていく。再び道が森の中に戻ると、サウナ界で「聖地」としてよく知られているゲストハウス「LAMP野尻湖」が見えてくる。このサウナは本当に信じられないほど素晴らしいので、機会があればぜひ予約して入りたい。

LAMPを過ぎれば、町営駐車場まではわずかだ。

---

【歩行タイム】
野尻湖の一周は約一五キロで、ゆっくり歩いても四時間ほど。
【難易度】
レベル1＝誰でも楽しめる初心者向けコース。
【高低差】
小さな登り下りはあるが、つらく感じるほどではない。
【足まわり】

運動靴でも大丈夫だが、象の小径は雨後にはぬかるむ場合もある。できれば登山靴で。

【お勧めの季節】

春から夏、秋の終わりまで。冬は積雪がある。

秋

## 明治天皇が巡幸した
# 碓氷峠・由緒正しい廃道へ

このコースは、「廃バスと廃墟の峠道をたどり軽井沢から群馬へ」のオプションのコースである。なぜコースを分けて記しているかというと、終盤に川を渡渉《としょう》するという厄介なポイントがあるからだ。増水していると渡ることができず、エスケープできるルートもない。難易度の高い上級者向けコースである。

軽井沢から碓氷峠を越えて、栗ヶ原という旧中山道の開けた場所までは、碓氷峠のコースガイドを読んでほしい。栗ヶ原で周囲を見渡すと、最近になって設置された「めがね橋へ」という道しるべがある。

何度も言うが、めがね橋へ向かうこのルートは、最後の最後に難所が待っている。ここから下りに下った二キロ先で碓氷川をまたぐところがあり、橋が架けられておらず、渡渉しなければならない。道しるべの横にも「二キロ先の川の渡渉は、増水時不可」という厳しい注意書きが貼り付けてある。二キロも斜面を急降下した後で「これはやっぱり渡れないや」となったら、二キロ登り返すしか方法はないのだ。抜け道がまったくないという二者択一の選択肢なのである。

登山初心者、あるいは渡渉の経験のない人がいる場合や、さらに降雨の後などは絶対に避けたほうが良い。なのでここから先は、あくまでも「自己責任の範囲」として読んでほしい。

そんな危険を冒してまで、なぜわたしたちはめがね橋へと向かったのか。理由は二つある。ひとつは、この道が「明治天皇御巡幸路」という知る人ぞ知る歴史的な廃道だからだ。

碓氷峠のコースガイドのところで、東京から新潟や北陸へと向かうのには、碓氷峠を越える中山道が重要なルートになっていたということを書いた。クルマが走る国道や鉄道ができる前は、だれもが中山道を歩いて行ったのだ。

その難儀さは、どんなに偉い人でも同じだった。

明治時代に、天皇が全国各地を巡幸するという一大イベントがおこなわれる。まだ若かった明治天皇は、精力的に全国を歩き回った。そこで問

御巡幸路はけっこう広くて良い道。しかし傾斜はかなりキツい。

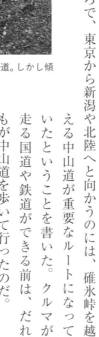

題になったのが、この碓氷峠越え。新潟や北陸に巡幸するためには、どうしてもここを越えなければならない。しかし、さすがに天皇をそんなに歩かせるわけにはいかない。

　そこで明治政府は、道をつくることを考えた。馬車、もしくは急峻なところでは人間が担ぐ輿《こし》が通れるぐらいの幅の道。そこで拓かれたのが、「明治天皇御巡幸路」なのである。中山道がいちばんの急な難所になっているところに、並行するように数キロにわたって切り拓かれた。

　明治十一年に完成し、その年に明治天皇は数百人とも言われる御供を引き連れてこの道を通ったという。無事に新潟から北陸、京都へとまわり、京都からは東海道経由で東京に戻った。

　つくられたのはとても立派な道だったというが、この道はわずか六年しか使われなかった。なぜなら明治十七年に、いまも国道として使われている新しい車道が完成し、役目を失ったからだ。以降、この道は廃道となって忘れ去られた。

　わたしは以前からこの廃道が気になっていたが、通行にはかなり難があるらしく、近寄りがたい存

無事に渡渉を終えて対岸に出ると、めがね橋の偉容が見えてきた。でかい。

在だった。ところが数年前、ネットのローカルニュースを見ていたら、この道の話が出ていた。地元の群馬県安中市が明治天皇御巡幸路を整備し、トレッキングコースとして歩けるようにしたというのである。そこで今回、わたしたちは碓氷峠越えの旅の目的のひとつとして、この御巡幸路を目指したのだった。

さて、栗ヶ原から御巡幸路へとわたしたちは足を踏みいれた。想像以上に幅は広い。さすがに舗装はされていない土の道だが、近年に整備済みということもあって、非常に快適に歩くことができる。

ただ驚いたのは、道の傾斜だ。非常に傾斜がきつく、ここを数百人の御供と馬車、輿が登るのはたいへんだったろうなあと往時がしのばれる。わたしたちも「もし下りきったところで渡渉できなかったらこれを登り返すのか……」と内心ヒヤヒヤしながら、急な斜面をジグザグに切った道を、ひたすら駆け下りていった。

三〇分ほども下ると、御巡幸路は終わりを告げ、目の前に流れの急な渓谷が現れた。碓氷川だ。そこそこ増水していたが、渡渉ポイントを目で探し、行けそうな所を飛び石づたいに何とか渡ることができた。もう少し水が多ければ難しかったかもしれない。

いずれ橋が架けられるかもしれないが、雨の多い時期はやはり要注意だ。水の涸れている冬場のほうが狙い目かもしれない。しかし先にも書いたように、あくまでも自己責任で検討してほしい。

渡渉して、対岸の砂利道に出る。わずかに歩くと、旧信越本線のめがね橋の偉容が唐突に姿を現す。

「デカい！」

感動しながら、橋のたもとにある階段を上ってめがね橋の上に出た。ここが信越本線の廃線を整備した通称「アプトの道」。このアプトの道をじっくり歩きたいというのが、今回の旅の二つ目の目的だったのである。

明治天皇御巡幸路を歩かずに、直接アプトの道を歩く方法もある。軽井沢方面からだと、旧国道一八号を下っていったところに熊ノ平駐車場があり、ここから階段を上ればアプトの道の西端の熊ノ平に出ることができる。熊ノ平へのアクセスは、後述の注釈を参照してほしい。

アプトの道は橋を渡ったり、トンネルをくぐったりと変化に富んだ楽しい道のりだ。

それにしてもアプトの道はすばらしく美しい。レンガで構築された美しいトンネルをいくつも越え、どこまでも続いていく。気がつけば朝からの雨は上がり、太陽が姿を見せ、青い空が広がっていた。遠くの山並みが瑞々しく、さわやかな秋風が吹き抜けていった。

三〇分ほどで「峠の湯」に到着。ここからは碓氷峠のコースガイドで書いたように、トロッコ道をたどって横川駅へと向かうのが良いだろう。


【歩行タイム】

軽井沢駅から横川駅まで、明治天皇御巡幸路を経由して約六時間。

【難易度】

レベル4。碓氷川の渡渉ポイントは山慣れしている人でないと難しい。

【高低差】

登りは旧軽井沢から碓氷峠までのみ。軽井沢駅～旧軽井沢、峠の湯～横川駅はほぼ平坦で、碓氷峠から峠の湯まではひたすら下り。

【足まわり】

道がぬかるんでいることもあるので、登山靴が良い。

【お勧めの季節】

碓氷峠は厳冬期は積雪がある。適期は五月ごろから冬の初めまでだが、寒い時期のほうが碓氷川の水が涸れていて渉しやすい。一二月の雪がない時期を狙うのもひとつの方法。

【注意点】

登山者の姿はなく、山小屋や人家もなく、エスケープルートもない。


【その他】

アプトの道だけを歩くのであれば、ＪＲ軽井沢駅から横川駅行きのバスが出ており、熊ノ平バス停で下車する。ただしこのバスは春夏秋の土休日のみの運行なので、運行してるかどうかはＪＲバスに確認したほうが良い。なお間違えて、国道一八号バイパス経由の横川行きに乗らないこと。熊ノ平で降りられるのは「旧道経由便」のみである。なお軽井沢駅からタクシーで行く方法もある。料金はおそらく二五〇〇円前後。

熊ノ平からアプトの道を歩き、峠の湯を経て横川駅までは、歩いてだいたい一時間三〇分。運動靴で大丈夫なレベル１の気軽な散歩だ。

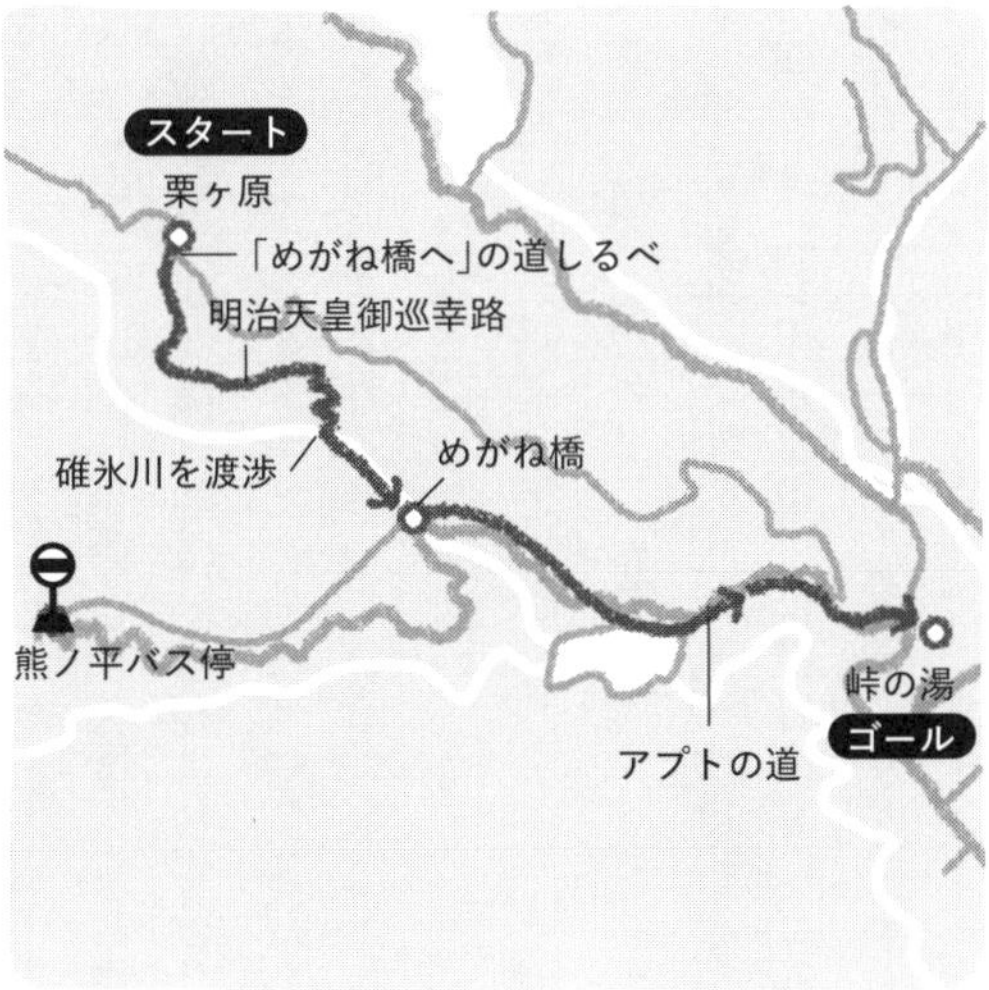

# おわりに

フラット登山という新しい山歩きのスタイルについて、すべてを解説してきた。お読みになればわかるとおり、その哲学や理念から始まって、靴や衣類、電子ガジェットなどどのような装備を持てばいいのか。膝を痛めず歩くにはどうすればいいのか。そもそも計画はどう立てればいいのかなど、あらゆる方面から網羅的、かつ徹底的に書き起こしてきたのである。具体的なフラット登山コースも「軽くいくつかを紹介」ではとうてい飽き足らず、ドーンと三〇もの変化に富んだコースを写真と地図つきでガイドしている（ただしわたしが東京在住のため、コースが関東に限られているのは本当に申し訳ない）。

そもそも、わたしの本来の仕事のフィールドは登山関係ではなく、情報ジャーナリズムだった。ジャーナリズムにもいろいろあるが、わたしが長年にわたって活動の主軸にしてきたのは、インターネットやＡＩなどの情報通信テクノロジーが二十一世紀の世界にどのような影響を与え、社会や政治、文化などをどう変化させつつあるかを解き明かしていくことだ。この分野で仕事をするのに非常に重要なスキルは情報力と分析力であり、そして同時に言語化能力である。

　近年のテクノロジーはますます抽象化が進んでいて、パソコンやスマホのようなわかりやすい外観さえなくなりつつある。ＡＩにいたっては、パソコンのような物体さえ存在していない。そういう抽象度の高い概念を説明するためには、わかりやすくことばで表現する能力が欠かせない。

　それは原稿を書くにしろ、メディアなどに出演して喋るにしろ、同じことだ。徹底的に言語化し、概念を単純化してしまうのではなく、ややこしい構図はややこしいままにして、それでも人々が理解できるように解き明かす。

　わたしの仕事は、つまるところそういうことである。

　その視点から言うと、世の中に出まわっている登山のガイドブックや解説記事は、大半が非常にもの足りない。昔から常識とされているようなことをただ繰り返しているだけのステレオタイプな解説、凡庸な言い回し、ふんわりした形容詞だらけで情報量ゼロの文章、「ヘロヘロになったけど山頂に着いたら気持ち良かった」的な手垢のついた感想。

　本書では、そうしたステレオタイプをとにかく排除し、キレイゴト抜きのゼロベースで、登山というものについて具体的かつ詳細に解説している。わたしが長い年月をかけて体得してきたさまざまなスキルやノウハウ、そして独自に切りひらいてきたフラット登山という新しい山のスタイルについて、とにかくあますところなく言語化することにこだわった。

その結果、できあがったのがこの本である。

ぶっちゃけたことをたくさん書いているので、腹を立てるベテランもいるかもしれないが、それ以上の多くの山好きの人たちの心に届いてくれるのではないかと信じている。

なお本書に掲載した写真の一部は、長年の山仲間でありアイコンワンゲル部をともに主宰している鈴木匠君が撮影したものである。タクミ君、ありがとう。またアイコンワンゲル部で一緒に歩いているみんなにも感謝のことばを伝えておきたい。

二〇二五年三月　どこかの道のむこうで　佐々木俊尚

〈画像提供〉

「ストームクルーザーフルジップ」「ジェットボイル」／モンベル
「山フライパン深型」「ライスクッカーミニDX」／ユニフレーム

本文、ガイドページ写真／鈴木匠、筆者

＊本書に掲載の情報は、執筆時点でのものです。

【著者紹介】
**佐々木俊尚**（ささき・としなお）
◉——作家・ジャーナリスト。テクノロジーから政治、経済、社会、ライフスタイルにいたるまで縦横無尽に発信し、日本のインターネット論壇における最強の論客のひとり。
◉——早稲田大学入学と同時に、登山サークルへ入り、社会人山岳会にも加入してバリエーションも含めた本格登山に目覚める。社会人になり、登山から遠ざかっていたが、仲間に誘われて再開。登山初心者を交えての山行を重ねるうち、「山頂に行かなくても楽しい。気持ち良く歩くことができればそれで十分なのでは？」とひらめき、「フラット登山」を考案。散歩でもない、ロングトレイルでもない、新しい登山の形を提唱している。
◉——現在も月に1回程度、「とにかく気軽に、気持ち良く、楽しく歩きたい」をモットーに、仲間とともにフラット登山を楽しんでいる。

**歩《ある》くを楽《たの》しむ、自然《しぜん》を味《あじ》わう**
**フラット登山《とざん》**

2025年4月21日　第1刷発行
2025年6月13日　第3刷発行

著　者——佐々木　俊尚
発行者——齊藤　龍男
発行所——株式会社かんき出版
東京都千代田区麴町4-1-4 西脇ビル　〒102-0083
電話　営業部：03(3262)8011㈹　編集部：03(3262)8012㈹
FAX　03(3234)4421　振替　00100-2-62304
https://kanki-pub.co.jp/
印刷所——シナノ書籍印刷株式会社

　ISBN978-4-7612-7801-4 C0026